# 公共证成如何可能

## 重铸哈贝马斯与罗尔斯之争

孙守飞 著

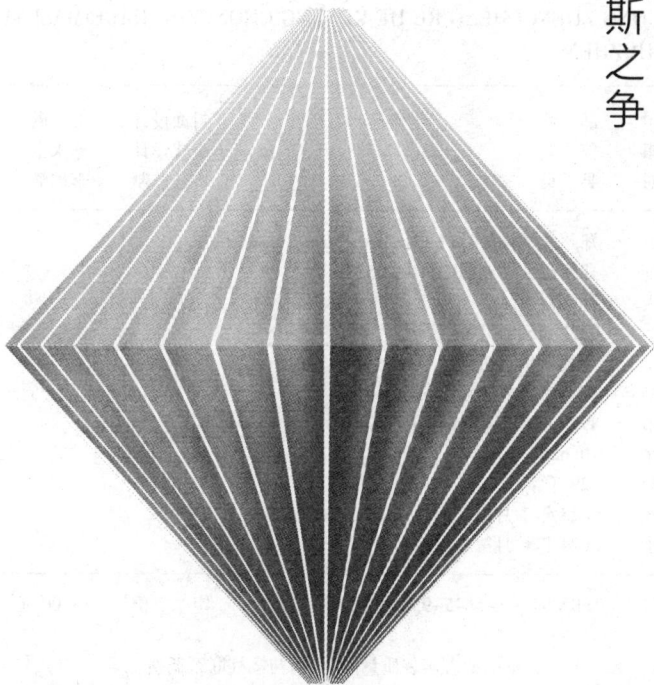

郑州大学出版社

**图书在版编目（CIP）数据**

公共证成如何可能：重铸哈贝马斯与罗尔斯之争 / 孙守飞著. — 郑州：郑州大学出版社，2023. 1(2024.6 重印)
ISBN 978-7-5645-9304-9

Ⅰ. ①公… Ⅱ. ①孙… Ⅲ. ①哈贝马斯（Habermas，Jurgen 1929-）- 政治哲学 - 研究②罗尔斯（Rawls，John Bordley 1921-2002）- 政治哲学 - 研究 Ⅳ. ①B516.59②B712.59

中国版本图书馆 CIP 数据核字（2022）第 239214 号

**公共证成如何可能：重铸哈贝马斯与罗尔斯之争**
GONGGONG ZHENGCHENG RU HE KENENG CHONGZHU HABEIMASI YU LUO-ERSI ZHI ZHENG

| | | | |
|---|---|---|---|
| 策划编辑 | 邰 毅 | 封面设计 | 王 微 |
| 责任编辑 | 邰 毅 | 版式设计 | 苏永生 |
| 责任校对 | 吴 昊 | 责任监制 | 李瑞卿 |

| | |
|---|---|
| 出版发行 | 郑州大学出版社（http://www.zzup.cn） |
| 地　　址 | 郑州市大学路 40 号（450052） |
| 出 版 人 | 孙保营 |
| 发行电话 | 0371-66966070 |
| 经　　销 | 全国新华书店 |
| 印　　刷 | 廊坊市印艺阁数字科技有限公司 |
| 开　　本 | 890 mm×1 240 mm　1 / 32 |
| 印　　张 | 10.625 |
| 字　　数 | 229 千字 |
| 版　　次 | 2023 年 1 月第 1 版 |
| 印　　次 | 2024 年 6 月第 2 次印刷 |

| | | | |
|---|---|---|---|
| 书　　号 | ISBN 978-7-5645-9304-9 | 定　价 | 88.00 元 |

谨以此书，献于我硕士和博士阶段的两位恩师：宋立道先生和刘擎师。

# 自　序

　　《公共证成如何可能》是我的第一本书，它是在我 2018 年写就的博士论文的基础之上修订而成的。时隔四年之后，我不知道这种回访和再现是否又一次让时间之神蒙羞。我只是由此相信了一个出自电影《大话西游》主题曲里的句子："从前现在过去了再不来，红红落叶长埋尘土内，开始终结总是没变改。"是的，任何人的"一生所爱"，都很难"变改"，尤其是当这种忍不住的动情和关怀，被嵌入了一种三思而后行的实践理性。我想，时间之神对此也无可奈何，可发出奈何之叹的只能是人，无法心安理得之人。因为，他们或许会如我一样，就算"西游"一场而后"取经"成功，但对那些取来的泰西经书——这里主要指称本书的两位传主哈贝马斯和罗尔斯的煌煌巨著——实在念得头大，抑或没有真正念好。不过，既然事已至此，我还有变改当初"一生所爱"的可能吗？我只能这样确定：在本书当中，所念的那些"经"着实是很好的。尽管它们被我的前半生聚合论证在一处，但是，它们能否在其间找到一种反思平衡，之后经由共识论证而"心有安处"，这依旧是一个公共证成如何可能的问题。

— 1 —

显而易见，本书所采用的进路是以问题为中心的，它不同于以人物为中心。这二者的不同之处，可以用这样的比喻来陈述之：问题仿佛就是"条条大路通罗马"中的"大路"，而人物无论是否（愿意）抵达"罗马"，是否像维特根斯坦一样宁可停留在原地不动，这条共通的"大路"就在那里。在我看来，只有问题才可以携带着人物，在思想—学术的"奥德赛之旅"中砥砺前行，而非相反。按照卡尔纳普在《世界的逻辑构造》一书"第一版序"的最后所讲，本书以问题为中心的这种进路，其实也是一种诉诸清晰性的信念，"它既仔细探讨个别的形式，同时又宏观把握整体，它重视人们的联合，同时又关心人的自由发展"。在这里，我想不自量力地和他一样，打算将这种综观理解的信念赋予本书，赋予未来。

　　可以说，到现在为止，我勉强自认一点：通过本书，通过对"公共证成如何可能"这个问题的"阐明"（explikation），我没有被哈贝马斯和罗尔斯这两个实践哲学史人物所制造的理论旋涡或思想黑洞裹挟而去。在本书的写作之初，我在哈贝马斯和罗尔斯之间不停地摆荡，仿佛自己就像拔河比赛中间的那个红绳，被他们势均力敌的角力相互撕扯，最后担心被他们撕扯成碎片，再也看不见一个整全而又独立的自己。不过，当我以公共证成问题为中心来统携他们二人之争，并让这个核心问题携带着他们走进我编织的"意义之网"，我再也没有了当初那种何时才能看到天明、又何处是个尽头的绝望之念。我想，本书的完成，至少已经做到了将哈贝马斯和罗尔斯重铸在一起。他们二人之间的争论，就像两块带有磁性的铁矿石，而本书所作的，不过是将它们回炉再造，熔铸成一体。这一"体"可以说是已然成形有容的本书,也可以是出于本书内部所要回答的价值多元时代的基本问题:我们的政治关切究竟该如何是好? 是否须诉诸方法论自觉,我们才能在拥有多样性解释视角的世界观之外,界定出一种规范的政治观。

具体说来,对上述一阶问题的回答,本书首先从罗尔斯的"政治转向"开始,把他在"政治性观念"和"整全性学说"之间做出的二元论区分,作为本书的立论基础。不难发现,罗尔斯的政治自由主义的意图,是想让他建构出的政治正义观念,成为一个稳定而统一的良序社会的"公共证成"的基础。公共证成是他非常在乎的一种最合乎理性的政治理念,它横亘在"原初状态"和"重叠共识"之间,并以此来说明政治正义的观念可以中立并优先于整全性学说。但是,哈贝马斯认为罗尔斯的公共证成过程,由于只是具备观察者和参与者这两种视角,而缺少一种不偏不倚的第三者的"道德的视角",因此他的政治正义无法做到公平,而难以赢得"重叠共识",更很难为这个多元社会提供一种共同的基础。就算它在其理论内部是有证成的,但一旦到了应用之阶段,很难被拥有多样性视角的公民去实际接受。由此,本书主要撷取哈贝马斯的道德视角,去补正罗尔斯的公共证成之不足,并试图在一种"基础与视角之争"的解释框架之内,来审视这次"家族内部之争",到底可以带给我们怎样的方法论自觉之意义,从而让我们更好地去描述或表达自己的政治关切。最后,我们又回到康德的实践理性传统,让他们二人一同接受康德的检验。这种检验或许可以告诉我们,要想实现一种真正的政治自主和政治成熟,须重新诉诸"理性的公共运用",而不是被罗尔斯建构出的单纯是政治意义上的"公共理性",把启蒙——其可以包括证成和对话,学习和批判——进行到底。

上述即本书的基本内容和基本观点。在其间,并不只是属于我一个人的原创性之思有二:一则是我们的政治关切如果要想成真为对,不能没有方法论自觉。在这一点上,我和哈贝马斯同在一种认知的立场上,反对罗尔斯为证成一种政治正义观而采取的认知节制或理论退让之策略。二则是我从哈贝马斯与罗尔斯之争的一阶问题中,发现了"基础与视角之争"。虽然现在展读此书,我已经不太满意这种解释模式的"认知意义"(卡尔纳普语),没有被我更好地阐明出来,但是,我坚持认为,这种解释模式可以作为一种政治的方法论或认识论,而有所助益于时代问题和芸芸众生之一二。在这里,如果按照卡尔纳普的"第二版序"中所说——"一切命题都是外延的"——继续检讨这种自我合法化或有效性的"基础与视角之争","基础"(概念 A)和"视角"(概念 B)看上去似乎并不具有"同一外延"。不过,如果我们将一种认知的视角转换到更高的"普遍语用学"领域,而不是限于一种基础主义的政治语义学牢笼,那么,我们就可以将"基础"与"视角"同等而观,至少能做到如密尔所说的"联系起来看待"。借助一曲《传奇》之歌里的句子,如果我们能站在人群中之外(延),"多看了你一眼"——这里的你可以是概念 A,也可以是概念 B——就可以发现在"你"和"我"之间的同一性。不难理解,我们的外延,可以同一于"布拉格之恋",也可以同一于"普通读者",更可以同一于一种人类难以回避或挥之不去的政治认知形式。

这是一种普遍可接受的认知事实,也是一种关于政治的建筑隐喻：无论什么人，能走到哪里，他（她）的身心，都需要一处安放的居所，不能没有一间属于自己的房子。而任何房子都建在某一块地基之上，至于如何建造它——是拟用哥特式建筑风格，还是采取一所四合院建筑形式，抑或，让这所房子容纳一种合取命题："古今一体，中西并用"——这已不是地基厚薄或远近的问题了。就算地基的物理位置"开始终结总是没变改"，但谁又敢说：一块偏远荒野地，就不能在其上平地起高楼了呢？何况，古人陶渊明，早就有过如是廓然之问："问君何能尔？心远地自偏。"本书于此心有戚戚，愿以"各得其所"一语共勉之。

最后，似乎想说的东西还有很多。但是，这些"想说"不能再成为本书或本书之前言的"范围问题"，带来更多的"判断负担"。查尔斯·泰勒在《自我的根源》一书中如是说道："有一些应保持沉默的好的理由。但是，全面地看它们不可能是有效的。无论怎样想象，在没有任何表达的情况下，我们将失去与善的所有联系。我们将不再是人类。最严厉的沉默禁令，只能引向特定类型的表达，而必须不伤害其他的表达。问题是规定哪种。我们的问题随之回到对我们的性质差别感的平淡的描述性表达上。我们应当为了道德思想而试图恢复它们，还是最好让它们保持在内隐的忘却之中？"对于他的这个表达问题，我在这里只能保持沉默。恢复也好，忘却也罢，说什么首先是说自己。在博论终于成书的尾声处，我只有一句话，想对另一个已完成的自己说："那美好的仗我已经打过了，当跑的路我已经跑尽了……"

孙守飞于川北比量室，2022 年 11 月 11 日补正

# 目　录

# 第一章 绪 论

## 第一节 议题提出

佛家有言:千年暗室,一灯即明。这个在认知语言上的灯之喻证,或许揭示了在对象和背景之间孰蔽孰显、孰遮孰诠的相互性标准(the criterion of reciprocity)①。身处千年暗室的背景中,我们都是无明者,只有灯才能将我们照亮,使得我们成为关注和被关注的对象。

---

① 罗尔斯在晚年的最后一文《公共理性的理念再探》(1997)及其为《政治自由主义》(1996)一书重写的导言中,仍对相互性标准念念不忘。这种标准基于不同主体的合理可接受性,其是用证成性来凸显正当性。在他早年的两篇论文"公平游戏"和"作为相互性的正义"之中,相互性标准即被凸显出来。这其实可以对堪哈贝马斯基于主体间性的交往理性。因此之故,他们才会均同意协商民主。不过,就此而言,罗尔斯更重视公共证成,哈贝马斯更强调理想对话。关于相互性标准,可参见 John Rawls, *Collected Papers*, pp. 54,57,60,190-225. and *Political Liberalism*, pp. xliv,445-450.

同理,对于任何学术研究而言,它的意图无非是想在或大或小、或多或少的背景之中,把研究的对象的价值和意义尽量凸显出来,使之具有某种规范形式和显明特征。一旦研究对象被点亮,无明背景的既有制束便可被突破。经由上述的喻证,学者往往会追问:对象为什么是重要的? 它值得你去进一步研究吗? 在这种凸显对象的研究过程中,不难想见,我们可能会遭遇到沮丧无比乃至绝望的时刻。因为该研究的背景,可能太巨大无边了。仿佛是一场怎么走都无法穿越的夜幕,令人不由地怀疑那盏灯,究竟能在哪里悄然升起,之后"自立"为一个不同的世界。但反过来讲,恰恰正是因为这种黑暗时代的背景,我们才会明白,一种旨在廓清对象问题的自我启蒙或个人自主之探险历程,无疑是非常有意义的。一旦你对这种意义有所发见,它兴许还会超越背景的樊笼,把由此带来的问题意识及其方法论自觉作为一个礼物,以此馈赠于你在心智上的这场一波三折的"奥德赛之旅"。

显而易见,本书的主要关切对象是哈贝马斯(Jürgen Habermas)与罗尔斯(John Rawls)之争。这次争论,其集中体现了康德这一家族内部所公用的实践理性,在证成和对话之间的双重变奏问题。但要想进入这种关切的基本大纲的大门,首先需要一把称作关键词的钥匙。在绪论中,我想从"证成"(justification)这个关键词,开启政治哲学的殿堂的入门之行。之后再论述一下,如果我们要通达哈贝马斯和罗尔斯之争,方法论自觉必不可少。否则,这起在实践哲学史上重大的理论事件,对我们来说则没有多少认知意义。而要想体认他们二人和而不同的政治关切,须先确认政治之道路在何方。

在这里,道路之隐喻,意指政治的正当性(合法性)问题,政治应该按照怎样的原则来做出自己的思考、判断和行动。按照罗尔斯在《一个伦理学决定程序纲要》(1951)一文中所讲,这种政治的道路必须是朝向证成的,抑或,必须是有证成的(justified)和可获得证成的(justifiable)。① 如果连这一点理由上的诉求都无法成全,那么,我们会说,那些政治的守门人就很难有什么必须或应当的基础与视角(观点),来宣称自己的担纲者角色具备唯一的正当性。关于这一点,罗尔斯在《政治哲学史讲义》(2007)一书中,有一句至理之言可以奉为圭臬:"通过诉诸公民的理论理性和实践理性,使得政治和社会制度对所有公民——每一个人以及所有人——而言,都是可得到证成的。"②而对于证成关系的体认,麦克道威尔(John McDowell)的《心灵与世界》一书(1991)能给我们带来些许必要的启发。

事实上,在进入哈贝马斯和罗尔斯之争这扇大门之前,我们发现,麦克道威尔已经为这扇大门的关键要件——即"证成"——贡献出了一种更具有元哲学意义的支援意识(the Consciousness of Aid)。他的这种支援意识,恰恰是为反对一种"所与的思想"(the Thought of

---

① John Rawls, *Collected Papers*, pp. 7, 10.

② John Rawls, *Lectures on the History of Political Philosophy*, Samuel Freeman, ed., Cambridge: Harvard University Press, 2007, p. 13.

Given)——尤其是政治的和宗教的——而生发出来的。而之所以反对,归根结底是因为在所与之中没有恰当的和应有的证成。换言之,所与超出了我们能达至的证成的水平和范围,把不能被证成或无须被证成的东西,也扩充进来。

为此,我们可以设想这样一种所与的例证:

在梦幻岛上存在着一个 X 国,这个梦幻的国家不幸被一位喜欢做白日梦的国王 Y 所统治。一天,Y 被一个白日梦 M 深深打动,他恨不得举国上下都从这场梦境中得到激励,万众一心。于是,他颁布了一道圣谕:近得一梦 M,甚美且大,不忍独享之。现不吝将之赐予你们,愿 M 与你们同在。

显然,上述国王 Y 的白日梦,就算其出于权力的逻辑而成为一个被实践的理由,但其绝不是实践理性的公共运用,具备足够服众的合理可接受性,即无法得以"公共证成"(Public Justification)。何况,这个白日梦的策略性功用,说穿了不过是为了给国王 Y 一个人的统治加魅,而无益于增强政治的正当性。进而言之,这样所与的梦、神话或思想,与我们有什么构成性的关系呢? 它又能给我们的生活的实质性改变带来什么支援? 事实上,真正需要我们考量的是一种证成关系,且只有这种关系才能为我们所持的立场、信念和私人语言辩护。由此,我们便不难理解麦克道威尔如是所说:"我们发现自己所处的立场最终可以追溯到非理性的力量而使得我们免于受到责备是一回事;而得到一个证成则是另一回事。实际上,所与的思想在我们

— 4 —

需要证成的地方为我们提供了辩解(exculpations)①。"在这里,按照他在《心灵与世界》一书中的主要提示,我们要结论性地给出补充说明的内容,还有如下四点:

第一,证成不同于辩解,它们二者不能混淆在一起。否则,我们每一个人都可以理直气壮地去"冒充不可错误性"。

第二,要生发出证成关系,必须确定其范围不能被扩充到概念性的范围之外。否则,我们就无法捍卫有限的理性的空间。不是所有说法都称得上是一个概念性表达,不是所有的空间都可以被非理性无孔不入。

第三,我们要想抵制所与的思想的诱惑和侵入,就是要划定哪些是"非概念性的影响"不能僭越的地盘,把证成还给实践理性。

第四,回到支援意识。其意是指对一种什么构成我们彼此之间联系的通用形式和互助方式的反思平衡。在一种罗尔斯所讲的暗含着相互性标准(或原则)的"观念"意义上,我们依赖支援意识来判断到底哪一种观念——尤其是"政治的"——在每个人都可共有、共享和共用的实践理性上,是可以被合理地接受的,而不是由某个政治人物或某种权力机构,整体划一地强行所与(给定)的。而如果我们要想这个"政治的"观念具备统一的规范性,成为一个哈贝马斯所讲的

---

① [美]麦克道威尔:《心灵与世界》,刘叶涛译,北京:中国人民大学出版社,2006年,第8页。

"普遍有效性主张",就不能只在意利益的好坏(good),更应当关心原则的对错(right)。① 唯有在后者意义上,当那种从观念到概念的理性能力得到所有人称的自发运用之时,那些政治中的"所与的思想"会无所遁形,我们也即可扬弃支援意识,实现公共证成。

简而言之,这部可视为一个政治哲学学徒的结业之书,就是在公共证成与支援意识——后者理所当然是对话性的——这两个词汇上,来重审哈贝马斯与罗尔斯之争在实践理性上的意义。如果说,罗尔斯为他的政治关切提供了正义的大纲及其公共证成的路径,那么,哈贝马斯的对话伦理学及其对"道德的视角"的重构,大体上可以说提供了一种支援意识,并可为我们到底应具备怎样的"政治的"观念,提供一种基本的方法论自觉之引导,向我们展现出一种新的"学习的水平"和"证成的水平"。不过,按照伯纳德·威廉的如下说法,无论是哈贝马斯还是罗尔斯,这都只能称得上是描述他们关切的基本大纲。但它们的有效性或规范性,究竟何在,又有多大呢?

我们发现,在1998年纪念以赛亚·伯林(Isaiah Berlin)逝世周年的《自由主义与损失》一文中,伯纳德·威廉斯(Bernard Williams)得出了这样一个结论:"与各种价值相伴的各种关切不能简单地以唯名

---

① 这是伯纳德·威廉斯对"政治"的定义。参见［美］马克·里拉,罗纳德·德沃金,罗伯特·西尔维编:《以赛亚·伯林的遗产》,刘擎、殷莹译,北京:新星出版社,2006年,第82–92页。以下所引伯纳德·威廉斯此人此文,不再另注。

论的方式、用重新定义一个语词被转变方向。"这个结论是在捍卫价值多元论,而非要反驳之。我们知道,是伯林特别贡献了"价值多元论"这个概念主张,将之嵌入了时代的基本事实及其问题,尤其是那些须借助政治理论(哲学)才能给出解答的问题。不过,我们在此要追问的是:在概念与问题之间的一致性和融贯性,是如何可能达成的呢?易言之,我们除了可以用概念来描述具体事实外(符合论),概念还能被用作解决现实问题吗(适用论)?

伯纳德·威廉斯想必对后者是深表怀疑的。因为在他那里,"概念"往往意味着一种唯名论的"大纲"与"模板",其可以出于关切而被预先设定或重新构想出来,但其很可能简化、偏离或漠视了那些"在地理解"(locally intelligible)。伯纳德·威廉斯的这种语境现实主义的担心,我们可以借用怀特海的一个著名的概念来表达之:错置具体感。而用他自己的话来说,那种"描述关切的基本大纲","并不能由其本身获得太多:它线条太粗了,的确过于草略"。易言之,当我们深处被各种事实与价值混杂纠缠在一起而制造出的问题丛林,我们不能太相信那种出于概念的能力。

很多时候,当我们想要像罗尔斯和哈贝马斯那样,重新定义一个过去的概念或试图提出一个"理想类型"的概念,可能赋予了它太多的也是太重的判断负担和社会作用。而它本身的复杂性、精准性和涵容性是不够的。易言之,它能给出的简单图式、粗略图画或精缩地图,难以匹配那些复杂而多样的现实问题和经验内容。这种二元论的鸿沟是巨大的。我们如何能经由概念这种粗线条的、也不怎么结实的"绳子",来达成对问题的导引或解脱呢？再言之,概念自身的体量和容积,能够填平问题的深渊吗？

在这里,让我们来看一个被他人考量过的例证:卢梭提出"公意"这个概念,是为了证成一种社会契约和政治权威,其在本质上是想重塑民主政体的正当性基础。不过,我们为什么很容易将之误解为专制和集权的帮凶呢？或许存在一种这样的说法:不是经不好,而是和尚不好,念歪了经。但很显然,并不是所有的人都是坏和尚。我们可以这样理解:不能因为卢梭的概念不好(仅仅针对概念),就罔顾他要解决的问题,将其抛在一边。我们更可以这么认为:正是因为对问题的关切,我们才会怀疑概念的普遍有效性。如果概念给出一种问题关切的基本大纲,那么,我们当然会优先考量:我们能从这个概念提取出什么呢？它又能给我们的问题以怎样的导引？

伯纳德·威廉斯认为,通过重新定义一种概念(比如罗尔斯的正义),以使得它与另外一种概念(比如自由)相适应和协调起来,它们遵循一种关切的基本大纲(或一种系统化的方案),以免于原则上的冲突。但是,"生成一套更连贯一致法则的意愿,不能凭借其本身去阻止关切走向此关切本来的目标"。易言之,我们的关切如果要遵循关切的基本大纲,还能达成它原来的目标吗？如果我们不去或不必遵循,结果会怎样呢？在伯纳德·威廉斯看来,就算我们的关切在基本大纲中能被导引出来,但它的起点和终点以及由它们展开的方向,并不是这个基本大纲可以事先划定的。

他之后为我们在价值问题上的关切，又特别加入了一种出于历史的"轮廓形态"的考量，并将之与(政治)关切的基本大纲相类比。这种类比，既是想让过去点亮未来，也是想让未来照进现在。非如此不可，我们方能把证成问题和应用问题，先区分后联系起来。由此，我们也可下一个结论是：给定多元论事实，我们的关切，既然诉诸一个概念是不够的，那就去诉诸概念史。不过，无论历史怎样，我们不能否认，那种(政治)关切的基本大纲，都有着方法论自觉的意谓。

而按照马克斯·韦伯(Max Weber)，重要的恰恰就是由上述的这种概念(图式)而引发的方法论自觉之认知过程。早在1903年，针对爱德华·迈耶(Eduard Mayer)论元历史问题，马克斯·韦伯就有了这样的方法论自觉(反思)："只有当发现并解决了实质问题，才能确立各门科学，并逐步发展其方法。纯粹的认识论或方法论反思至今还没有对这一事业做出决定性的贡献。"[1]在这里，我不想解释太多，只是想转述勒盖伊·奥克斯为马克斯·韦伯的《批判施塔姆勒》一书所写的导论部分，并希望以此来表明，为什么我们要注重以"决定性的贡献"为归旨的方法论自觉：

第一，在韦伯看来，方法论的目的，是解决由概念图式冲突引起

---

① ［德］马克斯·韦伯：《罗雪尔与卢尼斯：历史经济学的逻辑问题》，李荣山译，李康校，上海：上海人民出版社，2009年。参见该书"导言"，第10页。

的危机,这是它在社会文化科学中的显著价值所在。

第二,韦伯对方法论在社会文化科学中的作用的看法,并不止于上述。他认为方法论还有另外三种作用:

一是深谙方法论的社会科学家,"绝不会被伪装成哲学的票友行径所迷惑"。方法论研究能锻炼批判能力,能够避免哲学上的幼稚错误,是捣毁剧场偶像的有力工具。

二是一切概念框架都必然是受限制的,或者像韦伯常说的那样,是单面的。它只关注实在的某些面向,即那些重要的、显著的、关键的问题,而不关注那些次要的、无趣的、不相干的问题。它也规定了只能使用某些方法和理论。方法论的作用之一就是揭示出这些限制性条件。方法论研究通过把一个概念框架所蕴含的假设与其他可能情况做对比,从而起到"批判概念形成和概念框架"的作用。

三是韦伯相信,"在概念框架中,社会世界得以成为观察与科学说明的对象,但这些概念框架都是暂时的。在未有定局的未来,社会文化科学的前提假设仍然是可变的。即或悠久如东方之僵化思想,仍不伤其直面社会生活之无尽本质而提出新问题的能力"。[①]

可以说,在为己之学的意义上,本书的意图是想通过哈贝马斯与罗尔斯之争,体认一下每个人都能有的政治关切之意及其所需的方

---

[①] [德]马克斯·韦伯:《批判施塔姆勒》,李荣山译,上海:上海人民出版社,2011年,第5-21页。以上第一、二、三之引文,皆出于这篇大好的导言。

法论自觉。在一定程度上,即要努力像韦伯那样"站在思想的顶端俯瞰事件之流"①,对于那些需要我们关切的实质问题以及不得不在永恒的流变中的学术的问题意识,保持一种高度的政治敏锐性,并通过对概念的政治性定义来通达之。这就是在体贴这样的"重要之事":在当今的多元时代,我们到底应当具备何种规范的政治观念呢?我们是否可以在既有的"世界观"之外,重新建构起一种自立的、具有主题化内容或命题结构的"政治观"呢?其实,这就是本书的研究对象——哈贝马斯与罗尔斯之争——所蕴含的政治的基本议题。换言之,到底什么是政治的,什么又应当是政治的,且只能由它来面对与处理?而它在我们的认知形塑过程中,如何是可能的呢?

本书意在阐述罗尔斯和哈贝马斯在政治的基本议题上的复杂论证和交涉互补过程,并把"公共证成如何可能"这个政治的方法论(认识论)问题,视为进入他们二人的政治关切的大门的必经之路,之后窥其堂奥之所在。这种自视不高,但极为考验心力。坦白讲,假如我们只是一名马克斯·韦伯反感过的"哲学的票友",那么,我们很难知道:自己到底身处何方由无数的概念和观念包围着的海域?又能在何处,发现那种可以拯救现实问题——尤其是关涉着政治的根本或实质的问题——的彼岸?不过,这种概念性和观念性的工作需要有人着力去做,否则,我们就无法将方法论自觉与政治关切联系起

---

① 同上书,第14页。

来,进而增益于这个极多纷争、极少激励的时代。这似乎有点自不量力。然而,一旦我们确立了本书的主题化内容,研究对象的间架结构被我们清晰有力地立起,那么,会有一点值得我们庆幸:至少,政治关切之船没有迷失在哲学的海域。

而这篇绪论,只是一个暂时锚定的提示。它要提示的是这个议题:为什么是哈贝马斯与罗尔斯之争呢? 一言以蔽之:他们为了自己的政治关切而描述出的基本大纲,体现出了一种尤其博大精深、必须引起重视的方法论自觉,值得我们去探源明变。可以说,他们二人的根本争论,也是就政治关切和方法论自觉这二者及其证成的关系而生发的。这二者同罗尔斯的"二元论区分"问题那样,能在认知的意义上被我们分离开来;但二者,在政治的方法论(或认识论)而不是在政治的价值论上,最终仍然可以合取在一起。在"合理多元论事实"大量存在的当下时代,如果我们无限纠缠于政治价值的"基础"问题而不是及时廓清认知的"视角"问题,注定无解的只能是前者。因此,通过一种普遍有效的认知视角的转换工作,跳出政治的特定价值的基础性领域和范围,在二者之间达成综观理解,是亟待有识者为之的事情。

最后,为什么要以哈贝马斯与罗尔斯之争作为本书的研究对象,将之作为一个重大的理论事件的议题而提出,还有一个比较私人化的回答是:如果能借助本项研究,尝试参与到哈贝马斯和罗尔斯二人并非意气之争的"历史互动"当中,这对于一个初叩政治哲学之门的人来说是一种幸事。能有幸跟随着他们的脚步,在智识之旅中经历一场回返故乡的"奥德赛之旅",值得我们为此风雨兼程。无论他们的家族内部之争距离我们有多远,知道他们就基源共在于实践理性这一块无分古今中西的大地上,已足以让人感叹一点:虽不能至,心向往之。如此这般,这又何尝不是一次响应"更好的理由"或"更好的论证力量"之义举呢?

## 第二节 研究进路

显而易见,以上的表述内容有陷于一己之私的"选择性亲和力"的嫌疑。对于哈贝马斯与罗尔斯之争这个研究对象及其关于政治的议题为什么重要,其研究意义到底何在的基本问题,我们的认知视界有失零散,不够聚焦,大多停留在对象的外围。不过,我们仍然想从一种内在主义的认识论进路来统摄哈贝马斯与罗尔斯之争,将之嵌入一种我们认为的恰当的结构关联中,以便对其做到"了解之同情",凸显出其有明照人的对象意义。而这,难免有一种自以为是的傲慢——理性上的和良知上的傲慢。事实上,我们无法对他们二人做到同等而观,也无力和他们真的站在一起,哪怕是站在他们某个人或左或右的一边。出于这种心智诚实的自认,下面,我尝试跳出我们自身的"预期意义"和"后观意义"①，来表明为什么是哈贝马斯与罗尔斯之争这个对象问题不是"无由自达"，其需要被置入内外、前后和左右的学术传统进路中来考量。

众所周知，做中国哲学研究的冯友兰，曾提出了一种在学术史谱系中的根本区分："照着讲"和"接着讲"。他的原话是这么说的："在我的《中国哲学史》完成以后，我的兴趣就由研究哲学史转移到哲学创作。哲学方面的创作总是凭借过去的思想资料，研究哲学史和哲学创作是不能截然分开的。不过还是有不同。哲学史的重点是要说明以前的人对于某一哲学问题是怎样说的；哲学创作是要说明自己对于某一哲学问题是怎么想的。自己怎么想，总要以前人怎么说为思想资料，但也总要有所不同。这个不同，就是我在《新理学》中所说的'照着讲'和'接着讲'的不同。②"

由此可见，冯友兰在学术道路上不想拘泥于前人之见，想从"照着讲"的阶段走向"接着讲"的阶段。以此来看哈贝马斯和罗尔斯，而不是作为研究对象的哈贝马斯和罗尔斯之争，我们相信，他们的治

---

① 这两个思想史（观念史）中的负面性术语，是由剑桥学派昆廷·斯金纳特别提出。出自他那篇令其一举成名的雄文："观念史中的意涵与理解"（1969）。具体可参见：Quentin Skinner, *Meaning and Understanding in the History of Ideas*, "History and Theory", 1969(8), p.53. 其中译可参见丁耘、陈新主编：《思想史研究》（第一卷），任军锋译，上海：上海人民出版社，2006年，第39-79页。

② 冯友兰："三松堂自序"，载《三松堂全集》（第一卷），郑州：河南人民出版社，2000年，第209-210页。

学都会经历过这两个阶段。不过,作为当代实践哲学史上的最有原创性的双子星,他们的主要贡献还是在于可以"接着讲"。而这就要追溯到在他们之前的人物,明晓他们二人到底接着谁来讲,又讲出了什么不同。在本书中——尤其在"康德的检验"这一章——认为他们都是接着康德的实践理性来讲的。哈贝马斯就曾自认,他和罗尔斯都是属于康德的家族,二人之争是家族内部之争。但他们不是康德的,只是"康德式的"。因为他们不会满足于照着康德来讲,没有固着在"家族相似性"之上。而接着康德往下讲,必然会有溢出乃至超越康德之处。不论其他家族的实践理性——比如,亚里士多德主义的的精神后裔如何,单就康德而言,如果没有哈贝马斯与罗尔斯二人的"接着讲",其政治哲学依然在场的"景响之论"则是不可想象的。而一旦把哈贝马斯与罗尔斯之争纳入康德的家族,使之进入我们综观理解的认知视角,我们也不难明白:正是共同出身于康德的实践哲学家族,哈贝马斯和罗尔斯之争的结果绝不会是一拍两散,依旧可以形成一种共识论证的合力。而在他们之间彰显出的"必要的张力",说不定就能在康德这条传统进路上,重新立起新的政治关切的路标。在我看来,正是出于哈贝马斯与罗尔斯之争,一种具备"范导性"和"构成性"的政治性观念才可能成就新生。要回应现代性的多元挑战,这种规范的政治观念则是一种我们不得不去借资的"思食"。在实践理性不足、政治积习太重的大地上,这种观念的食粮,亟需人们去移植培育而后泽被众生。

不过,我们这样定康德的进路于一尊,那些坚持亚里士多德主义或洛克主义的实践哲学传统的人,是无法接受的。例如,我们在本书第二章讲到"证成性"和"正当性"的区分时,作为当代洛克主义者的西蒙斯,就对罗尔斯的那种康德式的实践哲学提出了比较大的异议。而在本书第四章时,我们讲到了麦金太尔,他就一直站在出于亚里士多德的实践理性的"共同体主义"之基础上。前者曾经以一本名为《何种正义,谁之合理性?》的急就章之书,来质疑罗尔斯精心构建的正义论。还有一个值得重视的例证,是伯纳德·威廉斯(Bernard Williams),他在某种意义和程度上是休谟主义者。在上面我们论到他发论的关切的基本大纲时,其隐藏的靶子就是罗尔斯的政治建构主义。在《伦理学与哲学的限度》一书中,伯纳德·威廉斯认为,罗尔斯定义的"原初状态"是一种没有"会及我们"的理论,其正义论是一种声称"为了我们"的理论。[1] 这里,他显然也是作为一名反康德式的异见者而出现的。

再来看一下康德家族的另外一名成员哈贝马斯。有意思的是,罗尔斯却在《答哈贝马斯》(1995)一文的开篇认为,哈贝马斯的理论进路更大程度上是"黑格尔式的"而不是"康德式的";[2]而置身和坚

---

① [英]B.威廉斯:《伦理学与哲学的限度》,陈嘉映译,北京:商务印书馆,2017年,第126页。他也是站在"伦理性向"而不是"道德这种奇特建制"上,来批评罗尔斯的作为"道德理论"的正义观念。

② John Rawls, *Political Liberalism*, p.378.

守于"康德式的"进路,是前者在个人著述中不止一次自认的。

对哈贝马斯持有异见的,还有实质上作为黑格尔主义者的查尔斯·泰勒(Charles Taylor)。在《自我的根源》一书中,对于哈贝马斯从黑格尔回转到康德那里"接着讲",他是持保留态度的。对于现代性中的自我理解和自我认同问题,他是按照黑格尔对康德的实践理性的批判进路来看的。在他那里,"自我"只是一个伦理实践的问题,而不是道德的认知和判断的问题。相对于康德的"道德",黑格尔的"伦理"更有理由让他接受。因此之故,哈贝马斯对道德自主及其所需的认知视角所做的一种"康德式共和主义"的创造性诠释,是他要反对的。

总之,花开两朵,各表一枝。人们对于同根而生的两种东西,都可能由于他们的立场先行和视角局限,而生出认知的偏差和归属的错误。但那棵叫作康德的大树,始终屹立在哈贝马斯和罗尔斯的进路重叠或交叉之处。回到哈贝马斯和罗尔斯之争来说,我们认为,出于他们理论的共在基源,如果要想发凡他们"小径分岔"的微言大义,只能回到康德这条大路上来。只有这样,我们才能确认,他们的"接着讲"是否达致一种新的"证成的水平"。而在他们讲的不一样的地方及其理论分歧,使之回转到康德,接受康德的再检验,则可重铸成一种新的"学习的水平"。经由这样的"迂回和进入",我们由此可判断他们分别将康德推至何种进境。

不可否认的是,从康德之外的实践哲学传统进路来看哈贝马斯与罗尔斯之争,其实意义不大。对于我们关照的研究对象来说,一种外部的批判总是不如内在的批判更有构成性的价值。外部至多可以提供一种研究背景的"周边条件",而不是研究对象必需的"前提条件"。在应对价值多元主义的时代挑战上,康德之外的传统进路所能提供的奠基和框架,不是一个必选项。如果我们要想明断哈贝马斯与罗尔斯之争,只有将之置于康德的实践理性进路中,才能更好地领略到这起理论事件的提示性和再生性意义。用一种逻辑学的术语来说,康德的实践理性,是哈贝马斯与罗尔斯之争不可或缺的"真值函项"或必须参照的"函数"。若离开康德,这起理论事件则会是实践哲学史上的一个乌龙(Own Goal),毫无研究之必要。这种家族内部的先决性"视角",让我们不用去多管其他家族的"基础"到底何在之闲事。如果有人认为在哈贝马斯与罗尔斯之争中,其他家族的"基础问题"被忽视,那么,他们应该要做的是搁置"基础问题",和其他家族一起回到认知的"视角问题"上来,之后论证出彼此前后相异的"基础"到底出了什么问题,为什么会发生"越界"之事?假设在不同的家族的背后有一种共同的基础,它究竟何在呢?

在上述这种同一个家族内部之争而非两个家族内外之争的意义上,聚焦于哈贝马斯与罗尔斯之争这个议题,会帮助我们厘清实践哲学史上的一种"家族相似性",之后将之用于政治关切和方法论自觉。如果本书能侥幸做到其间一点,这将有助于一种学术史谱系的正名工作。这种正名工作也是一个就哪一种传统进路"照着讲"和"接着讲"的问题。按照民国学者章太炎的一个说法,这当然是"门户"问题,但它不必是"门户之见"的问题。否则,学术或思想堪为"天下之公器"就成了无稽之谈。试想,如果一种可被任何人平等而观的研究对象,最后因为学术不平等的积累优势和话语解释权,而为某些门户排他性的占有或垄断,视为自家的私有产权,那么,我们所关切的研究对象,无疑是自拔无期。而厘清研究对象从哪里出发,由何处进路,这是研究对象能被进一步启明的前提,也是我们接下来尝试讲出一个完整的理论事件或思想故事的前提。

## 第三节 结构框架

按照导言一般的写法,下面,我简单谈及本书的结构框架及其些许蕴意。按照我们之前的喻证,哈贝马斯与罗尔斯之争,可被描述为每个人可有的基本的政治关切不容回避的一扇大门;但要想打开这扇大门并登堂入室,必须诉诸公共证成。后者可以堪为一把几乎在罗尔斯那里——但未必在哈贝马斯那里——万能的钥匙。而这把钥匙的属性是政治的,至少被贴上了政治的定义标签。它由政治的对象、原则和观念做成。

由于哈贝马斯和罗尔斯二人的基本争点在于什么是政治的,本书在第二章辨析了罗尔斯意义上的"政治性观念",之后引入哈贝马斯等人在其上的不同意见,来重新审视在"政治正当性(合法性)"这一基本的政治学问题上的认知范式转移之过程。这里可略下一个结论性的判断是：按照哈贝马斯，政治正当性问题起初限于神话或神学的进路，之后转向了宇宙论、本体论和目的论的进路，再之后就是程序论或形式主义的进路。① 当然，功利主义或后果论也不失为一条进路。不过，从罗尔斯的《正义论》(1971 年)开始，一种"证成的政治观"——即一种"证成的政治自由主义"——在当代政治哲学中得到了极大彰显。哈贝马斯认识到了"证成性"对"正当性"(合法性)的主导作用，但他认为其还不够，还需要补入"交往理性"和"对话转向"的理解范式，之后在协商民主的法治程序上，把一种新的"证成的水平"和"学习的水平"，应用到能体现出公民的政治自主性的实践推理过程之中。

在接下来的第三章和第四章，我们就分别从他们二人各自的核心论证——"公共的证成"和"道德的视角"——来阐明这种自主性或自立性的政治观的主要分歧所在。无须讳言，如果政治是当下我们挥之不去的根本价值领域，那么，要想对治在其中的多元分歧乃至可能发生的巨大冲突，就必须诉诸一种普遍适用的方法论自觉。这种方法论自觉，可以通过聚合论证和共识论证来建构，但不能在认知上一味地退让到政治对外妥协的基础上，而忽视来自道德的向内超

---

① Jürgen Habermas, "Legitimation Problems in the Modern State", *Communication and the Evolution of Society*, translated by Thomas McCarthy (Beacon Press, 1979), pp. 183–185.

越的视角。不然,我们就无法重构那些形形色色的价值论路径依赖的基础。只有如此,价值多元主义时代的诸神之争问题,才能在一种康德的启蒙意义上——即理性的成熟及其公共运用——有解。尤其是在本书的第四章中,我们从哈贝马斯那里创发出一种未必为新的解释和分析框架即"基础与视角之争",并希望以此来打通哈贝马斯和罗尔斯之争这扇大门最为复杂的一道关卡。至于其是否在最后被打通了,这个政治方法论的认知验收工作,在本书最后的第五章,我们将之交给了"康德的检验"。

我们对此有点自知之明:任何意在衍生出一点原创性之思的著述,往往一开始总会带给人辽东白豕之叹。但"就这样一笑而过"之后,这种原创性的"真之追求"仍值得后起的青年学人——无论先天禀赋优异与否,后天出身在野在朝——为此投入自己不分前后左右、大小多少的不懈努力。不然,学术或思想之志业,又如何谈得上什么"江山代有才人出"呢?在此,我愿意援引常有跨界之举的社会学家安东尼·吉登斯(Anthony Giddens)。他在《社会与空间》里所作的一番"自我分析纲要",可以在某种意义上表明,本书在政治关切和方法论自觉之间所做的联结性工作,其实并不想也不会像所谓的"民哲"那样自以为是:"在关于认识论方面的各种争议问题上,我并不认为自己的研究具有任何的创新性,我只是设想在某种具有实质性内容的程度上'包容'这些具有争议的问题。我目前竭力想做的,是研究被我基本上描述为人类社会的本体论的东西,那就是,聚焦于以下这些争议:如何从理论上阐释人类能动作用、这些理论阐释对分析各种社会体制具有何种意义,在相互联结的情况下得到详细阐释的这两种概念之间到底有何种关系。……假定你可以详细阐释一种全面的认识论,然后以某种方式有把握地走出去研究世界,我认为这既无必要也不可能。所以,可以说,我的想法是,向社会现实发射排炮;这是概念的排炮,它们并不提供一种包罗万象的统一的认识论。①"

---

① 转引自[美]苏贾:《后现代地理学:重申批判社会理论中的空间》,王文斌译,北京:商务印书馆,2004年,第222页。

# 第二章  政治的观念

在这一章中,我们要考量的一个现代性社会的基本议题是:给定多元论的事实,一种规范的政治观念是如何可能的。对这个基本议题的回答,我们一般会诉诸罗尔斯在《政治自由主义》一书中完成的"政治转向"。[①] 因为很难例外,所以,这一章我们将集中探讨:罗尔斯在"政治性观念"(political conceptions)与"整全性学说"(comprehensive doctrines)之间所做的"二元论区分"路径,其在"可能"之外是否"可行"。按照这种非哲学的二元论,我们很快就会在罗尔斯"自立的"(free-standing)政治路标处,发现哈贝马斯那种不停往返于不同主体间的多重哲学剪影。易言之,在关于什么是正当(合法的)的"政治的"观念,在他们二人之间似乎冥冥之中终有一争。本章将努力表明:如果我们匮乏关于"政治的"概念性能力,那么,通过哈贝马斯与罗尔斯之争,我们可在政治理论的现代谱系中得

---

① John Rawls, *Political Liberalism*, pp. xli-xliv.

到两种"描述关切的基本大纲"①——"证成性"与"正当性"(合法性)——去审视那在事实性与规范性(有效性)之间的"政治的"观念,慎思其应当具备怎样非如此不可的基本特征和认知范式。

# 第一节 观念与概念

在进入罗尔斯的政治转向之前,让我们先来区分一下观念(conception)与概念(concept)的不同面向。这将为我们侧重讨论"政治的观念"而不是"政治的概念",贡献出一种在方法论或认识论上的"预备性"理由。我们看到,这种十分必要的区分和权衡,罗尔斯在《正义论》的开篇已经做了初步工作,且特别体现了他在直观(条件)、判断与原则之间的"反思平衡"(reflective equilibrium)。在他的"预备性的评论"中,正义的观念人皆有之,尽管人们在正义的构成条件上存在着意见分歧,但是,他们仅从直观上就会一致同意:他们的正义的观念中其实蕴含着"一系列特定的原则"。正是这些不同的原则"所共有的作用",指定和解释了正义的概念,使得我们在对这二者的"任意区分"和"恰当平衡"之间有转圜的余地。②

---

① [美]马克·里拉,罗纳德·德沃金,罗伯特·西尔维斯编:《以赛亚·伯林的遗产》,第84-85页。在这里,我特别声明:"关切的基本大纲"这一概念,对本书来说是奠基性的,尤其当它的谓词只能是"政治的"。而这个奠基性概念,是我们之前在绪言论中既已提及的伯纳德·威廉斯特别提炼出来的。

② John Rawls, *A Theory of Justice*, p. 6.

我们知道,一种关于正义的概念的规范界定,必须建立在正义的观念所提供的背景之中。易言之,正义的概念从属于正义的观念,由后者而生。这种包含的关系,当然还不足以证成正义的概念有别于正义的观念。因为存在这样一种可能:我们的根本关切对象,彻底陷入了巨大的背景而无法被辨识。若此,我们去区分什么是正义与非正义时,就可能滑向了任意。按照罗尔斯,使得正义的概念之所以有别于正义的观念的更好理由和根据,在于不同原则的竞争要求之间的"恰当平衡"。① 这种平衡,是由我们那种会"沉潜反复"的反思做

---

① John Rawls, *Collected Papers*, pp. 48,94. 罗尔斯早在《作为公平的正义》(1958)一文中认为:"对于正义而言,最根本的是要消除那些任意的区分(arbitrary distinction),以及在一种实践结构之内确立互竞主张(competing claims)之间的一种恰当平衡。"而在《宪政自由权与正义的概念》(1963)一文中,他仍然是这么认为的:"正义的概念,作为应用到社会制度上去的概念,其本质意义是消除那些任意的区分,以及在一种制度的结构之内,确立相互主张权利的人们的互相竞争的要求之间的一种恰当平衡、分享或均势。"他反对任意区分这两种概念:正义的概念和社会效用的概念。我认为,他不反对恰当区分,但恰当区分只是恰当平衡的一个功能性要求。可以看出,他在《正义论》中试图严格区分正义的概念和正义的观念,依旧坚持了这种旨趣。而在《政治自由主义》第一讲的一个注释中,他认为其关于观念与概念的区分,与在《正义论》中的是一致的:"大致地说,概念是一个术语的意义;而一特殊观念还包括要求运用它的原则。"在他看来,概念的意义(语义)可以一致,但相互之间依旧存有矛盾。因为不同的观念对它的解释和运用,在原则或标准上是不同的。不过,观念是有反思性的。它可通过不断反思,在互竞的原则要求之间取得恰当平衡。在这个意义上说,它决定了概念的同一性或共通性。(参见 John Rawls, *Political Liberalism*, p.15.)

出的,直到我们那些不同的、合理的条件和判断,可以被纳入康德所说的"共通感"①,进而确定并符合不同原则"所共有的作用"。正是在这种"统一的"现实意义上,罗尔斯认为,对正义的概念与正义的观念的区分(不管任意与否)其实并不多么重要,"它只是有助于我们辨识社会正义原则的作用"②。

罗尔斯得出这样功能性或工具性的结论,主要是因为,他想基于"原则"及其"作用"去重新定义正义:"我认为,正义的概念就是由它的原则在分配权利与义务、决定社会利益的适当划分方面的作用所确定的。而一种正义的观念则是对这种作用的一个解释。"③由此,我们不难明白,与其说罗尔斯区分了正义的概念与观念,不如说他在二者之间建立了"反思平衡"与结构关联。④ 不过,我们的问题随之

---

① 参见[美]汉娜·阿伦特:《责任与判断》,陈联营译,上海世纪出版集团,2011 年,第 112 页。阿伦特在讨论"典范"时认为,共通感应该"上升到判断的层次"。这个观点,与我这里将判断下放到共通感中,并不矛盾。何况,在个人的判断和共用的原则之间,罗尔斯的"反思平衡"实际上强调了后者。前者因为很可能是一种任意区分,而显得不那么重要。因此,个人判断要符合共用的原则,后者对前者可以及时修正和调整。

② John Rawls, *A Theory of Justice*, p. 6.

③ Ibid. , p. 10.

④ John Rawls, *A Theory of Justice*, p. 51. 罗尔斯认为,"定义与意义分析并不占一个特殊的地位:定义只是建立理论的一般结构的一个手段,一旦整个结构设计出来,定义就失去了其突出地位,它们随理论本身的兴衰而兴衰"。看来,对正义概念的定义和正义观念的"意义分析"都不太重要,重要的是它们之间的结构关联,抑或说,它们能否有用于正义的理论结构之建构。

而来:为什么罗尔斯要单独强调,正义的观念"是把决定了这种平衡的有关考虑统一起来的一系列原则"①?对这个问题的回答,我认为可以有以下两点:一是原则和原则的作用是不同的。正义的观念提供前者,正义的概念负责后者。但如果没有一阶的前者,后者根本不可能产生。二是原则作用与对原则作用的解释是不同的。如果没有正义的观念,我们就不可能解释(或定义)正义的概念。若此,我们会紧接着质疑:在这二者之间的区分难道真的不重要吗?难道不是正义的概念,在承担原则统一性和平衡性的任务,即发挥不同原则"所共有的作用"吗?

从哈贝马斯的"普遍语用学"来说,一种在正义的概念与观念之间的严格区分是重要的。但是,其重要性应当体现于"普遍有效性主张"②,而不应当体现于仅是事实性的社会作用或"社会角色"(social role)③,尽管"我们确实不应当忽视正义原则的特定作用或它们适用的对象"④。这里,我想表述的无非是这样进一步判断出的意思:如

---

① Ibid. ,p. 10.

② Jürgen Habermas, "*What is Universal Pragmatics*", in *Communication and the Evolution of Society*,Translated and with an introduction by Thomas McCarthy,p. 2.

③ John Rawls,*Collected Papers*, pp. 305,326,330,426-427. "社会作用"或"社会角色",是罗尔斯非常在意的。因为在他看来,这关涉政治哲学当前的"实践任务"(practical task),也关涉"公共证成"。

④ John Rawls,*A Theory of Justice*,p. 10.

果我们引入哈贝马斯关于"事实性"与"规范性"（有效性）这种二元的分析框架，那么，对一种概念与观念的区分，就会进入更强调"规范性"或"理想化"的普遍语用学领域。哈贝马斯认为，观念是需要被概念理想化的，而且，"每一种理想化，都驱使着概念去超越对一种有待说明之既定现实的模仿性适应"①。易言之，概念是一种具有普遍性的理想化构造能力，它对现实的"内在超越"之要求不会停留在"模仿性适应"或"表象实在论"②的层面。但我们的观念是怎么做的呢？它要如何才能走出与其相应、被其表象化的现实语境？

　　直观地讲，我们个人所具的观念，多是"经验之流"聚合而成。其简单的"表象性思维结构"是存在的，但并没有多少实质的"思想内容"，即其"命题结构"是匮乏的。③ 就算它对我们自己而言是真的，但不一定对他人或所有人也为真。在此，若借用理查德·罗蒂（Richard Rorty）的一个术语，我们的观念，可能往往被视作与个人知识的表象相应的"自然之镜"。从中，我们能一窥社会实在语境的图像。对于这种观念的"表象实在论"，哈贝马斯担心它很容易让我们遁入了特殊的语境主义。他坚决地站在了理想概念那边。针对罗蒂

---

　　① ［德］哈贝马斯：《在事实与规范之间》，童世骏译，北京：生活·读书·新知 三联书店，2014年，第12页。

　　② ［德］哈贝马斯：《对话伦理学与真理的问题》，沈清楷译，北京：中国人民大学出版社，2005年，第47-50页。

　　③ ［德］哈贝马斯：《在事实与规范之间》，第14页。

所说的这种观点："我们必须用我们自己的标准来检验外来的概念"①，他援引了希拉里·普特南(Hilary Putnam)以示反驳。后者指出："真理或有效性的理想概念既是必要的，在没有客观主义错误推理的情况下，也是可能的。"②哈贝马斯接着认为，如果普特南要想建立理想概念，就"大有必要"使用如下的论据："如果一个此时此刻被确认为真实的概念同一个真实的概念(即在理想的条件下可以被接受的概念)之间的区分消失了，那我们就无法解释为什么我们能够在反思中学习，也就是说，为什么我们能够改进我们的理性标准。"③由此，我们可以得到这样的启发：不理想的观念之真，必须区分于理想的概念之真。这二者的区分绝不是无关紧要，而后者的重要性、必要性或客观性，一般要大于前者。因为，事关普遍主义的理性原则或理想性标准。

无独有偶的是，罗蒂的语境主义让他相信，罗尔斯的正义论"仅仅设法系统表达对美国自由派来说具有典型意义的原则和直观观念"。他还进一步确信，罗尔斯的态度是"一种彻头彻尾的历史主义的和反普遍主义的态度"④。于此，哈贝马斯倒是认为，不能对罗尔斯作语境主义的"借题发挥"或随意看待。因为，"原则和直观的观

---

① [德]哈贝马斯：《后形而上学思想》，曹卫东、付德根译，南京：译林出版社，2001年，第160页。

② 同上。

③ 同上。

④ 转引自[德]哈贝马斯：《在事实与规范之间》，第75—76页。

念"尽管确实离不开其产生之语境(情境),但这种语境的观念性缺失,可以通过"反思平衡"去弥补或纠正我们的直观、判断与共用原则不相应的条件,直到这种条件具备一种普遍合理的可接受性。<sup>①</sup> 虽然如此,为观念的重要性辩护之理由还是不够的,如果我们无法理解概念和观念之区分的方法论意义。

至此,我们能从上述所及得出怎样的结论呢?就算我们有理由和根据,声张概念的理想内蕴或普遍要求,从而去反驳罗尔斯在概念与观念之间略显含混的区分,但有一个关键的问题总是回避不了的:我们是否具备一种自发的概念性能力呢?下面,我想简单提及麦克道威尔(John McDowell)在《心灵与世界》一书中对此的相关论述,来概略性地澄清上述这些未尽的问题,并由此重新回到罗尔斯那里,理解他的初心不改。

在麦克道威尔那里,概念不会理想得不可方物,概念性能力也不是高不可攀、遥不可及。相反,它们可以出于我们的自发性,包含或被运用在我们那些看似稀松平常的经验知识之中。不难发现,他无法容忍那种把概念图式和直观内容对立起来的二元论,也不能同意

---

① 同上,第76—77页。

那种意在消除思想与客观实在之间"摩擦力"①的融贯论。前者使得我们倾向于诉诸"所与的"神话或思想,后者使得我们倾向于忽视或割裂心灵与世界的内外关联。而要想避免在这二者之间的反复摆荡,麦克道威尔坚持认为,我们恰恰需要的是,"一种作为状态或者事件的经验的观念"②。这种观念是如何可能的呢?易言之,我们的经验,往往停留在对"所与"的感受性中,它怎么能成为一种独立的"状态"或公共的"事件"呢?

这让我们不由得想到了维特根斯坦。他曾有过类似的判断:"鉴赏力是感受力的精炼;但是感受力没有做任何事情,它纯粹是接受性的。"③对于这个感受性问题的回答,如果按照麦克道威尔的提示,就不仅是康德式的,也是维特根斯坦式的:一是基于康德的感受性和自发性"合作"之思想,经验的观念并没有被感受性的非概念成分(影响)或直观内容全部占据,它还有自发性的概念性能力。我们不必将它们割裂,它们完全可以联合在一起对外做出判断,发挥作用,进而拒绝"所与",产生独立性。二是基于维特根斯坦的"说出"与"呈现"

---

① [美]约翰·麦克道威尔:《心灵与世界》,刘叶涛译,北京:中国人民大学出版社,2009 年,第 13 页。麦克道威尔认为,戴维森的融贯论,其"最后的结果是一种关于自发性观念的'没有摩擦力'的说法,这就是使得所与的思想具有吸引力的东西。"

② 同上书,第 21 页。

③ [英]路德维希·维特根斯坦:《维特根斯坦笔记》,[芬]冯·赖特 海基·尼曼编,许志强译,南京:译林出版社,2011 年,第 104–105 页。

之别,经验的观念之所以具有自发性的概念性能力,这是因为,它能为我们的私人语言所论证(说出思想或讲理),而不会局限于纯粹的接受或单纯的呈现(bare presences),进而具备那种源于"共同的自发反应"的可理解性与可对话性①,走向公共,反思自身,进而与他人一起发挥语言游戏规则或概念系统的"所共有的作用"。

　　综上两点,我们就不能矮化个人经验的"观念"的力量,其是可以达至一种独立状态,参与或制造公共事件的。而这大概会让我们进一步明白,罗尔斯为什么要赋予在"经验之流"中的观念的重要性,而对概念和观念的区分(无论是否任意)都不怎么看重。不过,我们还是应该承认,概念和观念确实具有不同的面向。若继续按照维特根斯坦关于感受性的判断,这种不同的面向可以一言以蔽之:我们能从概念中发现它"是什么",从观念中说出它"具有什么"。前者对我们的原创性提出挑战,后者则不然。我们与其说要去比较二者孰重孰轻,不如说对它们的一种综观的理解,看见它们彼此的联系,才是重要之事。在这种意义上说,相对于正义的概念和观念在外延范围上的区分界定,罗尔斯更强调它们在内在原则或实践规则上的"反思平衡",这是没有错的。或许,这能帮助我们理解罗尔斯的"政治转向",并没有背叛其初衷。

---

① 参见[英]斯迈利 编:《哲学对话》,张志平译,桂林:漓江出版社,2013年,第92页。简·希尔在《维特根斯坦与对话》一文中认为:"只有在《哲学研究》中,对话性才成为其作品的一种显著特征。"

在罗尔斯早年的两篇论文——分别是《两种规则概念》(1955)和《作为公平的正义》(1958)——中,我们可发现他如是的初衷:作为公平的正义,是一种"实践的规则观",而不是一种"概括的规则观"。在他看来,后者"掩盖了为一种实践做辩护①与为归属于这种实践的一个特定行为做辩护的区别的重要性",而前者,"则清楚地阐明了为什么必须做这个区分以及此区分的逻辑基础"。② 为了说明这种区分的重要性,我们可考虑索尔仁尼琴在《古拉格群岛》中描写的一个特定情形:莫斯科的区代表会议结束时,掌声雷动,谁也不敢第一个停下来。因为他们知道,内务委员会把第一个停止鼓掌的人关进集中营。但终于有一个造纸厂厂长这么做了,于是,等待他的结果不言自明。在这里,"永远不要第一个停止鼓掌",就可以被视作罗尔斯所说的那种"概括的规则观",它左右了人们的特定行为。但后者在逻辑上要先于规则。因为,只要有一个例外(比如,"总要有一个人先停下来"),就会让这种规则搁置不用,抑或,让这种规则的效力变得可疑。③

"实践的规则观"与此正好相反,那就是:"实践的规则在逻辑上

---

① "justification"这个词,可以将之翻译为"辩护"或者"证成"。但就其规范性来说,本书倾向于后者,尤其是当它与"公共"一词连用时。

② John Rawls, *Collected Papers*, p. 21.

③ John Rawls, *Collected Papers*, p. 36.

要先于那些特定的情形"。① 因为,若没有这种实践的规则,它所"界定"或"指代"的特定行为(情形),就没有什么意义,抑或,我们对它们的辩护就无关紧要。例如,如果没有一种象棋的游戏规则,我们就无法想象,一群老头为下一步该走"马"还是走"车"争个面红耳赤的情形。而在上述索尔仁尼琴所提供的那种情形中,我们如果想要为那个"例外者"辩护,就必须追问一种政治的实践规则应该是怎样的,而不是仅仅在特定行为上作无谓的"口舌之争"(比如,"那么办呢,我们怎么停下来呢?")。易言之,我们需要诉诸一个政治的"实践的观念"(the practice conception)②。这种观念可以"定义"或"解释"我们的特定行为,为我们提供一种融贯的背景共识。正是出于这种考量,一种规范的"政治的"观念(比如,罗尔斯理论后期的"正义")的有无,决定了我们而不是某一个"能胜任道德裁判工作的人"③,能否去证成国家或政府的行为具有"合法性"(Legitimacy,又译作"正当性")。

不过,从早年若干篇论文(10 篇左右)的发表,到《正义论》(1971)的问世,罗尔斯一直所做的主要工作,可以说只是在道德上证成"社会制度"而不是国家或政府所需的正当理由。也就是说,他这一期间的正义理论是作为一种"整全性学说"(comprehensive

---

① Ibid. ,pp. 37–38.
② Ibid. ,p. 36.
③ Ibid. ,p. 72.

doctrines)但非至善论(perfectionism)的道德理论①,其通过引入"构成性"的原则("公平"的建构)对正义重新定义②,来表达自己根本的"道德关切"(moral concerns),进而为一个"良序社会"(well-ordered society)提供统一的道德基础。毋庸讳言,他描述的那种道德的"关切的基本大纲"(主要是两种正义原则),在那时的他那里,既不是出于一种"政治的"概念,也不是出于一种"形而上学的"观念。换言之,在他所给出的道德的证成关系中,没有明确界定或区分出"政治性观念",而是把它们也扩充进正义原则的适用范围中来。

尽管如此,我们还是会从上述他对正义的概念和观念之间的区分,对"两种规则"观念的区分之前提中,不难预先想到这样一个假言命令式的结论:给定"多元论事实"(the fact of pluralism),正义的原则要想得到人们基于契约的一致同意,就必须从社会的领域收缩或后退至政治的领域,即调整、修正或更改它那原本试图一锅端的适用

---

① 在《正义论》中讨论至善论的最后,罗尔斯以征税为例反驳对完善原则的"明显需要"。他认为,至善论的标准不能作为一个"政治原则"。不过,他承认:"公平的正义似乎没有为注重理想的考虑提供足够的范围。"而在讨论"义务与职责"时,他也意识到了他的正义理论的适用范围问题:"我们必须弄清所提出的正义论是否符合深思熟虑的判断,并是否以一种可接受的方式扩展了它们。我们需要检查,这一正义论是否确定了一种有效的政治观,是否有助于把我们的思考集中到最为相关、最为基本的道德关切上来。"尽管有此在先的意识,他那时的正义论,还是倾向于道德理论的独立性,仅用来解决道德问题,而没有专注于后来"政治转向"的工作。上述参见 John Rawls, *A Theory of Justice*, pp. 331–332,391.

② John Rawls, *Collected Papers*, pp. 95,99.

范围,让政治优先性地去体现"实践的观念"最为本质的"公共证成"(public justification)、教化作用和"反思平衡"。① 只有在这个意义上,我们才可以说,"政治性观念"是表达我们的现实关切的重中之重。而对于"政治性观念"的界定和权衡、聚合或共识,是进入罗尔斯"政治转向"的必要起点,也是我们洞悉哈贝马斯和罗尔斯之争的"最佳契入点"。②

# 第二节　二元论区分

让我们开宗明义:所谓"二元论区分",指的是罗尔斯在"政治性观念"和"整全性学说"二者之间所做出的根本区分。在为《政治自由主义》一书(1996)所写的"导论"中,罗尔斯强调指出了一种非哲学(认识论)的"二元论"之区分:"在政治自由主义中,政治性观念的观点与许多整全性学说的观点之间的二元论,不是那种起源于哲学的二元论。相反,它起源于具有合理多元论的特征的民主文化的特殊本性。我相信,这种特殊本性说明了(至少在很大范围内)政治哲

---

① John Rawls, *Collected Papers*, p. 37. 在这里,我转写了罗尔斯在《两种规则概念》(1955)一文中对"实践的规则观"的"最本质"的说明,但其基本内涵不变。

② 应奇:《从自由主义到后自由主义》,北京:生活·读书·新知 三联书店,2003年,第136页。

学在现代世界(与古代世界相比较)的不同问题。"①显然,他的这种
自认特殊的二元论,表达了他不同以往的政治观念及其在本质特性

---

① John Rawls, *Political Liberalism*, New York: Columbia University Press,
2005, p. xxi. 事实上,罗尔斯认识到,他对"政治性观念"和"整全性学说"的关键
性区分,不是哲学意义上的"二元论"。因为在他看来,"这种(模式化情形)观
点是多元论的,而非对称统一的"。参见 John Rawls, *Political Liberalism*, pp. 147-
148,155。他这么说没错,因为我们信奉的整全或半整全的学说有很多种,且很
多是合理,即构成了合理的多元论事实。但这与"二元论"其实不相矛盾。我们
完全可以在多元中发现并界定二元。而按照他对"观念"与"学说"的独特区分
和合理联系来说,显然,他把各种学说用"整全性"一词统合在一起视为一元,且
把"政治性观念"视作与之可相比较或对称而观的另外一元。如果"元"这个词
意味着统一理由或本质特征,那么,我们就可说他提供了一种"二元论区分"。
若换一种译法,"全能教义"必然要求一元性。而"政治性观念"的一元性,则来
自其本身不可被替代的"政治性"。尽管有上述说法,他在为《政治自由主义》后
来写的"导论"(在"平装本导论"之后,按照他在《缅怀我的同事:伯顿·德雷
本》一文中的说法,又称"第二导论")中,特别强调了这种凸显政治的证成所必
需的二元论区分,不然,他在《政治自由主义》中的政治转向就不可能完成,该书
的理论大厦就可能因为丧失了二元论区分这一根本支柱而无法建成。显然,这
种非哲学的二元论,表达了罗尔斯不同以往的政治观及其在本质特性上的区分
理由。至于说到二元之间的结构关联问题,它是基于罗尔斯所说的"重叠共
识"。在他看来,在政治性观念与整全性学说之间的"重叠共识"(基于前者),
有三个典型的例证:①政教分离原则下的宗教宽容;②康德和密尔的整全性学
说所具备的家族相似性;③价值多元论中存在着部分的可抽离出来的"政治价
值"。在这三种"观点的重叠共识中,对该政治观念的接受,不是那些持有不同
观点的人们之间的一种妥协,而是建立在每一个公民认可的整全性学说内部所
具体规定的种种理由的总和之上。"这毋宁说,"重叠共识"之所以可能,是凭借
"理性"在观念与学说之间的"普遍作用"。(John Rawls, *Political Liberalism*, pp.
170-171,还有他在 p.441 的一个注释。)

上的区分理由。在此区分之下,以前在罗尔斯那里主要作为道德性观念的正义,被他理解为一种必须参照"政治性价值"(political values)的基础才能加以证成的政治性观念,而不再是某种整全性的道德、宗教或哲学学说的组成部分。他在这种"政治转向"之后至死不渝地坚持认为,"政治性观念"是一种自立(free-standing)于某一特定的主题结构及其作用域(scope)①的观点,不再以接受、依赖或遵循某种"整全性学说"为前提,不再需要从后者的基础上衍生、推导或制定出来。相反,前者作为一种构成性和范导性兼具的"模块"(module),可自洽无碍地嵌入或合于后者。②

　　非常明显,这是罗尔斯从《作为公平的正义:政治的而非形而上学的》(1985)一文中标志性开始的"政治转向"③的题中要义,也是他最后将之凝结或贯穿在《政治自由主义》一书中的核心思想。不过,关于这种"二元论区分"的理论后果与实践意义,我们发现,罗尔斯的

---

① John Rawls, *Collected Papers*, pp. 450,480,483.)

② John Rawls, *Political Liberalism*, pp. 12,144-145.

③ 哈贝马斯认为,罗尔斯的"政治转向"是从《道德理论中的康德式建构主义》(1980)一文开始的。这不能说是错的,因为罗尔斯在《作为公平的正义:政治的而非形而上学的》一文中承认:"在某些地方我的观点的改变式以我没有意识到的方式发生改变。"而他关于这一点的注释中说,"道德理论中的康德式建构主义"由于"所讨论的正义观是一个政治性的观念",所以,它的标题最好应改为"政治哲学中的康德式建构主义。"(John Rawls, *Collected Papers*, p. 389.)不过,正是出于这种承认,我认为,"道德理论中的康德式建构主义",还不足以标志着罗尔斯的"政治转向",其间并没有二元论区分问题。

论证仍然存在着不足或未明之处,特别体现在他对这种区分的判定标准上。在本书中,我把这个极为重要的"二元论区分"问题,视为哈贝马斯与罗尔斯之争的根本问题,并将其暂时地分阶为下列两个问题来展开一些方法论上的讨论,进而尝试去审视"政治性观念"的规范本质或特征:一是这种区分,能否被称作"二元论"的呢? 二是若二元论中存在着"分离命题""合取命题"与"优先命题",我们该如何厘清它们之间的关系?

　　首先,让我们看一下罗尔斯区分"政治性观念"和"整全性学说"的标准。在《政治自由主义》一书中,他于此是这么表述的:"请注意,一种政治的正义观念与其他道德观念之间的分别,乃是一个范围问题(a matter of scope),这就是说,两者之别乃是一观念所应用的主题范围与一种较广范围所要求的内容之别,由是,这种对比就更清楚了。"[1]在这个区分的"范围"标准下,罗尔斯认为,"政治性观念"要把自己的"作用域"仅限于"封闭的"社会的"基本结构"(A);免于"整全性学说"的立场[2],尽量避免涉入过多的非政治价值的争议,不要像诸如"其他道德观念"或形而上学那样,试图对社会"主题"和"整体"做出那种"既普遍又整全"的承诺(B);而且,它以隐含在现代民主社会内部的公共政治文化的基本价值理念(比如,"自由"和"平

---

　　① John Rawls, *Political Liberalism*, p. 13.
　　② "free-standing"这个词,可翻译为"独立的""自立的"或"免于立场的"等,视情况而定。

等"）为其直观内容（C）。① "政治性观念"的这三个限制性特征,对于罗尔斯而言是标志性的。不过,如果这只是一种范围的大小限定或内容的不同要求的问题,它们难道能定义出一种规范的自立于"整全性学说"的政治观念吗?

不难理解,罗尔斯所说的"范围问题"和"内容问题",实际上可以统称为"背景问题"。因为,任何背景都预设了一定的范围和内容。而只有在"背景问题"中,我们才能于一般的认知意义上,分别和聚焦出某一两个合理的"对象问题"。对于某种"整全性学说"——这里且以我们耳熟能详的儒家学说为例——而言,由于它的整全性,或干脆说是至大无外性吧,它当然会理直气壮地声称,在其内部包含着一种甚至一套自我感觉良好的"政治性观念"。在这种背景与对象、部分与整体的辩证关系前提下,我们当然也可以质疑,作为儒家之对象或部分的政治观念是有问题的。比如,在"王道政治"或"天下政治"中,所谓的"王"或"天下",其有效性和事实性之间的张力,是否消失了呢? 或者这么说,在给定现代性的背景条件下,它们究竟是如何可能呢? 由此看来,儒家学说的"对象问题"是存在的。但是,其解释权或解决之道,大概只能诉诸(或难以逃避)它的统一背景,被纳入它的"背景问题"中,作为其内部一时一地的矛盾被和谐看待,之后被慢慢消解掉。在这种情况下,我们就不得不从"对象问题"转移到"背景

① John Rawls, *Political Liberalism*, pp. 11 –15. and *Collected Papers*, pp. 450, 479 –480.

问题"的战场,在根本上质疑儒家学说所能提供的"背景",当其身处现代性更大的"背景",遭遇与过去迥然不同的"对象",估计已经不大够用了。

不难明白,上述罗尔斯给定的那种政治性观念的特征(C),是可以针对儒家的"背景问题"而言的。因为在他看来,公共的政治文化不等于市民社会的"背景文化"①。不是所有的背景,都能承诺自己是"公共的"或"政治的"。但是,某种既定的背景,虽然在"运作时间"②上难免会发生变化,但它那"完成的状态"是无法彻底消失的。何况,它会进入某种"演化论"的改良适应和"创造性转化"之过程,抑或,从不好的意义上说,被一些别有所图的人拿来充当政治意识形态的后备军与储藏库。如果是这样,它就会从其"完成的状态"进入了"重构的状态"或"建构的状态"③(比如,当前看来仍然是方兴未艾的"儒家复兴")。在这三种状态的不断运作和相互奥援下,我们所说的"背景问题",还是很有可能在其自身内部就被消解掉了。而试

---

① John Rawls, *Political Liberalism*, p. 14.

② 乔治·阿甘本:《剩余的时间》,钱立卿译,长春:吉林出版集团,2011年,第81–82页。

③ 在这里,"建构"和"重构"其实是有别的。它们的区别其实与"二元论区分"问题有关。在我看来,这也是进入哈贝马斯与罗尔斯之争需要被特别考察的一个方法论上的问题。不过,在《答哈贝马斯》一文的某个注释中,罗尔斯说:"我不清楚,一种建构与一种重构如何区别开来。"(John Rawls, *Political Liberalism*, p. 413.)

图用一种背景(D),去调整、更改或取代另外一种背景(E)的问题解决方式,将面临这样的两难困境:要么因为前者的内容缺失而不可能,要么因为后者的范围过度而不可行。因此之故,我们认为,罗尔斯区分"政治性观念"和"整全性学说"的范围标准,其有效性可能不是太大。不管前者与后者是相隔还是"相容",①也无论后者是一种"政治的文化"或一种"文化的政治",单从范围的大小及其内容的多寡上,我们无法对它们做出根本两立的区分,也难以在它们之间实现"恰当平衡"或"反思平衡"。

再而言之,用范围及其内容要求的整全性与否,来区分"政治性观念"(P)与"整全性学说"(N),之所以可能无效的理由,还有如下三种:

第一,(P)完全可以承诺自己是整全性的主张;整全性不单是属于(N)。若此的话,我们就大概会陷入(P)与(N)的整全性大小之争,而这无关紧要之事;重要之事可能是(P)要优先于(N),但这又要以(P)可以真正区分于(N)为前提。

第二,若(P)承认自己的整全性小于(N),在某种整体论的意义上就等于说(P)只能从属于(N),以(N)为其衍生的背景基础和前提条件。(P)那种"自立山头"的想法,会因为存在着太多和太大的"山

---

① John Rawls, *Collected Papers*, p. 441. 在这里,罗尔斯区分了"政治性观念"(a)和"整全性学说"(b)的三种一般关系:(a)属于(b);(a)独立于(b),且与(b)相容;(a)与(b)不相容。

头",而泯于流俗,难以成真;或者这么说,(P)的"对象意义"难以实现,即突破不了背景条件的先验性限制。

第三,我们当然可以主张:存在着一个更大的整全性(W),比如"现代性",它包含了(P)和(N);而且,我们认为:(P)而非(N)才是(W)的重心,更能体现或符合(W)的内容要求。但是,(N)会否认这种外来的包含关系和看似不公平的界定标准。于此,(N)——比如儒家学说——往往采取了如是做法:要么攻击(W)是一种无法普遍的中心主义,尽管其自己可以是另外一个地方的中心;要么将(W)纳入自己的"背景问题"之场域,认为(W)可以作为自己的"对象问题"(比如"现代性危机"一说),只能由"我"来解决。

基于上述三种反驳理由的考虑和担心,我们就不能让"二元论区分"问题,仅仅被限定或归结在罗尔斯所说的"范围问题"中。在那里,无论"政治性观念"还是"整全性学说",很可能都要被混淆不分地划入,以赛亚·伯林(Isaiah Berlin)曾屡次批评过的绝对主义的"一元论"或相对主义的"普天之下"。因此,如果我们实际上要想为罗尔斯的"二元论区分"做进一步的正面辩护,就必须抛弃其"范围"标准难以避免的"背景问题"模式,从有效的视角与独立的基础重新出发,为其重构出新的问题意识或建构出新的参照标准。易言之,必须换一种更好的观看方式或思维方式,为一种规范的"政治性观念"重新正名。

我们发现,在《答哈贝马斯》(1995)这篇文章的一个注释中,①罗尔斯从布鲁斯·阿克曼(Bruce Ackerman)在《我们人民:奠基》一书中对"二元论"与"正当(权利)基础论"的区分那里②,已经意识到"二元论区分"的问题,即"政治性观念"与"整全性学说"这种"二元论"如何可能。进而言之,给定合理的多元论事实(the fact of reasonable pluralism),"政治性观念"能否成为自立的一元,之后被我们优先考量与共同接受呢?"重叠共识"(overlapping consensus)可否进一步强化和加深对一种自立的"政治性观念"的证成呢?③ 在我看来,这是哈贝马斯与罗尔斯之争的根本问题。

在《通过理性的公共运用所作的调和:评罗尔斯的政治自由主

---

① John Rawls,*Political Liberalism*,p. 407.

② 在这里,限于主题和篇幅,我不打算讨论阿克曼的这种区分。我只是将之作为进入哈贝马斯与罗尔斯之争的一个引子,为接下来从"分离命题"和"合取命题"来看"二元论区分"找到一个讨论的起点。

③ John Rawls,*Political Liberalism*,p. 385. 这个问题,是罗尔斯对哈贝马斯在《通过理性的公共运用所作的调和》一文第二节所提的第一个问题的一个转写。哈贝马斯在该文中的表述是:"我将考察该正义理论所依赖的重叠共识究竟是扮演了一种认识论的角色,抑或仅仅是工具性的角色:它首先究竟是有助于该理论的进一步证成,还是用于根据对该理论的先前证成来说明社会稳定的条件。"题中的"该理论",即罗尔斯所强调的"政治的"正义观念,其将"政治性观念"与"形而上学"这样的"整全性学说"相对立或区分开来。( Jürgen Habermas:"Reconciliation through the Public Use of Reason:Remarks on John Rawls's Political Liberalism",in *Habermas and Rawls:Disputing the Political*,p. 34.)在我看来,要想最终回答这个问题,大概只能诉诸"公共的证成"和"道德的视角"(Moral point of View)。

义》(1995)一文中,哈贝马斯认为,在"政治的"这一术语的使用上,罗尔斯具有如是"三层意义"①:①对"世界观"保持中立的理论意义(the theoretical meaning);②在"公共利益"的内容表达上的通常意义(the usual sense);③将前二者结合或合取在一起的"政治性价值"的客观领域划定上的"给定"意义(the third sense,as something given)。这三层意义,分别对应着罗尔斯关于"政治的观念"的三个限制性特征(顺序有所不同)。不难明白,从方法论或认识论上说,在哈贝马斯与罗尔斯这种家族相似的"互动"或者"转译"之间,存在着"分离命题"和"合取命题"。②

---

① *Habermas and Rawls:Disputing the Political*,pp.42-43.

② 这一对概念取自赖尔的《心的概念》一书,我还将他的"析取句"改写成"分离命题",这样更能去针对"二元论区分"问题。赖尔为此举例说,"她在泪泉和轿子中回家了",由于"泪泉"和"轿子"不属于同一个范畴"in",因此这种"合取命题"是不恰当的。而我们若说:"她或者在泪泉中,或者在轿子中回家了",这种"析取句",也是不恰当的。在这里,参见吉尔伯特·赖尔:《心的概念》,徐大建译,北京:商务印书馆,1992年,第17-18页。另外,还可参见[德]罗伯特·阿列克西:《法概念与法效力》,王鹏翔译,北京:商务印书馆,2017年,第20-23,157页。在后一书中,法理学家阿列克西用到了"分离命题"和"联结命题"这一对范畴,它们被用来定义法律的概念。他不是就不能合取来言分离的,而是就不能联结或不必联结来说分离的。在他那里,分离命题(ST)是:"法律的效力或法律的正确性和道德评价或道德的正确性之间没有必然联结。"而联结命题(CT)是:"法律的效力或法律的正确性和道德评价或道德的正确性之间具有必然联结。"由此来看罗尔斯"二元论区分"问题,在"政治性观念"和"整全性学说"之间没有必然联结。尽管出于社会统一和稳定之需,二者之间需要达成妥协,尝试建立结构关联,但这种联结也非必然。

　　回到"二元论区分"问题上看,上述罗尔斯所说的(B)和哈贝马斯所转译的(a),它们于某种意义上其实都已预设:"政治的观念"可以从某种"整全的学说"那里,完全脱离或彻底独立出来,而不再是以前那种包含与被包含的关系。尽管它们之间还可以发生其他的关系,比如相容或不相容,重叠或不重叠,优先或不优先,限制或不限制,但这些关系也是建立在二者已然分离、门户各立的前提之上。这就是我称为的"分离命题"。而"合取命题"是:当我们把两种东西合取在一起的时候,我们首先须考量,它们二者是否属于同一个范围(或领域),能否合取于同一个范畴(比如正义)。在这个意义上,罗尔斯把"二元论区分"视为"范围问题",看来不能说是错的(错的不等于无效的)。因为"政治性观念"和"整全性学说"不在同一个范围或范畴中,所以,它们不能被正当地合取在一起,必须被分别处理。关于这一点,试想这样一个笑谈就会一目了然:"在2012年天津的西方政治思想研讨班圆满结束之后,我意味深长地带着哈耶克和董仲舒一起回山东老家了。"

　　"合取命题"的不当例证,我们还可以想到所谓的"通三统"。这种试图调和改革开放以来的三个传统之间的排斥或不合现象之主张,最多可以代表着一部分人宏大的理论抱负与"意图伦理",抑或,也可能有一点政治方法论上的认知意义。但无疑的是,因为对罗尔斯"二元论区分"问题的漠视或正视不够,"通三统"之论无法将不同面向的传统的范围要求与范畴内容合取在一起。若它采用析取各个传统合理的部分而杂糅在一起,那么,它将面临这样选择尴尬的"析取句":"我们要么在这里,要么在那里,合为一体了。"但到底要按照哪个传统及其标准来合取呢？抑或,若按照一个能将它们真正合取起来的同一性范畴来合取,可它到底在哪里呢？这是很难回答的。弄不好的话,我们就会因"范畴错误"而得到一堆"乱码符号"。可以说,"要么,要么"这样的"合取命题"方式,其实等于实质性工作什么都没有做,抑或,不能做。由此看来,在合取之前,必须先要区分清楚。显然,我们可以把一个苹果放到一堆水果里面,但若把一个鸡蛋放进去,也不是不可以,因为鸡蛋很容易被一眼看出它在其间(范围内)是不同的。这当然是建立在鸡蛋和苹果不属于同一个范畴的认知前提之上的。

总而言之,只有在"分离命题"的认知前提下,我们才能论证"合取命题"是否成立。"政治性观念"和"整全性学说"之间的二元论区分问题,即可作如是观。不过,如果"范围"标准会受到"整全性学说"的质疑或挪用,如果我们要抵制将"二元"强行或非强行合取在一起的意图或做法,那么,确保"政治性观念"自立为一元的方法,似乎只有一个:抛开那些既定传统的"整全性学说"的范围限定与对它的"判断负担"(The burdens of judgement)①,把作为普遍有效的视角而不仅是共享的储备基础的"政治性价值",重构或建构出来,即合取

① John Rawls, *Political Liberalism*, pp. 54–58.

于重新给定的"政治性价值"。若此,它就会突破"整全性学说"的语境牢笼,赋予"政治性观念"的自主性。这也是上述哈贝马斯转译的"政治的"概念的第三个限制性特征所要传达的深层之意。

当"政治性观念"从"整全性学说"那里真正分离和独立出来,不再被不正当地合取在一起,那么,我们再来考量它们的关系,就会马上遇到这样的问题:在它们之间,谁会优先于谁呢? 如果是"政治性观念"优先于"整全性学说",理由何在呢? 前者要怎样做,才能赢得后者的接受、认同与支持,即与之达成一致的"重叠共识"? 对这些问题的回答,就把我们带向了"优先命题"。

在罗尔斯那里,"优先命题"几乎可以说是他所有著述最为核心和基本的命题。如果没有这种命题(结构),我们绝不可能,在世间看到这样一种无可逃避的道德和政治的"关切的基本大纲"。这无疑集中体现在他对正义两个原则的奠基与建构之中。而其具体的呈现则是:在《正义论》中,他给出了自由的优先性的规定及其论据或根据①;在《政治自由主义》中,他进一步表明了权利(正当)优先于善,以及基本自由的优先性②。这里,我无意去"跟踪报道"罗尔斯关于优先性论证的具体内容,只想从形式上将之统称为这样的"优先命题":给定已经被分离出来的两个东西 R 与 G(比如权利与善),R 优

---

① John Rawls, *A Theory of Justice*, pp. 243–251, 298–303, 541–548.

② John Rawls, *Political Liberalism*, pp. 173–211, 289–371.

先于 G,意味着 R 要限制 G 对 R 的僭越要求,而不是或不再受到 G 的限制,R 只能"为了其本身的缘故"(for the sake of itself)且在其本身之内才能被限制。① 也就是说,那种限制与被限制的优先理由,只能由 R 本身所给定。

于此,我们可引入一个相关的示例来说明之。在《论重要之事》一书中,德里克·帕菲特(DerekParfit)讨论了哈里·法兰克福(Harry Frankfurt)所说的"人行道的裂缝"问题:"假定某人关注之事是避免踩上人行道的裂缝。毫无疑问他在关注此事上犯有错误……其错在关注并且因此给某个不值关注之事赋予了重要性。"②他把重要性("值得关注")赋予了"人行道"而不是其"裂缝"。我们知道,重要性不等于优先性,但我们一般会按照重要性的有无或大小做出优先选择。因为"人行道"相比于"裂缝"对我们更为重要,所以,我们会优先选择去关注前者。这个时候,响应优先的理由可等于重要性的理由。但是,从"优先命题"的限制意义来说,"人行道"优先于"裂缝",是因为后者给前者带来的限制可以忽略不计,无法僭越前者自身本然天成的优先性。我们可能因为"裂缝"而偶尔一次地跌跤,但"人行道"照样会畅通无阻。如果这依旧是根据某物的善性(goodness)大小来界定什么是对我们更为重要,那么,这种重要性因

---

① John Rawls, *A Theory of Justice*, p. 244. and *Political Liberalism*, p. 174.

② ［英］德里克·帕菲特:《论重要之事》,阮航、葛四友译,北京:北京时代华文书局,2015 年,第 58 页。

为是"二阶事实",而不可能真正给定我们优先的选择性关注的理由。按照帕菲特的提示,优先性理由应当是出于那种不偏不倚的"视角"的客观限制理由,而不管其与我们的关系是好是坏。即不能只是"对我们"而言,而应当是由其自身的中立性给定限制与被限制的理由。[①] 只有在这个意义上,我们才可以说,帕菲特确实无疑地为罗尔斯的"优先命题"提供了一个正相关的示例。因为在后者那里,优先性恰恰是以"一阶事实"的中立性为理由或前提的,它不会与中立性发生矛盾。

由此回到"政治性观念"与"整全性学说"之间的关系上说,前者免于后者的立场,即从后者之中自立也就是中立出来,这种"分离命题"其实已经预设了接下来的"优先命题",为其提供必需的前提。易言之,只要"政治性观念"中立于"整全性学说",它就会意味着要优先于后者。在罗尔斯那里,虽然"权利与善是互补的:一种政治的观念必须采用各种各样的善理念"[②],但是,他还是坚持了"优先命题"的前提条件与限制标准:这些善理念不能再被限制于"整全性学说",它必须是属于"政治性观念"。易言之,这些善理念(包括生活方式)是"政治性观念"所允许的,必须接受"政治性观念"的限制,在其范围内发挥作用,符合其规范的内容要求(比如权利本位)。这即

① 同上书,第 10—12 页。

② John Rawls, *Political Liberalism*, p. 175.

"权利优先于善"的基本内涵①。我们从这个具体的"优先命题"不难确定一点:虽然在区分或界定的"范围"标准上存在一些未竟的问题,但这不妨碍,罗尔斯在"概念的事实"上,已经彻底颠覆了"政治性观念"与"整全性学说"原先的包含关系和限制关系。很显然,如果"政治性观念"仍然被包含和限制于"整全性学说",它们二者之间是没有谁更具优先性可言的。

概而言之,使得"政治性观念"优先于"整全性学说"的命题理由,就在于"政治性观念"本身的那三个限制性特征之中。除了"分离命题"内在地预设了"优先命题"之外,在"政治性价值"上的"合取命题"也为"优先命题"的证成提供了公共理由。在回答"政治自由主义如何可能"这个"稳定性问题"时,罗尔斯给定了两种重大的"政治性价值":政治正义和公共理性。当我们面临诸多价值分歧和冲突的"整全性学说"时,他认为,这两种政治性价值"作为宪政实质和根本正义制度的唯一根据"②,应该具有绝对压倒性的"优势",而不能被那些非政治的价值观念或"整全性学说"轻易僭越、限制和取代。易言之,它们在事关根本的政治实践问题上要求自身被优先考量。

最后,关于"政治性价值"自立的"观点"(或译为"视角",the point of view)或参照的基础(标准)意义,罗尔斯盖棺论定说道:"正如我们所看到的那样,政治自由主义尽可能将这些价值解释为一种

---

① Ibid.,pp. 176,209.
② Ibid.,pp. 139-140.

特定领域——政治的领域——的价值,解释为一种自立的观点,解释为无需以任何特殊的整全的学说为前提就能够被理解和确认的价值。……我们希望,在政治实践中我们能够为政治价值中的宪政实质打下坚实的基础,从而这些价值能够为公共证成提供一种有效的、共享的基础。"①这在一个暂时的结论性时刻提醒我们,无论是"优先命题"还是"合取命题",归根结底都是出于"分离命题",即必须在"政治性观念"与"整全性学说"之间做出二元论区分。只有给定这种二元论的前提,我们才能去考虑如何在"政治性观念"上达成"重叠共识"的"正当基础论",即合取于罗尔斯所给定的"政治性价值"。如果是这样,我们就没必要过于在乎"整全性学说"由范围大小所导致的"背景问题"。因为,在"背景问题"中,实际上并没有那种可以自立于世的"政治议题"②,抑或,没有哈贝马斯所说的那种可以将政治"主题化"(thematized)的"命题内容"③。在这种客观事实阙如而主观能动性不足的意义上,一种规范的"政治性观念"是必需的,它取决于其本身的那种独立与自由的命题结构能力,而不是那些事先给定的"背景问题"及其限定条件。

---

① John Rawls, *Justice as Fairness: A Restatement*, p. 190.

② John Rawls, *Political Liberalism*, pp. 151–152.

③ Jürgen Habermas, "*What is Universal Pragmatics*", in *Communication and the Evolution of Society*, Translated and with an introduction by Thomas McCarthy, p. 66.

# 第三节 中立性问题

在罗尔斯的二元论区分之中,还有一个未竟的二阶问题是中立性问题。对这个问题的"陈述语气"的表达,指向了政治自由主义的中立性原则(the principle of neutrality)。其基本的意思是强调,政治原则的证成,不应诉诸任何整全性的宗教、哲学和道德观(在哈贝马斯那里,它们一般被统称为"世界观"),这也包括不应诉诸任何理想的人生观和价值观(反至善论)。① 当然,我们也可以换一种外在的

---

① 在《行于所当行:我的哲学之路》一文中,周保松谈到了石元康对自由主义中立性原则的一个观点:政治原则的证成,不应诉诸任何理想的人生观,即要求国家在何谓良好生活上保持中立,"不能偏袒任何整全性学说及其相关的善观念",这归根究底,"是接受了价值怀疑主义和主观主义。"(参见周保松:《走进生命的学问》,北京:生活・读书・新知 三联书店,2012 年,第 215,219—225 页。)在我看来,这种观点与罗尔斯的政建构主义对价值怀疑主义和道德实在论的拒斥,是不相符的;而且,它没有考虑到政治自由主义对生活方式的客观限制或"可允许的善"的非工具性要求,也没有必要去追求"某种更广阔的观点"。何况,罗尔斯强调了"政治正义的观念必须在其自身范围内为这些生活方式留有足够的余地。"(John Rawls, *Political Liberalism*, p. 210. )

"疑问语气"或者"条件语气",而不是那种内在的"祈使语气"①来如是表达之:一种中立于"整全性学说"——比如至善论、世界观或形而上学——的"政治性观念"——这个中立的政治观,与其说是民族国家或政府的,不如说更是"世界公民"的,如果在限制性条件上的要求比较高或比较严格,它是如何既可能而又可行的呢? 不难发现,哈贝马斯与罗尔斯之争的交汇点大致就聚合在这个政治中立性问题上。

事实上,哈贝马斯并不反对,在实践理性以及后形而上学的思维条件下对"政治性观念"与"整全性学说"做出的二元论区分。因为他往往把诸如宇宙论、宗教和本体论的形而上学这样的"整全性学说",划入"前政治"或"文化"的范畴领域;而且,他还认为,在现代政治的合法性问题上,它们已经很难再表现出多么必需或有效的"证成的水平"(the level of justification)②。这实则告诉我们,他反对罗尔斯

---

① 这里的"疑问语气""条件语气""陈述语气"和"祈使语气",它们的语义学的意义不大,但其语用学的意义却值得我们深思之。这是因为,在维特根斯坦的"语言游戏"中,一个词的不同含义在于其在不同语境下的不同使用。比如,在《思想的力量》一书中,匈牙利经济学家科尔奈认为,他们过去往往只能用一种"祈使语气",来回应"东欧剧变"前的那个大规模的政治压制的时代。可以说,如果我们的"政治性观念"仍然从属于一种被给定的"整全性学说",那么,情形也会如此。而中立性问题,是用不着"祈使语气"的,但它或许会借用康德在《判断力批判》一书中所说的一句话:"一个人在向其他人征求同意。"当然,我们在其后还可加上这么一句:如果这个人有理由或在事实上对其他人保持中立的话。

② Jürgen Habermas, " Legitimation Problems in the Modern State ", in *Communication and the Evolution of Society*, pp. 183–188.

的地方另在别处。在我看来,其主要在于以下两点:一是关于二元论区分的认知意义,我们不能过于"节制"地让之限定于实质的内容和特殊的范围之中,更不能使之"刻意地停留"[①]在工具性的问题表层或功能性的后果影响之上;二是在社会整合与稳定性需要的实践意义上,如果我们要在二元论区分之后不得不去实现一种二元之间的结构关联,那么,这种直面合理分歧的多元论事实的结构关联达成的可行路径,就不能在正确的方向上"以一种错误的方式"[②],被事先给定的实践推理"凝固化"了[③]。由这两种意义来审视政治观的中立性问题或中立的政治观问题,我们会从哈贝马斯和罗尔斯之争中看到两组不同却又有时纠缠不清的中立性进路:①程序主义的与后果主义的(或实质主义的);②发生学的与目的论的。

先来看一下罗尔斯。不难发现,对作为自由主义的一个"共同主题"的中立性原则,罗尔斯的正面表述其实不多,他一直对之抱有某种审慎的态度。因为有偏袒个人主义之嫌,抑或,因为仅仅使用"工具性的善"而有对善不公平之嫌,他担心过去和现在的"某些形式"的自由主义的中立性原则会被误解和驳难,与实践的关系不大。[④] 但是,没有人可以否认,他实际上在"自由主义超越性活动的悠久谱系"

---

① John Rawls, *Collected Papers*, p. 385.

② *Habermas and Rawls：Disputing the Political*, p. 26.

③ Jürgen Habermas, *Communication and the Evolution of Society*, p. 199.

④ John Rawls, *Political Liberalism*, pp. 190–191.

中重新开辟了一条通向中立性的理想进路。尽管这条进路的前一半是道德的,主要针对道德冲突;后来的另一半被他转换成是政治的,主要回应政治分歧。① 易言之,在罗尔斯那里有两种可能还藕断丝连的中立性:道德的中立性和政治的中立性。前者就《正义论》而言,是通过"原初状态"(original position)这种假设的和非历史的"代表设置"(device of representation)来证成的。后者就《政治自由主义》而言,是通过"重叠共识"这样"最合乎理性的基础"的一致性理念来证成的。下面,让我们从大体上去描述它们的证成过程及其所具的不

---

① 布鲁斯·阿克曼认为,存在两条"错误的"中立性的进路:一条在道德判断的基础上,被他称为"优胜策略";另一条在政治评估的框架上,被他称为"转换策略"。([美]布鲁斯·阿克曼:"为何要对话?",载应奇编:《自由主义中立性及其批评者》,南京:江苏人民出版社,2008年,第82-85页。)在我看来,这是针对罗尔斯的驳难。不过,我不认为罗尔斯那里存在两条中立性进路,它毋宁说只是一条中立性进路的分叉。支持我这种观点的根据是:就算是在他的"政治转向"之后,他都没有放弃"原初状态"这种中立性的代表设置,而它是罗尔斯在道德上证成义务论的正义原则的关键。何况,为了与整全性学说达成"重叠共识"的实践目的(在"道德目标""道德根据"和"稳定性"三个方面),他也没有放弃把"政治的正义观念"视作"道德的观念"的一种,它只是在范围区分上与"其他道德观念"不同。(John Rawls, *Political Liberalism*, pp. 11-13, 147-148.)或许,正是因为这种模棱两可的不舍情形,导致了罗尔斯把道德中立性和政治中立性有点混为一谈了。在我看来,哈贝马斯就是基于此点而对罗尔斯提出质疑的。他会认为,罗尔斯对中立性原则的证成方式是错误的;但坚持二元论区分,"政教分离",或"政治"先于"前政治"或"文化"的进路,是正确的。很显然的是,"in the wrong way"中的"way",可以被译成"进路",也可以被译成"方式"。这种区分意在表明一点:假定存在一条进路,它在方向上可能为对,但在方式上可能不对。

那么"理想的"类型。

按照罗尔斯,"原初状态"是这样一种中立性的"代表设置",它排除我们在自然与社会之间的偶然性的差异条件或特殊信息;其中,包括我们那些已经形成的、可能是偏见的人生观、价值观和世界观。为了在道德上证成正义原则以及在其之上的一致同意之契约的目的,我们需要通过这种"代表设置",把那些道德信念的"暂时的定点"交给"反思平衡",直到我们可以设想自己处于一种"无知之幕"(veil of ignorance)的逻辑起点的限制之下。只有从这种"无源之见"(Views from Nowhere)重新开始,我们才能找到"更好的理由"去推演出那种对每个人而言都是公平的地位和条件,进而可以不偏不倚地把他们当作"道德的人同等对待"①。即对他们保持中立,在中立性要求的前提条件和形式框架上限制他们,不能根据过往积累的自然优势("威胁优势")或"社会资本"去讨价还价。于此,约瑟夫·拉兹(Joseph Raz)曾在《自由的道德》一书中,将之正确地称为"排除(特殊)理想"和"原则的中立"。②

不过,罗尔斯还是为"原初状态"保留了不仅作为完美人格而且也是"优胜策略"的道德理想,即正义感和善观念这两种理想的道德能力或最高利益。我们发现,它们在"原初状态"中其实扮演了不那

① Joseph Raz, *The moral of Freedom*, pp. 111–112.
② John Rawls, *A Theory of Justice*, p. 141.

么漠然相待亦不怕意义和真理缺席的"驱动器"之角色,进而有理由亦有能力去证成任何人都会需要的或合理期望的正义原则与"基本善"。由上述所示,我们就不难明白,这其实是一种基于更好的道德理由的证成的中立性。而"原初状态",只是作为一种道德证成的中立性手段而发挥其作用的。罗尔斯后来认为,"原初状态"也应当排除或至少限制了人们所信奉的形形色色的"整全性学说",而它们在道德理由上是无法中立的。尽管在现实语境中,它们能够出于良好生活的策略和目的而得到自我理解、自我决定、自我发展和自我实现①,但是,它们仍然没有逃出自我中心主义的特殊理想之窠臼。而在道德理由上,它们恐怕无法具备"原初状态"那种作为"公共反思和自我澄清的手段",以及作为"中介的理念"(mediating idea)的沟通或调解作用。②

关于"原初状态"的这种工具性的认知解释,我们可以为之换一种说法是:"公共证成"的共享手段和居间理解的共有作用,抑或,"所有人能接受的证据及推理方式"③。或许,正是出于这种前认与

---

① 哈贝马斯:《在事实与规范之间》,第119页。另外,关于"伦理"与"道德"的区分,可参见他的一篇铭文:"论实践理性的实用意义、伦理意义和道德意义",载哈贝马斯:《对话伦理学与真理的问题》,第61-95页;另可参见Jürgen Habermas: *Justification and Application*, translated by Ciaran P. Cronin, Cambridge, Massachusetts, and London, England: The MIT Press, 2004, pp.1-16.

② John Rawls, *Political Liberalism*, p.26.

③ John Rawls, *A Theory of Justice*, p.212.

后观，"原初状态"的观念被罗尔斯纯粹地理解为"旨在建立一种公平的程序"，它"使一个人能在任何时候都能采用它的观点（perspective）"①。只要遵循某种中立性原则（比如正义）的限制程序，"我们在任何时候都能进入原初状态"②。在这里，我想基于罗尔斯，在"任何时候"之后再补充两个限定词：在任何地方；在任何"整全性学说"之外。因此之故，我们可以说，罗尔斯通过"原初状态"证成了一种免于任何既定的"完成状态"或固有的语境立场的程序主义中立性。尽管这看起来是一种无条件的道德的"定言命令"（在建构主义的方法论上，"原初状态"大概类似于康德的"绝对命令"），但它仍然无法避免道德的中立性，不得不面对的那些实质的"条件意义"以及可从中提取的"后果"问题（"the meaning of these conditions and helps us to extract their consequences"）③：它的在地理解（locally intelligible）或实践目的，不仅期待着"从一种道德的观点看是可接受的"，④而且还要求被不那么道德的社会和人们所"实际接受"，被他们在现实中用之来"模拟"道德判断的一致性过程。这个时候，"原初状态"就需要从其原先服务于正义的中立性原则的程序主义进路，转向其现实序列的"发生学"的进路上来。而在后者的意义上，托马

---

① Ibid.，pp. 136，139.
② Ibid.，p. 19.
③ Ibid.，p. 21.
④ Ibid.，p. 120.

斯·内格尔(Tomas Nagel)对"原初状态"是一种对道德分歧的特殊善观念限制太多的"假想的中立"之既不可能也不可行的批评,就有了基于个人主义立场而不是无立场的正当理由。①

　　让我们可能感到有些纠结的是,当罗尔斯在政治转向之后,他那"中立性的政治关切"——即"政治性观念"中立于"整全性学说",在某种非如此不可的意义上(正当与善之分离),已然转换或取代了在《正义论》中的"中立性的道德关切"。可以说,它已经从"原初状态"所构建的道德义务论的程序主义进路里分轨了出来,而越来越倾向于约瑟夫·拉兹所指认和批评的后果主义的政治中立性进路。

　　在我看来,这是由于合理的多元论事实所要求的"重叠共识",在前提性与结论性、规范性(有效性)与事实性之间的二律背反之张力所导致的。对此,在《政治自由主义》一书中,罗尔斯有一段话非常重要:"从程序意义上说,作为公平的正义并不是中立的。显然,它的正义原则是实质性的,它所表达的远不止于程序性价值,而其政治的社会观念和个人观念也是如此。这二者,是在原初状态中表现出来的。作为政治的观念,它的目的是聚合成重叠共识……当给定多元论事实,它寻求共同基础(common ground),如果人们愿意的话,或者可称之为中立性基础。这种共同的基础,就是作为重叠共识焦点的政治

_____

① Tomas Nagel, "*Rawls on Justice*", in *Reading Rawls*, Edited by Norman Daniels, California：Stanford University Press, 1989, pp. 8–10.

的观念本身。但是,这样界定的共同基础,并不是程序主义中立性的基础。"①

　　由此可说,我们之前对罗尔斯似乎背离了程序主义中立性的证成路径之判断,并不是无的放矢,无所依凭。从"原初状态"的单纯工具性的程序设计,到"重叠共识"的一致性同意(或接受)之更实质的目的,罗尔斯的道德中立性之严格主张,已然让位于其政治中立性之现实诉求。我们可以进一步断言,但凡是中立性问题,它必然预设了从开始到结束的两个端点,之后对其中道而观。不难理解,在罗尔斯那里,如果说"原初状态"代表了一种在前提性和规范性上的、处理道德分歧的程序主义和发生学进路之起点,那么,"重叠共识"则可以说,体现了一种在结论性和事实性上的、对政治统一和稳定过于在乎的目的论和后果论中立性进路之终点。易言之,罗尔斯对中立性问题的关切重心和处理方式,已然从一条整体进路的起点处转向了其终点处。而这,可能就让人不由地担心,他有结论先行和循环论证之嫌疑。尽管他反对把中立性的目的论进路和后果论进路"混为一

---

①　John Rawls, *Political Liberalism*, p. 192.

谈",而承认自己是在"某些意义"①的前者上,寻求被大家普遍认可的"共同基础"或"中立性基础";但是,"把后果或影响的中立性作为非现实的东西予以排除"②这一政治共识之主张,会因为他依据于"重叠共识"之证成的模棱两可性,受到既不可能也不可行的质疑:"重叠共识"到底是一种前提还是结论,是一种目的还是后果,抑或,是一种基础还是视角? 或许,它只是想用一种理想的、预设的后果,来反对另外一种既成的后果罢了。在这种意义上,目的与后果在规范性的前提条件下往往是辩证统一的,现实的东西和非现实的东西在事实性的基础环境上是纠缠在一起的。如果真是这样,"重叠共识"就不得不被放到一种后果主义的政治中立性进路之中来考量,它很可能体现的不过是在后果上的"程度问题"或"范围问题",而无助于真正解决"原则问题"和"基础问题"之目的。至此,我们想要表达的中心思想和问题意识大概还不够明晰,不过,它们可被悬而未决地归结如下:一种中立的、不偏袒任何"整全性学说"的政治观,即罗尔

---

① Ibid.,pp.192-193.罗尔斯在此归纳了目的论的中立性进路的三种意义:a.国家不偏袒任何善观念,任由其自由发展;b.国家不偏袒任何整全性学说,不能行使"压迫性事实";c.国家的基本制度和公共政策不得偏袒某一特殊观念或由之来设计,除非这种对个体造成的"政策性后果"通过其他方式得到公平的补偿。他反对第一种意义,因为他坚持权利优先于善。不是任何的善观念,都能得到"政治性观念"在其范围内的允许,在目的上能有利于正义原则的证成。由此,如果我们说,他的政治自由主义至少遵循了一种目的论的中立性进路,在这一点上应该异议不大。

② Ibid.,pp.193-194.

斯的政治自由主义所倡导的中立性原则,就算可以通过"重叠共识"而得以证成,但如哈贝马斯所言,自圆其说的"证成问题",毕竟不等于在其之外的"接受问题"或"应用问题"。"重叠共识"在中立性问题中到底扮演了怎样的角色,必须得到进一步的区分和界定。①

现在,让我们正式进入哈贝马斯与罗尔斯之争,看一下哈贝马斯的反驳意见和补充说明在何种意义上提升了中立性问题的认知层次。概而言之,哈贝马斯对罗尔斯的政治自由主义的核心批评,主要围绕"原初状态"和"重叠共识"这两个中立性的理念展开:

第一,"原初状态"的设计,从政治自主性这一概念出发②,借助"无知之幕"的程序从一开始排除了信念和世界观的多元论,把各方出于第一人称视角的实践理性(实用的和伦理的)基本"拿掉了"。但是,这种规范性约束并不彻底,因为它仍然保留了理性利己主义者的选择后果和实质的道德内容的内涵,即最低限度的"基本善"。如果是这样的话,如果我们把个人自主的基本权利解释成道德自主的基本善(对道德能力发展有利的东西,即最高利益),那么,"这使得

---

① *Habermas and Rawls:Disputing the Political*,pp.35–37.

② Ibid.,p.27. 在这里,哈贝马斯认为,"为了构造原初状态,罗尔斯把政治自主性这一概念分成两个要素:一方面是寻求理性的利益各方的品质,这些品质在道德上是中性的;另一方面是具有实质道德内容的情境性约束,各方正是在这些约束下为一个公平合作的体系选择原则的。"如此的话,我倒是认为,罗尔斯是从道德的自主性出发去建构"原初状态"的,何况《正义论》强调的不是政治自主性,最多是为政治自主(自由和权利优先)提供中立性的道德理由。

他(罗尔斯)把义务性规范的义务论含义纳入到受偏爱价值的目的论含义之中"①。意思是说,罗尔斯并没有坚持住康德式普遍原则的义务论直觉,他不得不在处理规范性问题的程序中,预设了理性利己主义者的利益和价值取向的目的论之起点。

当罗尔斯把前者的"绝对命令"转变为"原初状态"的程序在"参与条件"(例如各方的平等)和"情境特征"(例如无知之幕)上的限制,这会带来如下两个难题:①"这种转变的收益恰恰被系统的信息剥夺耗费掉了。"②②"通过信息限制,罗尔斯给原初状态中的各方施加了一种共同的视角,从而一开始就把特殊解释性视角的多样性消解掉了。"③因此,在哈贝马斯看来,"原初状态"在规范性与事实性之间的张力,抑或,一种"双重的证据负担",是无比巨大的,可能会顾此失彼。进而言之,罗尔斯关于"原初状态"的这种理论洞见很难有效。它既无法承诺,那种对所有人同等有益的利益同等看待的中立性视角;又无法保证,它所预设的合理公民的道德人格可以支撑起(或能够回应)多元论事实,进而对现实中或未来的各种善观念——即那些"特殊的观点和利益"——保持公平。

总之,"原初状态"要证成的道德中立性的程序主义进路,是既不可能的又不可行的。其根本的原因在于:它没有从"理性的公共运

---

①  Ibid. , p. 30.

②  Ibid. , pp. 31–32.

③  Ibid. , p. 32.

用"所严格要求的程序条件出发,也没有考虑到多元论事实在第一人称视角上的差异性或多样性,是"理论家本人"的那种给定的抽象的规范性概念难以抹去的,欲罢不能。在这种保留"个人知识"之信息和考虑到"自我理解"之必需的理性意义上,哈贝马斯认为:"只有当原初状态的构造中所采用的基本的规范性概念,能够经得起根据有道德意义(morally significant)的未来检验与学习过程所做的修正,原初状态中判断的不偏不倚才会有保障。"[1]也是在这个意义上,哈贝马斯主张一种在"道德的视角"(the moral point of view)上的程序主义中立性的政治观[2],它不必具备多元论的信念和世界观的"实质意涵",但亦无须回避之或排除之。

第二,正是出于对多元论事实的正视和回应,罗尔斯在《政治自由主义》中正式提出了政治的中立性原则。这种中立于"整全性学说"的政治观,是建立在"重叠共识"的理念之上的。针对这一理念在证成政治中立性原则之中所扮演的角色,哈贝马斯依旧是站在"理性的公共运用"的认识论意义——而非预设的"共同基础"这一种理论的功能性效用后果——之上去提出他的根本质疑:"因为罗尔斯把'稳定性问题'置于显著的位置上,重叠共识仅仅体现了正义理论对于社会合作实现和平的制度化所能起到的功能性作用。但在这

---

① Ibid. ,p. 33.

② 关于程序中立性的具体解释,可参见哈贝马斯:《在事实与规范之间》,第381–389页。

里,一种获得了证成的理论(a justified theory)的内在价值必须已经被预设。从这一功能主义的角度看,该理论是否能够获得公共赞同(public agreement)的问题,将失去对该理论本身而言具有根本重要性的认识论意义。所谓获得公共赞同(肯认),也就是满足理性的公共运用的论坛中不同世界观的视角。那么,重叠共识也就仅仅会成为效用的指标,而不再是对该理论的正确性(correctness)的确认;从可接受性(acceptability)因而还有有效性(validity)的观点看,它就不再有意义;而只有从接受(acceptance),也就是寻求社会稳定的观点来看,才有意义。"①

之所以得出这种功能性的社会作用(或社会角色)的判断,那是因为哈贝马斯发现,"重叠共识"的根本目的是"找到潜藏于社会的政治文化及民主传统中的直觉理念,并重构它的基础"②。但是,这种意在达成政治共识的"共同基础",必须受到不同世界观的外部视角而不再是内部理论本身的检验。易言之,"重叠共识"不能再把一阶的"证成问题"和二阶的"应用问题",把内在的"可接受性检验"同外部的"稳定性检验"混淆在一起,更不能自行瓦解了"可接受性"和"实际接受"(actual acceptance)之间的严格区分。如果是这样,"重叠共识"由于不得不强调稳定性的实践效果,就丧失了其正确性

---

① *Habermas and Rawls: Disputing the Political*, p. 36.

② Ibid., p. 35.

(right)或真确性(true)的认识论意义。易言之,它会以认知有效性为代价,去换取政治共识的目的中立性。

　　还有一种可能是:如果"重叠共识"作为一种正义理论的"后果",早已沉淀在一视同仁的自由民主传统的政治制度之中,那么,它对中立的政治观或政治自主性的证成,还有什么进一步认识的必要意义呢? 或许,它已经无关于公民的"理性的公共运用",不过是"仅仅促进了对政治稳定的非暴力的维持"[①]。按照哈贝马斯,如果是这样被固定的建制化或组织化,人们不仅在认知不确定上的压力被合法性的权力系统卸掉了,也因此丧失了在不确定的动机和意志力量下的可期待性、可决定性和可责成性。[②] 易言之,当一种建制不再有提供证成的压力,证成已经被预设或固化在一种建制的后果之中,我们就不能再指望证成可以提供中立性。在这种"后俗成论证的层次"意义上,信奉不同世界观或"整全性学说"的人们,如何能接受在"政治性观念"上达成一致的"重叠共识"呢? 进而言之,"政治性观念"中立于"整全性学说",这种中立的政治观如果仅仅是一种后果先行的中立性,那么,在"理性的公共运用"之规范性意义上,它就无法在一开始在事实上被纳入"共同实践"的基础,从而得到合理公民的"公共赞同"和共同接受。

---

① Ibid. ,p. 42.
② 哈贝马斯:《在事实与规范之间》,第140—143页。

可以一言以蔽之:"重叠共识"所追求的稳定性后果,已经脱离了对中立的政治观的证成,它于事实性上无法在具有不同世界观的视角的人们之间,被共享共用。究其根本原因,我能给出的解释是:就算"重叠共识"能在理论的(规范的)目的上承诺中立性,但在具体的实践后果或"应用问题"上,它表达出的政治关切,会不由自主地偏袒或指向了某一个特殊的政治传统(自由民主传统)之现实语境。由此我们不难明白,政治自由主义的"稳定性问题",是在后果上反对它所声张的中立性原则的。在这种前后自相矛盾、内外无法融会贯通的意义上,我们可以下一个结论:"重叠共识"只是政治的自主性或中立性的后果,它无法为后者提供前提。而且,按照哈贝马斯,它由于错误地强调了功能性的社会稳定的"效用指标"问题,没能把自己严格地定位于认知有效性的"道德的视角"问题,从而很难为一个日渐撕裂的社会提供那种出于自我肯认的"最合乎理性"的政治中立性基础。

## 第四节　证成的政治

从上述不难看出,我们其实已经触及"政治性观念"的根本问题,即"证成问题"。而"证成"这个概念,在罗尔斯那里,终其一生(无论是在其博士论文《关于伦理理念的各种根据之研究》和第一篇论文《一个伦理学决定程序纲要》中,还是在《正义论》和《政治自由主义》

中,后者包括他最后一篇论文《公共理性理念新探》),都占据着最为紧要的"元位置"。可以说,无论关于道德正确还是政治正当,罗尔斯皆以其是否有证成和能否得到证成,来作为他关切的基本大纲的元点和原则。那么,到底什么是"证成"呢? 在《正义论》一书的开始与最后部分,罗尔斯是这样定义它的:

第一,但凡是证成问题,它都会向我们提出"慎思(deliberation)问题"。即要求一种在"信念"与"原则"之间的"反思平衡",通过不断的深思熟虑,来合理地确定二者之间是否融贯相应。或者说,在给定的前提条件和环境情形下,我们是否可以"一种可接受的方式扩展了它们"①。例如,当我们发现某心脏型城市 J 在"驱除低端人口"时,我们就会在人之为人的基本直觉上相信,这是不可接受的。但仅凭个人主观的直觉或道德信念,还构不成客观的或公共的理由。若我们进一步思考 J 这种所谓的城市治理政策,会在规范性(有效性)上要求该城市 J 为之提供正当(right)的理由,追问它到底是根据何种"合法性"(legitimacy)原则来做的。如果 J 的"治体"给出的最终理由和根据,不过是一种为了自身而不是为了我们的"辩解",再加上它在事实性上违背了我们人之为人的基本生活之信念("人是目的"),我们就可以说它是没有证成的,也得不到证成。按照麦克道威尔,它毋宁说不过是在本质上奉行一种"所与的思想"。但是,"我们

---

① John Rawls, *A Theory of Justice*, pp. 17–19.

发现自己所处的立场最终可以追溯到非理性的力量而使得我们免于受到责备是一回事;而得到一个证成是另外一回事。实际上,所与的思想在我们需要证成的地方为我们提供了辩解(exculpations)"①。简言之,我们不能将证成与辩解混淆在一起。否则,无论是一个人还是一个政府,都可能理直气壮地"冒充不可错误性",从而让自己"免于受到责备"。不难明白,在"辩解"的那种无底线的地盘里,没有由"反思平衡"而通达的"证成关系"。后者必然涵盖着或体现了康德意义上的实践理性,而不是"实践非理性"。

第二,证成必须响应理由或证据,但证成不能简单地等同于正确的"论证"。证成的对象是"那些不同意我们意见的人们",或"犹豫不定时的我们自己";而证成的目的是,通过"许多思考的相互支持"即"反思平衡",让所有的理由和证据("所有因素"),"相互适合地构成一个一致性的观点",抑或,得出一个"与我们深思熟虑的判断一致的结论"。不过,它首先从对话中的所有各方"所共有的见解"和"都承认的前提"出发。② 在罗尔斯的这种综观理解的定义上,证成已经具备了社会(合作)契约关系的公共性特征,而没有停留在单纯是"三段论"的形式逻辑关系之中。可以说,证成不仅是人们那些不同的理由的融贯和谐之会聚(convergence),也是人们在同一个前提性

① ［美］约翰·麦克道威尔:《心灵与世界》,第8页。
② John Rawls, *A Theory of Justice*, pp.579-581.

的理由上达成的"受束共识"（qualified consensus）。而这，必然建立在"共同承认"（mutually recognized）或"普遍承认"的需要之上。进一步地说，如果借助斯蒂芬·图尔敏（Stephen Toulmin）在《论证的使用》一书中基于"理据"（warrants）的论证原则对"分析的论证"（analytic argument）和"实质的论证"（substantial argument）之区分①，我们可以把亚里士多德的三段论视为一种"分析的论证"，把罗尔斯的证成视为一种"实质的论证"。后者对"论据"（argument）或"证据"（proofs）的使用，已经蕴含了公共的实践推理所必需的普适性原则。在图尔敏看来，证成并不一定要遵循形式逻辑的"分析性标准"，而是事关真正实质性的推理原则（SR）的对错与真假，"而是使它们满足这一领域内被认为是不可缺少的可信性和无可辩驳性的要求"②。换一种托马斯·斯坎伦（Thomas Scanlon）的说法是：意在"反思平衡"中达成一致性观点或结论的证成，必然要求在互认前提和普

---

① Stephen Toulmin, *The use of Argument*, p. 115–130. 尤其是 p. 121 关于"理据"的原则及其根据的界定。另外，关于"分析的论证"与"实质的论证"的相关讨论，还可参见[德]得特勒夫·霍尔斯特：《哈贝马斯传》，章国峰译，北京：东方出版中心，2000 年，第 82–85 页。

② Ibid., p. 230. 另可参见是书中译本：[英]斯蒂芬·图尔敏：《论证的使用》，谢小庆，王丽译，北京：北京语言大学出版社，2016 年，第 208 页。译文在此略有改动。

遍需要上,去遵循"无人能够合乎情理地予以拒绝的原则"①。

在基于罗尔斯粗略地定义了"证成"之后,让我们回到这一章的主题,考量一下证成与"政治性观念"之间的关系。这种考量,我打算先从约翰·西蒙斯(John Simmons)对"证成性"/"正当性"(合法性)②这一对范畴的侧重性区分或选择性关注开始。可以说,在如何理解"政治性观念"的当代认知范式转移之意义上,他勇敢地站到了罗尔斯的对立面:要么是已经跑到了后者的前面,要么是倒退至后者早已抛掷脑后或不想再回返的后面。

在《证成性与正当性》(1999)一文中,西蒙斯把"证成性"与"正当性"视为"道德评价国家的两种核心方式",它们不应该被混淆不分或被"要求非常相同的论证"。③ 这里的矛头所指,就是"证成的政治"的创发者罗尔斯。按照西蒙斯,罗尔斯之所以犯有如此模棱两可的错误,是因为后者在"证成国家"(justifying the state)这个政治哲学的基本议题上,没有区分国家的内与外、事实与规范、对象与背景、形

---

① 托马斯·斯坎伦:"契约主义与功利主义",载阿玛蒂亚·森 伯纳德·威廉斯 编:《超越功利主义》,梁捷等译,上海:复旦大学出版社,2011 年,第 115 页。

② "Legitimacy"这个词,可翻译成"合法性"或"正当性"。当罗尔斯在《答哈贝马斯》一文中把它和正义相比较时,我将之翻译成"正当性"而不是"合法性",因为"合法性"会容易与哈贝马斯所讲的"合法律性"(Legality)混为一谈。当我在论述哈贝马斯时,我会将之翻译成"合法性",尤其是,我会用到哈贝马斯的一本重要著作:《合法化危机》。总之,视情况而定。

③ John Simmons, *Justification and Legitimacy*, p. 122.

式与内容、目的与发生,普遍与特殊之关系。不难发现,由于罗尔斯坚持对"政治领域"的封闭性说法(生入死出),他是在一个给定的国家内部("生活在某种形式的国家"中)去证成国家的可接受性,而没有在可自由选择和出入的国家外部,去证成作为对象的"国家本身"而不是它的"形式"(类型),是不是我们愿意接受的。[①] 这就意味着,国家是一个我们无可逃避的、被预设的既成事实和存在背景,其规范性来源和对象的可能性边界已经被划定,我们不用再去从正当性上去重新界定、论证和权衡之。这样的话,我们对它的证成,就只能停留在目的论而不是发生学的进路上。简言之,我们只能努力让它变得更好一点,而不能将之彻底推倒重建。而我们对它的道德评价,只能是一种有限的"内部批判",无关根本,无伤大雅。易言之,在某种意义上,这是一种退而求其次之见:"国家对于被迫生活在其权威之下的人们"而言,不过是使之如何变得更可以接受。

不过,"可以接受的",不等于是"合理的"或"明证的"。这个基本的认知判断,出于罗德里克·齐硕姆(Roderick Chisholm)的如是区分:"我们指出,一个命题如果摒弃它并不比相信它更为合理,可将其称之为可以接受的(在某一特定时刻对某一特定的人);如果相信它比摒弃它更为合理,它可以称之为合理的;如果它是合理的,并且没有什么命题比它更为合理,它可以称之为明证的。这样,明证的就是

---

① 　Ibid. ,pp. 141–142.

合理的,但反之则不然;合理的就是可接受的,但反之则不然。"①如果把他的这种知识论的区分用于证成"国家不是必需的"这一响应西蒙斯的无政府主义的政治义务论命题上,那么,我们可以给出这样一种推演:虽然我们无法摒弃国家,但并不代表我们就一定相信它;就算我们相信它,但这也不代表,没有它我们就不能相信其他的东西。例如,现在很多年轻人比较相信某些"商业结构"的权威及其作为代表的成功人士。这种相信是"合理的",抑或,更进一步可以自成一个"明证的"体系或秩序。不过,如果这种经济上的无政府主义真地可以主宰世道人心,我们也就不需要"证成的政治(观)"了。

回到西蒙斯来说,虽然国家在与个人的普遍关系上是"证成性"的,但是,它在与个人的特殊关系上不一定是"正当性"的。② 易言之,国家在形式上对个人而言是普遍存在的,但在内容上,我们并不一定要同意它和接受它。它的内容是可以被其他可欲的东西组合加工之后升级换代的。若借用维特根斯坦在《论确实性》一书中对"我相信"与"我知道"的区分,我们对此会换作另一种表述:我可以相信,国家是一种已经被确定的、不能被彻底更改或完全替代的东西;但我还是知道,这种东西对我而言,并不一定就是正义的或者正当的。维特根斯坦认为,"'我知道',经常表示这样的意思:我有正当

① [美]R. M. 齐硕姆:《知识论》,邹惟远等译,北京:生活·读书·新知 三联书店,第81页。

② John Simmons,*Justification and Legitimacy*,p. 147.

的理由支持我说的语句"①。由此说来,"证成性"可以主张或承诺一种理由,但这种理由,不能只是满足于一种"辩解"或"相信",被用于消解对自己的怀疑;它更不见得一定就是"正当的",被用来指称一种既成事实之事态和有待规范之规范。在这种不那么确定的意义上,我们可以综上所言:"论证"不等于"证成","证成性"仍然要区分于"正当性"。而一种规范的"政治性观念"(无论是政治自由主义、国家主义还是无政府主义的),看来只能摆荡在"证成性"与"正当性"之间。这就需要转换出一种主体(题)间的"视角"来继续审视之。

在哈贝马斯一篇非常重要的文章《现代国家中的合法化问题》(1976)中,我们可以看到,"证成性"/"正当性"(合法性)这一对范畴并不是那么截然对立,互生敌意。毋宁说,哈贝马斯所作的工作是对这二者的一种"综观理解",进而在它们之间"看见联系"。在这种意义上,哈贝马斯是反对当代洛克主义者西蒙斯的,他与罗尔斯倒是家族相似于康德主义。不过,与罗尔斯过于侧重于一种"政治性观念"(正义)的"证成性"而不怎么在乎其"合法性"相比(尽管他有政治自由主义的合法性原则),哈贝马斯的确是与之有所不同甚至相背而行的。不过,我们也发现,在哈贝马斯的"合法性"问题视域里,"证成性"恰恰是前者的必需之义和必经之路。因为"证成性"的有无和"证成的水平"(the level of justification)的高低,确实事关着"政治性

---

① 〔英〕路德维希·维特根斯坦:《论确实性》,安斯康姆,冯·赖特编,张金言译,桂林:广西师范大学出版社,第4页。

观念"的认知范式的根本变迁,事关着我们如何看待国家的"合法化危机"。下面,我将他的主要论点概述如下:

第一,关于"合法性"的概念,哈贝马斯警惕到对它的含混之滥用,认为它只能适用于政治秩序(即国家),且必须为之提供一种更好的关于何谓"正当的和公正的"(right and just)论证(arguments)或有效性主张(validity claim)。它在本质上意味着:当我们对一种政治秩序保持同一性认同时,这种集体性的"社会想象"或内在认同是否值得(worthiness)。即这种社会同一性如何能规范一体化地从国家那里获得"证成的力量"(justificatory force),而被人们理所当然地相信,抑或,对之保持忠诚,进而实现那种确立统一、担保共识的结构。可以很直接地说,"合法性"的根本确实在于(一致)同意(agreement),这是我们衡量国家自身的合法化(legitimations)的心理状态活动(知、情、意)之标准。不过,后者的价值,如果要想得到集体认同,在"构成性"的意义上维护社会一体化,首先要取决于它在给定的情境中所具有的"证成的水平",即,"让合法化的效力产生共识、形成动机的形式条件(formal conditions),它指的是那些基础、理由和条件的可接受性"①。

上述似乎是说,在"合法性"和"证成性"之间,后者决定了前者,

---

① Jürgen Habermas, "Legitimation Problems in the Modern State", in *Communication and the Evolution of Society*, p. 184.

或者构成了前者，而非相反。在这种要求提供证成的一阶的认知意义上，就算一种政治秩序可通过经济利益的施与和意识形态的绑架而保持稳定，就算它还口口声声地假装具有一种不死的"天命""历史"和"民意"在身，它的"合法性"，却不是凭借情感的移情和意志的倾斜之政治行为（在个人与国家之间）就能实现的，也不是依靠什么"主体"（无论大和小）的"自信"来达成的。在哈贝马斯看来，国家的"合法化危机"，可以通过那种取向于静态或刚性的控制目的之系统论来化解。但是，在与系统论的代表人物尼克拉斯·卢曼（Niklas Luhmann）论辩时，他仍然坚持了两点：一是"合法性"的信念必须关切到"规范的有效性要求"的证成，它不能退缩为一种建制化的"合法律性"（legality）的信念；二是它也不能仅仅停留在心理学的经验基础之上，而与"真理"没有什么内在的联系。①

第二，但合法性的"真理"也是在"证成的水平"的意义上来讲的，它不是出于一种神话叙事，也不是出于一套"意识形态"——哈贝马斯称之为"教条化知识"（dogmatizable knowledge）。我们知道，在神话叙事这种原始的合法性类型（the type of legitimacy）中，古代的政治领袖人物喜欢用某种神圣的神话故事或虚造"伟大"的梦境，来为自己的统治地位加魅。这种"所与的神话"，其实只有"叙事"

---

① ［德］尤尔根·哈贝马斯：《合法化危机》，刘北成、曹卫东 译，上海：上海人民出版社，2013 年，第106–110 页。

（narrative）而没有"论证"（argument），更无所谓"证成"。而在意识形态这种前现代的合法性类型中，不难明白，"政治性观念"的证成之重心不得不从"统治之人"过渡到了"政治秩序"。这种过渡，是通过一套"整全性学说"（宇宙论、本体论和上帝等）来完成的，后者代表着一种比过去的神话思维更高一阶的"证成的水平"，从而为"合法性"提供论证所需要的终极基础和统一原则。不过，到了现代，这种诉诸终极原因、本体论或基础主义的合法性类型的潜力又贬值了。于此，哈贝马斯如是说道："不管怎么说，对现代的合法化问题有决定意义的，是已经变得更有反思性的证成的水平。证成本身的程序和预设，现在成为合法性的根据（the legitimating grounds），它使得合法化的有效性得以建立。那种同意（协议）的理念（the idea of an agreement），贯穿了作为自由和平等之人的所有参与者，这就决定了在现代的那种程序的合法性类型。"①

在这种强调合法性的力量取决于证成本身的"形式条件"之意义上，我们可以说，从霍布斯（Hobbes）、洛克（Locke）、卢梭（Rousseau）、

---

① Jürgen Habermas, "*Legitimation Problems in the Modern State*", p. 185.

康德(Kant)直到罗尔斯,他们大都概莫能外地要接受基本的"受束共识"①,即不得不去阐明这种"程序的合法性类型"的"形式条件"或"形式原则"(formal principle)的契约论意义。无论它是出于经验的理由还是先验的理由,都要被纳入"证成性"的同一种"程序"之中。这就体现了政治哲学在认知范式上的现代转移,即从"目的论"转向"程序论",从"合法性"转向"证成性"。而且,这实际上早已把现代的"政治性观念"区分于过去的"整全性学说",后者的内容已然让位于前者的形式。后者在实质上能提供的本体论而非认识论的"基础",已经变得既不可信也不可爱,更无法满足前者所必然要求的进一步提升的"证成的水平"。

至此,出于回到本书主题的考虑,我们不免有一个要比较的问题:在家族相似上,哈贝马斯和罗尔斯都认识到了"证成性"对于政治的"合法性"(正当性)的决定意义,尤其是当合理的多元论事实扑面而来,再也不可能有一个"自然"或"上帝",可为处于"诸神之争"时代中的政治价值承诺出某种一元论的终极基础。可是,为什么哈贝

---

① "受束共识",出自哈罗德·格里门(Harald Grimen)的《合理的分歧和认知的退让》一文。它与罗尔斯的"重叠共识"不同,表达的是:"参与者们是出于同样理由接受一个结论的。"(参见[挪]奎纳尔·希尔贝克、童世骏等编:《跨越边界的哲学》,童世骏、郁振华等译,杭州:浙江大学出版社,2016年,第377页。)在格里门看来,哈贝马斯没有考虑到或承认合理的分歧所带来的"判断负担",因此是在认知上不退让的,很难达成共识。这也导致了一点:哈贝马斯对罗尔斯"认知退让"所携带的规范性力量,没有做到"了解之同情"。而在这里,我是在哈贝马斯所重视的程序-形式条件意义上来说的。

马斯要在《在事实与规范之间》一书中特别强调"对话(discourse)的政治观"①,而不是那种更有一阶的认知意义的"证成的政治观"呢?如果"对话"更能指称程序的"形式条件"之意义,更适用于政治的交往行动,这是可以理解的。但是,上述哈贝马斯基于"证成的水平"之有无和高低对政治的合法性类型的区分,难道不是在表明,"证成"比"对话"更能体现出我们在"政治性观念"上的认知水平或"学习水平"(learning levels)②吗?

对上述问题的回答,在我看来,哈贝马斯的回应会重复这样两种说法:一是"证成问题"毕竟不等于"应用问题"。我们可以在理论上证成一种规范的"政治性观念"的合法性,但如果想在实践上让之应用于"整全性学说",把后者的实质内容纳入前者的程序的中立性形式之下,接受前者的规范性要求或有效性主张,则没有那么容易。况且,前者如果还要满足一种过于在乎实质意涵和社会作用的"目的论"的给定意义,就很难对后者发挥出"构成性"和"范导性"的作用。二是罗尔斯政治自由主义之"证成",可能是一种缺少"对话"的政治

---

① 参见《在事实与规范之间》一书中译本的第七章内容。"discourse"这个词,童世骏将之翻译成"商谈"、"商议"或"协商",这是不错的。因为"discourse"在字面上毕竟不是"dialogue"。但是,我个人觉得:它们可能会流于"话语"的口语化,而无法凸显哈贝马斯赋予这个词的规范性力量。况且,在哈贝马斯的"对话伦理学"(Discourse Ethics)中,"对话"是一种事关实践话语的有效性主张的道德原则(D原则),而没有仅仅停留在论辩的单纯逻辑上。

② Jürgen Habermas, *Legitimation Problems in the Modern State*, p. 185.

独白。它在一种已经被建制化的意义上,剥夺了公民的那种政治意见和政治意志形成的协商过程。也就是说,它不再体现出公民对理性的公共运用之过程,让他们继续运用政治自主性。如果是这样,它就很难再为政治的"合法性问题"贡献出"更好的论证力量"。对此,我们可援引哈贝马斯的原话:"在社会的公民生活中,他们不可能重新点燃激进民主的余烬,因为从他们的角度来看,所有关于合法性的根本性对话已经在理论范围内发生过,而且他们发现,理论的结论已经沉淀在建制(constitution)之中。"①

由此可见,如果我们要具备一种规范的"政治性观念",还是应该围绕"合法性问题"来做工,必须重新开启政治的认识论或方法论之旅程。尽管在现代性的给定情境下,政治的"合法性"不得不取决于"证成性",但一如上述西蒙斯所表明,"合法性"要是与"证成性"相混淆不分,抑或,仅仅诉诸"证成性"这种试图一劳永逸地整体性解决的政治方式,就算它经过了再多的"艰难困苦",也是无法"玉汝其成"的。因此,我们可以说,哈贝马斯在罗尔斯的"证成的政治观"这一合法性类型之"正宗"以外,别立了"对话的政治观"这一合法性类型之"新宗"。这是具有补充说明的再认知之意义的。我们也可以合起来说,在当代政治(实践)哲学史上,罗尔斯和哈贝马斯分别为一种规范的"政治性观念"提供了无可逃避的两种认知范式:证成的和对话

---

① *Habermas and Rawls:Disputing the Political*,p.42.

的。如果我们在认识论或方法论上具有这样两种同源互补(都是基于康德的实践理性)的政治观,那么,我们就可以对政治的"合法性问题"给出属于我们自己的进一步回答。不过,如果我们要暂时地站在罗尔斯的进路中来看的话,还有如下两个问题值得我们深思之:罗尔斯的证成,当它已经蕴含着公共性而是一种"公共的证成"时,它难道不也是一种主体间的对话吗?我们为什么还要对话呢?这就需要我们在下面先来辨析与审视一下,"公共的证成"对"我们"而言到底意味着什么?它又是如何在罗尔斯那里成为其"政治转向"的必经之路的?只有这样,我们才能为一种"证成的政治观"提供基础性的辩护,才能由此明白,哈贝马斯与罗尔斯之争的真正入口处,为什么落脚在这里。

# 第三章　公共的证成

　　上一章基于"证成性"和"正当性"（合法性）的辩证关系，来论断一种"证成的政治观"，实际上已经是大势所趋和理所当然，并将之归功于罗尔斯而不是哈贝马斯的理论贡献。[①] 但很显然，我们只是尝试阐明了罗尔斯在《正义论》中对"证成"的定义，至于"证成"与"政治性观念"之间的关系到底是如何建立的，抑或，一种"证成的政治观"在罗尔斯那里是如何可能的，实则仍是悬而未决的。在这一章中，通过对罗尔斯后期的"公共证成"（Public Justification）这一理念的相关

---

　　① 美国学者斯蒂芬·马塞多（Stephen Macedo）就在他的《自由主义美德》一书中，把罗尔斯的政治自由主义称为"证成的政治"（the politics of justification）。他的立脚点即在于"公共证成"上，并将之作为自由主义直到罗尔斯那里才得以真正凸显和完成的"核心目标"。（参见 Stephen Macedo, *Liberal Virtues：Citizenship，Virtue & Community in Liberal Constitutionalism*，Oxford University Press，1990.）尤其是该书第二章内容。而这一章的中译，参见谭安奎编：《公共理性》，杭州：浙江大学出版社，第293–316页。另外，马塞多这本书在2010年的译林出版社还有一个中译本，但翻译质量堪忧。

讨论,我们试图进一步表明:只有一种规范的"政治性观念"而不是"整全性学说",才可以为这个政治社会提供公共证成的共同基础;也只有兼具"聚合论证"和"共识论证"的公共证成,才有可能让一种规范的"政治性观念"与不那么规范的"整全性学说"达成"重叠共识"。不难明白,一种"证成的政治观",是在"二元论区分"问题被罗尔斯特别凸显之后,才真正得以横空出世的。一旦证成具有了公共性,当且仅当这种公共性是由一种规范的"政治性观念"来承载或体现,一种可被他者合理接受的"证成的政治观"便自不待言。不过,它只是被用于解决"稳定性问题"（the problem of stability）①吗？我们对它的认知,应该保持这样的节制吗？

① "稳定性问题",无论在罗尔斯的《正义论》还是在《政治自由主义》中,都占有非常显赫的位置。就前者而言,它包括两个部分:(1)一个良序社会的成员如何获得正义感的问题;这涉及正义观念和制度与"相反的倾向的相对力量"之间的平衡。关于它的讨论,没有超出道德心理学的某些法则。(2)公平的正义和理性的善是否一致的问题。这涉及正当与善之间的"契合证成"是否可以成立。关于它的讨论,需要诉诸"正义感的善"所导致的稳定性的力量。总之,罗尔斯是在"反思平衡"的意义上,来说正义理论的相对稳定性优势的。他认为,"稳定性问题的提出,是由于一个公正的合作体系可能既不平衡又不稳定。"（John Rawls,*A Theory of Justice*,p.496.）就后者而言,稳定性问题毋宁说就是政治自由主义如何可能的问题。它针对的是:给定合理多元论事实,一种规范的政治观念（正义制度和正义感）如何获得整全性学说的"重叠共识",进而达成社会合作。罗尔斯在其《政治自由主义》的开篇以及第四讲"重叠共识"的开始,就将其表述为这样:"由自由而平等的公民——他们因各种合乎理性的宗教、哲学和道德学说而产生深刻分化——所组成的公正而稳定的社会如何长治久安?"（John Rawls,*Political liberalism*,pp.4,133.）在我看来,无论就前者还是就后者而言,它大概都要诉诸"公共证成"来解决。而关于这个"稳定性问题"的深刻而所拒绝的讨论,可参见周保松:"稳定性与正当性",载《开放时代》,2008年第6期,第55-69页。这也是他的《自由人的平等政治》一书的第五章内容,并涉及第六章"契合论证"的内容。他这篇文章的主要贡献在于,区分了"道德稳定性"和"社会稳定性",且拒绝了罗尔斯在《政治自由主义》中对后者的强调。不过,显然的是,周保松只是看到"公共证成"的道德的一面,而没有看到它那政治的另外一面。他仍然是从"道德证成"上来看"稳定性问题"的。但若他从"政治证成"上来看它的话,那么,他就无法拒绝《政治自由主义》中的"公共证成"对"稳定性问题"的解决之道。另外,对周保松关于"稳定性问题"的"契合论证",这一部分的讨论之严肃而又所扩展的批评,可参见江绪林:"正义的康德式诠释:评周保松《自由人的平等政治》",载《开放时代》,2011年第4期,第135-144页。

# 第一节　三个向度

关于公共证成,我打算从伯纳德·威廉斯(Bernard Williams)在《伦理学与哲学的限度》一书中所说的三个向度——"它在对谁发言?它从哪里起步?它针对的是什么?"①——出发,抑或,将之作为一种基本的分析框架,来检视罗尔斯到底赋予了它怎样的政治性意义。

按照威廉斯,我们先来对证成的这三个基本向度,做一点创造性的政治诠释:

第一,"对谁言说、谁来听取"这样的证成问题,虽然"这些话语并非意在对付那些多半充耳不闻之人,而是意在示以同道,予以加强,给予启发"②,但它其实已经不仅是一个出于自我理解和自我认同的伦理问题,而且更是一个强调非暴力或非威权的证成理由如何能聚合在一个共同体中的"政治问题"。而"政治问题"的发言者和倾听者,在"人同此心、心同此理"的证成之一视同仁的正当理由上,需要被强词夺理地或别有用心地,区分出截然对立的内外和敌我吗?这样又能有什么政治的"微言大义"可言呢?

---

① [英]B.威廉斯:《伦理学与哲学的限度》,第32页。
② 同上书,第35页。

第二,如果说区分我们和他们仍然是有必要的,能够为这种必要性提供证成的理由,则不过是看我们究竟要"从哪里开始"。对一个政治联合体①而言,它之所以能将我们联合在一起,当然是因为它在最低限度上满足了一种共同基础之要求;或者说,它在"原初位置"上,为我们提供了一种可以被共享共用的"阿基米德支点"。从共同基础和共同支点开始,我们就有理由说:如果有人不愿意听取这种人人都可能共同承认的基本道理和说法,宁愿冥顽不化地自外于它们,那么,他们和我们确实是不一样的。那么,我们就不需要和他们进行"理论对话",或对他们展开"理性论证"。如果他们连基本的政治底线都丧失了,我们怎能通过"对话"或"证成",把他们的政治与我们的政治,合拢在一起呢?② 何况,按照威廉斯,那种"自下而上"的保守主义的基础规划,在证成上并不一定是成功的。③

第三,如果这些保守主义者认为,自己也是在做一种针对怀疑论

---

① 不难发现,罗尔斯是反对"共同体主义"的。他认为,政治的共同体基本上都是在一种"整全的学说"的基础上建立的,且只有使用压迫性的权力事实,才能保障它的稳定性和统一性。这很可能带来某种集权的和专制的政治,哪怕有看似是同一性的认同。而一些诸如家庭、科研机构、教会等社会中的小共同体,则出于情感、语言、伦理、族群、职业、地域、信仰等理由而成,不能被视作政治联合体的领域。因此,我这里遵循他,也不说成是"政治共同体"。

② [英]B.威廉斯:《伦理学与哲学的限度》,第37页。需要说明的是:在这里,我转写了他基于的"最低限度的伦理学意义"而做出的合拢。但在"公共证成"的政治学意义上,我认为也是可以这么做的。

③ 同上书,第202页。

的"政治证成"的工作,且同样起步于政治证成的基础和支点,那么,需要进一步辨识的就是,在这种"政治证成"的过程上,彼此之间到底有什么根本不同呢? 如果我们的起步点并不同一,他们难道真能和我们走到一起,对一种规范的"政治性观念"进行公共证成吗? 例如,像列奥·施特劳斯(Leo Strauss)的那种基础(基源)主义(foundationalism)的政治思想,大概不能说它是没有"论证"的。但这种过于强调回到原始开端而不是共享前提的"论证",与罗尔斯的政治自由主义的公共证成就大不一样。至少,施特劳斯是不愿意站在政治的"现代性的地平线"(比如自由主义),这种被他想当然地视为价值相对主义的乃至趋向于价值虚无主义的"浅薄基础"之上的;他也在某种幻想昨日重现的"第一支点"或重返洞穴的始源上,神魂颠倒地搞乱了哲学与政治之正常关系。

不容否认,从对手那里,哪怕是一个错误的或并不怎么高明的对手那里,确实可以让我们比较清楚地来辨识自己,进而有利于自我确认和自我理解。就算不想鉴于列奥·施特劳斯,我们也可以出于约瑟夫·拉兹的见地,把罗尔斯那种公共证成的政治观念,同样看作是基础"浅薄的"(shallow)。在《直面多样性:认知节制的情形》(1990)一文中,拉兹如是说道:"我们时代的正义理论具有肤浅的根基。它的证成起始于这个事实,即某种信念构成了我们的公共文化的共同通货。它并没有为那些信念寻求深刻的根基;它既不关注去证成它们也不关注它们是否存在。"①

事实是否如此呢？拉兹接着认为："它(罗尔斯的理论)是一种自足的政治理论,它并不通过与一种更宽泛的道德学说的关系而得到证成。这是对它的肤浅根基的一种解释:它不是起始于一般的道德真理,而是起始于我们共同文化中的既有物,这被视为事实,无论它们的有效性或真值如何。它走得就是有如此之远。"②

这就不得不引起我们的继续关注,促使我们去再次追问:罗尔斯的公共证成究竟是从哪里起步的,它又将在何处终止呢？它的主体和对象,到底是什么或限于什么呢？而它与"政治性观念"是什么关系呢？它的公共基础为什么是浅薄的呢？下面,就让我们回到罗尔斯后期的文本语境,尝试一一给出与他的本意尽量保持一致的回答。

不难发现,关于"公共证成"的定义,我们一般会诉诸《公共理性理念新探》(1997)一文。在最后这篇可被称为"天鹅之歌"的论文中,罗尔斯认为,"公共证成不仅是简单有效的推理(valid reasoning),而且也是面向他者给出的论证(argument):它从我们接受,并且认为他者也会合理接受(reasonably accept)的前提(premises)出发,正确地产生我们认为他者也可以合理接受的结论"③。由此,我们可得出

---

① ［英］约瑟夫·拉兹:《公共领域中的伦理学》,葛四友主译,南京:江苏人民出版社,2013 年,第 75 页。

② 同上。

③ John Rawls, *Political liberalism*, p. 465.

如下两点：

第一，"公共证成"不能等同于单纯逻辑关系的推理论证或证明（proof），也不能等同于自我的辩护（defense）。前者当然会响应理由和证据，但它只是为了满足在形式逻辑上的真值要求，只是在陈述一种"真实的"（true，又译作"真确的"）命题语句，而不一定是一种关于世界事态和事实的"实质的"论证。例如，我们能从"是人皆有一死"和"苏格拉底是人"，推出"苏格拉底必有一死"；但我们都知道，在实质根本上，苏格拉底之死并不是这种形式逻辑所导致的，而是由古希腊城邦当时的政治律法所导致。至于后者，这当然是不可以的：即不能以"苏格拉底必有一死"这种理由，来为我们事实上逼死了苏格拉底做自我辩护。它实则否认了我们和苏格拉底之间的公共证成关系，把苏格拉底之死看成了咎由自取。

这种自我辩护还有"事后诸葛亮"之嫌疑。它的问题追究起来有二：一是为了"善后"之需进行巧言令色，用各种托词合法化自身，进而粉饰太平；二是它其实并没有试图站在他者的立场上去言说，抑或，真正考虑到他者那些正当的诉求与合理的接受。在它自身所立的法庭那里，他者是原告缺席的，因此它不会认为自己就是被告，何况它往往先把自己当成了法官。这样的话，我们就看不到在自我和他者之间的公共证成过程。我们也可以由此理解，为什么罗尔斯要把政治的"公共理性"（public reason）的范例赋予了"最高法庭"的法官们。①　他们是不会为自我辩护的,且在政治(根本)问题上始终坚持"公共论坛"的原则,要求当事者各方通过对理性的公共运用("公共理性"),来实现公共证成之目的。

第二,我们由上述这一点可知,公共证成必须是面向合理的他者的,它不能仅仅对我们而言,或者只是"为了我们"。当然,它更不能与你、我、他没有任何关系,不对任何人却只对一个没有人格的"句子"而给出。既然它不得不是公共性的或"主体间性"的,它至少是预设了言说者和倾听者的当事人双方。这就是之前威廉斯所说的证成第一个向度,即对谁言说,与谁对话。而罗尔斯在谈到公共证成的定义中的这个对话主体和对象问题时,又提及了另外两种无法给出"公共推理"（public reasoning）的"话语形式"（forms of discourse）:宣言（declaration）和揣度（conjecture）。②

在罗尔斯看来,我们可以向他者宣告自己信靠一种"整全性学说",无论是宗教的还是非宗教的。但是,这种宣言并不期待他者与自己保持同一性认同,或者说,并不期待让他者和自己一起分享这种信靠。易言之,这种宣言是一种私人的信念或信仰,它往往在表达一种仅仅对自己的生活有效的意义归属。但"政治性观念"不是这样

① John Rawls, *Political liberalism*, pp. 233–240.
② Ibid., pp. 465–466.

的。如果这种宣言也包括一种"政治性观念",后者就必须诉诸公共证成。意思是说,它需要由自己的"整全性学说"那里走出来,走向政治生活的公共世界,进而向他者证成自身所具的"政治性观念",是合乎"公共理性"的,可以被他者共同接受的。或者说,必须在认知前提上将"政治性观念"从自己的"整全性学说"那里分离出来,让它进入"公共推理"的过程,进而一起来证成政治价值的自主性。至于"揣度",它可能会造成一种对他者的误解。如果一个人信靠"整全性学说"而没有意识到一种规范的"政治性观念"之必需,我们可以这样揣度:尽管他之前有自己的既有的想法,但是他完全可以转而认可另外一种想法。比如,抛开之前"整全性学说",去承认和接受一种规范的"政治性观念"。这样的揣度,就算是真诚的且非意志强加的,也会因为可能造成单方面的误解,而与公共证成无关。揣度,毕竟是一种自我中心主义的"推己及人"。在它的"意图伦理"或"信念伦理"中,没有"公共推理",也没有实践"对话"的同等机会。一不小心,它不是变成了一种非常危险的"诛心之论",就是变成了一种过于简单的"良心论政"。

可以说,从罗尔斯关于"公共证成"的上述定义中,我们可以将之视为自我和他者之间基于"公共理性"的相处与互证之道。这是为得到一种规范的"政治性观念"(比如正义)之结论提供一致的"前提"的证成过程;它的主体和对象,是处在政治分歧中的自由而平等的合理公民。如果在这个定义中还发现不了它那"政治的"意义,我们可诉诸,罗尔斯在《作为公平的正义:政治的而非形而上学的》(1985)一文中更为详细的一段表述:"要观察到,按照这种(获得公共肯认的)观点,证成并不能简单地看作是从一些列出的前提出发而做出的有效论证,即使这些前提是真确的。证成是对着那些与我们有分歧的人提出来的,因此必须要从一些共识,从一些我们和其他人都公共地认可为真确的前提出发;或者更好地表述为:就在政治正义的根本问题上建立一个可行的协议这个目的而言,那些前提都应该是被公共地肯认为可接受的。将证成仅仅看作从列出的前提出发而做出的有效论证的观点,没有强调证成所达成的协议必须是知情和非强制的,必须由公民以一种与自由平等人相一致的方式来达成。"①

由此,我们就回到了威廉斯关于证成的第二个向度,即"从哪里起步"的问题。可以一言以蔽之:在"政治转向"之后的罗尔斯那里,他所理解的证成,是一种"公共肯认的观点"的形成与验证过程,它要在"公共理性"的驱动下去说服处在政治分歧中的他者接受正义这样的"政治性观念",满足公共的政治讨论所要求的公共性条件(the conditions of publicity)②的限制条款。在罗尔斯看来,这些限制条款,只能是由体现在公共文化中的政治价值(政治正义和"公共理性")

---

① John Rawls,*Collected Papers*,p. 395.

② John Rawls,*Collected Papers*,pp. 325 – 327. 在此,罗尔斯认为,"公共性"的第三个层次或阶段,要求一种完整的或充分的证成。这种证成,就呈现在公共的政治文化之中。它提供公共的理解和推理过程,也就是"反思平衡"过程。

所提供的。在这种给定的"前提"的意义上,证成就不仅是"公共性的",而且还是"政治性的"。在《政治自由主义》第一讲的"基本理念"中,罗尔斯实际上就明确指出了证成的这种本质属性:

(一)"公共理性——亦即公民在有关宪法根本和基本正义问题的公共论坛上所使用的推理理性——现在最好由一种政治观念来引导,该政治观念的原则和价值是全体公民能够肯认的(endorse①)。"

(二)"……政治观念的本性,是具体规定一种证成的公共基础"(the nature of the political conception as specifying a public basis of justification②)。

(三)"深刻而持久的公开辩论,为合理证成的理念打好了基础(set the stage for the idea of reasonable justification③),令其成为一个政治学的问题,而不是认识论的或形而上学的问题。"

综上所言,我们可得出一个将彼此联结起来的结论:公共证成是由一种合乎"公共理性"的正义的"政治性观念"所给定的或决定的;它要解决的是,那些事关公共基础的"政治的"实践问题。

而在上述的定义中,罗尔斯所强调的可被他者合理接受和公共肯认的"前提",也就是公共证成的起步之处。我们由此也不难发现,罗尔斯意义上的公共证成和"政治性观念"之间的关系,其实就是一

---

① John Rawls, *Political liberalism*, p. 10.
② Ibid., p. 19.
③ Ibid., p. 44.

种在普遍可接受性的前提和结论之间建立的"证成关系":通过"重叠共识"的前提条件,去充分地证成那种具有可接受性的一致结论,即形成一种"自立的"但可以被公共肯认和接受的政治观点。这大概是不成问题的。让我们质疑的是另外一个问题:"前提"可以等同于"基础"吗? 如果按照威廉斯,它们二者是可以被放在一起作为证成的起点的。但是,如果按照罗尔斯,我们就需要进一步对之做出区分,尤其是当证成已经既在一种"概念的事实"上又在实践理性的政治运用上,变成了公共证成。

罗尔斯认为,像正义这样一种规范的"政治性观念",是一种"基础观念",它为公共证成提供基础,或者换一种说法,它可作为证成的公共基础(the public basis of justification)。① 我们知道,按照"基础"(basis)的词源解释,它是有诸如"起点""始源"这样的"自下到上"之意的。而"前提"(premises)主要是一种从逻辑的观点去看的假设(presume),往往是在"协定"(mise)达成之前所给定(given)的理由、

---

① 在《政治自由主义》中,罗尔斯用到"公共证成"这个概念的时候并不是很多,且没有系统表述。除了之前提过的《公共理性理念新探》一文外,其它的可散见于"基本理念","政治建构主义","重叠共识的理念","公共理性的理念","答哈贝马斯"等章节。可以说,他的重心是放在"公共理性"而不是"公共证成"上的,他只是说,前者的"目的"在于后者。不过,我们还是可以发现,在罗尔斯那里,"公共证成"这个概念,往往是与"政治性观念"联袂出场的;并且他认为,后者为前者(也为"公共理性")提供公共的或共同的"基础",且给定了前者。这是"整全性学说"无法做到的。以上参见,John Rawls, *Political liberalism*, pp. 19,38,126,127-128,137,153,225,229,241,388,463,465.

条件和根据。在这种意义上,它可被我们视为证成某种观点的一个逻辑起点,但不一定就是"由下而上"的,反而往往是"自上而下"的(想想"三段论")。在这种一般的语义学的解释之后,我们可以说,当罗尔斯赋予了"证成"以一种政治的而不是认识论的语用学意义时,在公共证成的前提与基础之间,就不能等量齐观、不分彼此了。毋庸置疑,公共证成必然要求从一些"既定的前提"出发,这些前提是可被同等期待、共同分享、公共肯认或普遍接受的"政治性观念"的原则和价值,是可与"整全性学说"达成"重叠共识"的自立的"政治的"观点。它的实践目的是平等对待或尊重他者,尽量缩小彼此的政治分歧,形成一致的政治判断,进而实现政治社会的合作、统一与稳定。① 在这种意义上,公共证成的前提就是一种规范的"政治性观念"。不过,一旦这样,我们在认识论上就可能把公共证成的前提和基础混为一谈了。如果作为结论的基础,同时又被罗尔斯视为前提,他难道不是在进行一种首尾相连的循环论证吗? 他的公共证成难道

---

① John Rawls, *Justice as Fairness: A Restatement*, pp. 27–29.

会是苏珊·哈克（Susan Haack）所阐发的"基础融贯论"（foundherentism）①吗？

进一步说，对于公共证成而言，"政治性观念"到底是它的一种认知前提，还是一种实践基础呢？罗尔斯是在"基础"的共同实践意义上，"自下而上"地去看待这二者之间的关系的。但在"前提"的公共推理意义上，我们却只能"自上而下""由前到后"地继续生出这样的问题：公共证成需要从"政治的观念"开始，还是相反呢？这二者到底谁在前，谁在后呢？如果从罗尔斯所讲的政治哲学的"实践作用"（practical role）和"定向作用"（orientation role）②来说，"政治性观念"当然应该对公共证成发挥"一阶事实"的前提规定或导向作用。但这种作为起点的前提，难道只能立于一种给定的公共政治文化（比如美

---

① 参见[英]苏珊·哈克：《证据与探究》，陈波等译，北京：中国人民大学出版社，2017年。主要是第四章和第十章的内容。不难发现，苏珊·哈克反对证成中的基础论和融贯论之对立二分，主张这样一种被认可的"基础融贯论"：依据被证成的信念可能为真来显示真理的标准。如果我们用世界立在一只乌龟的背上来说基础论，用一条首尾相连的巨大的存在链条来说融贯论，那么，"基础融贯论"毋宁说是这样的：我可以在某一个时间和某种程度上相信这头乌龟的存在，当且仅当这种"基本信念"能在一个非单向的存在链条中，被其它的"导出信念"所证成。进而言之，在这个世界之外应该有一头独立的乌龟，且这头乌龟不仅在它的下面，也在它的上面，它们之间相互支持而成全彼此之间的对应关系。在这种意义上，"基础融贯论"毋宁说是反基础论的，而让基础也进入了融贯的双向交接的链条之中。在我看来，这似乎已有点"自然辩证法"的意谓了，且倾向于在时间和程度之别上的经验证据之有无的"自然主义"。

② John Rawls, *Justice as Fairness: A Restatement*, pp. 1–4.

国式的自由民主传统)的基础之上,或者只能与之融贯相应在一起吗? 不难明白,当上面的下不来,下面的上不去,当"基础论"(foun-dationalism)反对"融贯论"(coherentism),公共证成是很难实现的。由此说来,我们必须要搞清楚,当我们把公共证成的起点赋予一种规范的"政治性观念",这种实践推理是如何可能而又可行的呢? 而这些问题之所以被提出,仍是因为:回到我们在绪论中援引哈贝马斯的基本观点,"证成"(justification)的问题和"应用"(application)的问题毕竟不同,而且,它们不能只是被罗尔斯简单地归为一个上下前后的"阶段序列"问题。[①]

在《答哈贝马斯》(1995)一文中,罗尔斯这样总结了公共证成与"政治性观念"之间的关系:"当政治社会中所有合理的成员(合理公民),都通过将一种共享的政治观念融进他们多种合理的整全性观点(学说),来完成对该共享的政治观念的证成时,公共证成就形成了。"[②]

"公共证成的基本情形是这样的:在这种情形中,共享的政治观念是共同的基础;并且,它是所有合理公民所共同持有的(但不是作为一个集体而体现),即通过普遍而广泛的反思平衡,去肯认在他们多种合理的整全性学说基础之上的政治观念。唯有存在一种重叠共

---

① John Rawls, *A Theory of Justice*, pp. 196–200.

② John Rawls, *Political liberalism*, p. 387.

识的时候,政治社会的政治正义观念才能得到公共地证成,尽管这一证成不是最终的。"①

在这之前,他认为还存在三种证成:首先是对"政治性观念"的特定阶段的证成;其次是社会中个人对"政治性观念"的充分证成;最后才是政治社会中所有合理公民对"政治性观念"的公共证成。② 在这之间,他把公共证成和"重叠共识"(它主要被用于被处理政治自由主义如何可能的"稳定性"问题)的理念关联起来,认为若没有"重叠共识"就不可能有公共证成。由此可见,"公共证成"一直横亘在"政治性观念"和"整全性学说"之间。不过,公共证成只能由前者使用,以便处理与后者的政治分歧;它最多只是间接地依赖于后者,需要后者被纳入它的过程之中。这就是说,后者在公共证成中没有任何"规范性作用",这一作用只能由前者来承担。概而言之,公共证成只能是一种政治的证成,它服务于一种规范的"政治性观念",让之完成于"重叠共识"的证成阶段。

从上述所言,我们在罗尔斯那里还可以确认一点:作为公平的正义,确实是政治的而非认识论的,而公共证成,就是从这种规范的"政治性观念"出发的。后者试图提供一种共同实践的规范基础,但未必

---

① Ibid.,p.388.
② Ibid.,p.386.

就是一种强的"默会知识"的默认前提。① 之所以得出后面的如是判断，就是因为，公共证成的前提还有待"整全性学说"来肯认和接受，即通过我们的"反思平衡"来达成对一种共享的"政治性观念"的"重叠共识"。由此，我们就回到了威廉斯所说的证成的第三个向度——"针对什么"——的问题上来。很显然，罗尔斯提出"公共证成"的理念，是针对"整全性学说"而言的。在给定合理多元论事实的政治社会中，一种规范的"政治性观念"虽然可以从"整全性学说"中被我们独立地区分出来，但是，前者并不是从此之后不再需要后者了。由于"整全性学说"所导致的在政治问题上的合理分歧（政治分歧）会一直存在，我们就不能想当然地认为，一种规范的"政治性观念"有了自立的基础，就足够赢得信靠各种"整全性学说"的人们的实际肯认和接受了。它必须诉诸公共证成的可接受性之检验，在普遍而广泛的"反思平衡"之中。进而言之，公共证成不能单纯是"基础论"的，它更应该是"融贯论"的。如果公共证成的针对对象是"整全性学说"，

---

① 关于"默会知识"的相关讨论，可参见郁振华："从表达问题看默会知识"，载《哲学研究》，2003 年第 5 期。我在这里的意思是，一种规范的"政治性观念"就算如罗尔斯所说，可以在一种公共政治文化的传统中发现它的直觉基础，但它未必是默会的。默会的东西，实际上往往是我们的"整全性学说"，它才是强的直觉基础。而"公共证成"，它当然需要一些默会知识的共有前提；不然，它会遇到"鸡同鸭讲"的表达不畅情况，因为没有在认知公约数上的最基本的"受束共识"，而难以实现。在这个意义上，"公共证成"不仅是 Knowing That，而且更是一种 Knowing How。它需要从 That 的亲觉亲知，走向 How 的"能力之知"。

是要缓和它所造成的政治分歧,并保证一种规范的"政治性观念"的融贯性(coherence),它就需要再与"反思平衡"这样的"融贯论"的理念关联起来。

为此,还是让我们援引罗尔斯一两段比较翔实的原话为证:"与充分的反思平衡相对应的这种证成理念,在这种方式上是非基础主义的(nonfoundationalist):任何政治正义之深思熟虑的具体判断或普遍原则的特殊层面,都不应被认为具有公共证成的整体分量。……对我们来说,最合乎理性的政治观念是这样的:它能够最好地适合我们在反思中所深思熟虑的所有信念,并把它们组织成为一个融贯的观点。……在这种方式中,它在政治正义的问题上为公共证成提供了一种基础,为普遍性的所有层面和在广义而普遍的反思平衡中各种深思熟虑的信念提供了融贯性,这种融贯性正是在政治正义问题上达成理性协议这一实践目标所迫切需要的。而对于由某些整全性学说所阐述的其他证成理念,这种融贯性可能是不敷使用的。"①

不难明白,上引之言可以证实我的一个判断:罗尔斯的公共证成,遵循的主要是一种"融贯论"进路。对于处在价值多元论时代的政治合法性问题而言,它反对过去那种把"整全性学说"作为证成的统一基础或终极基础。若继续用哈贝马斯的术语说,"整全性学说"在政治合法性上再也不具备多么有效的"证成的水平",它那"基础

---

①　John Rawls, *Justice as Fairness: A Restatement*, pp. 31-32.

主义"的"证成性"已经差不多彻底贬值了。而用这里罗尔斯的话来说,在我们的"充分的反思平衡"中,"整全性学说"再也不具备"公共证成的整体分量",或者说,它无法再为现代政治的正义问题或合法性(正当性)问题提供必需的公共证成。就算我们相信,"整全性学说"仍具有某种部分的可接受性,但这种部分的信念与我们深思熟虑的信念相比,其融贯性是不够的。这种融贯性只能是由正义这样的规范的"政治性观念"来承载,且体现在对后者的公共证成过程之中。

不过,由此再来看公共证成的基础问题,我们仍然心存疑虑:如果"政治性观念"不过取代了"整全性学说"成为公共证成的共同基础(尽管是"浅薄的"),它怎么是反"基础论"或者非"基础论"的呢?在我看来,这还是要取决于我们能否把"基础"当成"前提"来对待。当我们在"充分的反思平衡"中坚持一种"融贯论"的判断时,这就是可能的。只是,如果最合乎理性的"政治性观念"是公共证成的起点,那么,它的终点到底在哪里,抑或,到底是什么呢?考虑到公共证成是针对"整全性学说"而言的,我想,对这个问题的回答只能是这样

"反问题"的:按照罗尔斯对"重叠共识"的构想,①公共证成的起点其实应是"整全性学说",它的终点才是一种规范的"政治性观念"。不容否认,我们往往是从"整全性学说"的分在前提出发,而走向"政治性观念"的自立基础的,进而在其之上达成"重叠共识"。而公共证成,毋宁说是在这二者之间通达综观理解和建立结构关联的过程。在这种"反思平衡"的双向意义上,公共证成这一理念,当然是一种与"重叠共识"并不矛盾的"融贯论"的政治性观点。它的目的,是让合理公民就一种规范的"政治性观念"达成理性协议(一致同意的,普遍接受的),让之作为一种构成性和范导性的"模块"(module),融贯地嵌合到他们那些难以避免的先天禀赋或后天习得的"整全性学说"之中。这种有了共享的"政治性观念"作为证成基础的"重叠共识",就区别于那种建立在自我和团体利益之证成基础上的"临时协定",也区别于那种将证成的深刻根基赋予了"整全性学说"的"脆弱共识"。在这种意义上,作为"融贯论"的公共证成并不是反"基础论"的,因为它依旧有其"浅薄的"基础,而且这一基础已经是必需的

---

① 据说,罗尔斯本人在讲授"重叠共识"的理念时,也没有把各种合理的"整全性学说"重叠到一起去,而是画了几个互不相交的大圈表示"整全性学说",然后再从这些大圈中引出几条直线,再把它们与中间的表示正义原则的小圈,分别联结起来。(参见何怀宏:《寻求共识:从〈正义论〉到〈政治自由主义〉》,《读书》1996 年第 6 期,第 24 页。)在我看来,这种直线连接,当然是先从"整全性学说"的大圈指向"政治性观念"的小圈,之后可以再返回来的。而且,"大圈"应该是先于"小圈"画出的。

前提。

## 第二节　两种方式

按照罗尔斯在《作为公平的正义：一种重申》一书的明显提示①，我们在上述中已经多少表明了，公共证成的理念与"反思平衡""公共理性"和"重叠共识"的理念之间的结构关联。② 不过，按照他在《政治自由主义》一书中一个比较重要的注释，公共证成这个理念，还

---

① John Rawls, *Justice as Fairness：A Restatement*, p. 26.

② 必须在这里再表明两点：（1）"公共证成"与"反思平衡""公共理性"和"重叠共识"的结构关联，我仍然是论证不足的，没有进一步翔实而清晰地呈现它们在结构关联中的分与合。它们其实值得去做出专文专章的系统化处理。但由于主题的聚焦和篇幅的自限，只能留待以后为之。（2）在罗尔斯的著述中，我们不难发现，当他肯定和凸显一个理念 A 时，他往往会做两种工作：一是将 A 和另外一个对立或否定的理念 B 相比较，在比较中来阐明 A 的优点 B 的缺失，或者在比较中得出选择 A 而放弃 B 的决定性理由；二是将 A 和另外一些相近的或相关的理念 C、D、E 等，放在一个"家族相似"的理论框架中，进而将它们统一为一个"融贯论"的观念系统。"公共证成"就是第二种情形。毋宁说，它即是在寻求一种规范的政治的观念和多元论事实之间的融贯统一。而支持第一种情形的，可以是这样的说法：据说，托马斯·斯坎伦在一篇访谈文章中提到，罗尔斯曾经教他们一个方法，如果你要赞同 A，觉得 B 错得很离谱。那么先别着急，做些文献综述，尽可能列出 B 的合理之处，然后看看你能具体驳倒几条支持 B 的理由，最后再做判断。具体可参见 Yascha Mounk, *An Interview with T. M. Scanlon*, http://www. the-utopian. org/T. M. -Scanlon-Interview。

与"具有正当理由的稳定性理念"和"正当性理念"相关。① 在这一节中,我们的目的不在于完成这种未尽的相关性理念的阐述,而是继续依据这个注释的其它提示,先回到《正义论》中来看,"公共证成"是"如何依赖于正当(权利)与善之间的一致性"的"契合论证"(the congruence argument)的(当然,这种"契合论证"也是为了解决"稳定性"的问题)。之所以要这样"顾此失彼"一下,那是因为,作为政治自由主义的一个基本情形(basis case)或模式情形(model case)②的公共证成,起初是作为一种道德证成而不是政治证成的方式,而为我们所认知的。如果我们暂时把公共证成不看成是政治的而看成是认识论的,那么,我们的目的,其实就转向了"公共证成"的基本的认知方式上来。我们可以去追本溯源:在认识论上,它到底是怎么来的呢? 它是如何可能的呢? 这就需要诉诸"原初状态"。让我们先来看一下"契合论证"。在《正义论》的第三部分中,这种在正当与善之间的"一致性问题"的论证是这样展开的:

第一,在一个良序社会中,一般存在着两种善。一种是在弱意义上的"基本善",另一种是强意义上的"整全性"的善(a more comprehensive account of the good)。③ 按照以往的道德理论(比如亚里士多德主义),"一致性问题"是就后者而言的。前者所提供的正

①　John Rawls, *Political liberalism*, p. 388.

②　Ibid. , p. 145.

③　John Rawls, *A Theory of Justice*, p. 397.

义原则或正当原则,往往对后者没有加以限制,且需要与之相符合。我们可以说,在过去,"正当"与"善"是混淆在一起的,其整体性没有遭遇"大分离"。但是到了现代,这种情况发生了根本的转变。尽管我们还需要或依赖于某些善理念①,但这些善理念已经是在弱意义上而言的了。

第二,由此,我们再来考量正当(正义)与善的一致性问题,我们就须看它们现在到底各自遵循着什么样的"不同原则",或者分别与什么样的"不同原则"相联系。而"一致性问题就在于这两类标准(two families of criteria)是否相互适合"②。在罗尔斯对正当与善的几个比较中,我们可以发现,在作为公平的正义中,正当与善已经"具有相当不同的特点",它们被现代社会的"契约论的结构"改变了。③ 它们之间的一致性吻合,已另当别论。

第三,另当别论的是,在由"原初状态"所建构的"契约论的结构"中,人们会选择"作为公平的正义"的原则,即在宽泛意义上的正当原则。这种理性选择和(基于自由的)契约观点一致,它们相互成全,并不矛盾。而借助"原初状态"的代表设置及其"无知之幕"的起

---

① 罗尔斯在《政治自由主义》中,强调了"政治的观念"对善理念限制,并要求这些善理念必须是政治的理念,它们从属于"政治的观念",而不是"整全的学说"。在他看来,存在这样五种善理念:合理性的善;基本善;可允许的善;政治美德;政治社会的善。参见 John Rawls, *Political liberalism*, p. 176.

② John Rawls, *A Theory of Justice*, p. 567.

③ Ibid. , p. 451.

点限制,我们选择出的正义(正当)原则获得了自律和客观性的特征,且以一种一致性的方式得到说明:自律是同意并遵循正当原则行事,而正当原则必须是客观的。它们都要接受,作为契约论的整个理论核心的"原初状态"在论证方面的限制或论据条件上的规定。①

第四,在罗尔斯看来,"尽管作为公平的正义具有个人主义的特点,正义的两个原则却是提供了一个阿基米德支点(Archimedean point),来估价现存制度和它们所产生的欲望和追求。这些标准提供了一个指导社会变革过程的独立标准,而无需借助一种至善论的或有机论的社会观念。但是还存在一个问题:契约论是不是理解共同体的价值和选择实现这些价值的社会安排的满意的理论结构。合理的推测是:正当和善的一致性在很大程度上取决于一个良序社会是否能获得共同体的善"②。答案当然是肯定的。原因就在于:一是没有什么理论能比契约论的这种"契合论证"更优胜的了,更有利于证成一个联合起来的"良序社会"稳定性的价值;二是没有什么"证成"的设置,能比"原初状态"这样的代表设置更能保证这种"契合论证"的一致性,去消除"普遍的囚徒困境"(the generalized prisoner's dilemma)之危险。③

至此,我们能从上述的"契合论证"得出什么结论呢? 它与公共

---

① Ibid. , p. 516.

② John Rawls, *A Theory of Justice*, p. 520.

③ Ibid. , p. 577.

证成是否存在着一种正相关的关系呢? 在罗尔斯对证成的总结中,我们看到他尤为强调"一致性"(consensus)。这种一致性(共识)的公认前提,就是正当原则。在他看来,"证成"的本性就在于,我们能否就正当原则而不是善理念达成一致性的观点。① 这也就是说,证"要求我们那些自己的观点尤其是关于个人善的整全性观点,必须去契合政治的而不仅是道德的正当原则。在某种意义上,这已经在宣告"整全性的善"无法再占有政治的正当性了。若此,这种证成,当然超越了个人自主的樊笼,而不得不体现出"公共性"或"政治性"的自主之内涵。总而言之,罗尔斯在《正义论》时期的"契合论证",已经是公共证成的一种必需的认知方式了。而公共证成要依赖于这种"契合论证",自不待言。试想,如果公共证成只是停留在"正当"那里止步不前,而无法与"善"相聚合,进而与之达成共识,那么,它肯定是名不副实的。在下面,我想将之一分为二继续给出进一步的阐述。这种阐述,大概会摆荡在"原初状态"与"重叠共识"之间。

不难发现,存在着两种"公共证成"的方式(或进路):一种是"聚合论证"(convergence argument),另一种是"共识论证"(consensus argument)。我们知道,前一种论证方式可以被用在当代的民主理论

---

① Ibid. ,p.581.

上,而成就为一种"聚合民主"(aggregative democracy)①。但显然的是,"聚合论证"不能只是简单地被视为在运算的"累加"的意义上,把个人偏好、信念和动机集中或重叠在一起,而从中抽离出一种"多数的"有效性原则和压倒性理由。但按照罗尔斯之前对"论证"和"证成"的不同辨析,在这种意义上的"聚合论证",最多只能是一种"有效的论证"(valid argument)②。这种论证尽管是有效的,能展示出某一种"范导性"的类型观念的总体结构(比如功利主义),但是,它那基于特殊的善之理由的既有前提,以及由此而得出的总体结论,是处在分歧状态中的所有方在"适当的反思"之后无法接受的。因此,这种以量取胜的意义上的"聚合论证",是远称不上公共证成的。因为后者,往往是从可接受的共识前提出发的;它的结论,也是合理公民在"反思平衡"之后普遍可接受的。也就是说,公共证成的主要意义,在于一种以质取胜的"共识论证",它需要合理公民在一个"共享的基础"上相互证成彼此的政治判断,进而缩小彼此的意见分歧,

---

①　参见[美]伊恩·夏皮罗:《民主理论的现状》,王军译,北京:中国人民大学出版社,2013年。"聚合民主"往往被用于和"协商民主"相比较。但据乔恩·埃尔斯特(Jon Elster)的研究表明,"协商民主"实际上兼具了"聚合论证"与"共识论证",它并不与"聚合论证"相对立。这主要体现为公共政治的"论坛原则"而不是"市场原则"。(Jon Elster:"The Market and the Forum:Three Varieties of Political Theory", in *Deliberative Democracy*:*Essays on Reason and Politics*, edited by James Bohman and William Rehg, pp. 3-34.)埃尔斯特这篇论文的中译本,可参见[挪]奎纳尔·希尔贝克等编:《跨越边界的哲学》,第187-216页。

②　John Rawls, *Justice as Fairness*:*A Restatement*, p. 27.

就实质而根本的政治问题(比如宪政和正义)尽量达成一致的观点和合作解决的意向。不过,出于我们之前的二分预设,这个问题仍然还在:在何种意义上,"聚合论证"也可以是一种公共证成呢?

在此,让我们引入托马斯·内格尔在《道德冲突与政治合法性》(1987)一文中的如是表述,并以之来区分公共证成的两种方式:"政治合法性的辩护者可以分为两类:一类辩护者试图从不同个人各自的动机立场为某些制度找到理性支持的可能聚合;另一类辩护者试图找出每个人都可能具备的一种共同立场,这种立场保证了对可接受的东西的一致同意。此外,还有把聚合方法和共同立场方法混合在一起的政治论证。"①

由此,我们可以把对政治合法性论证的"聚合方法"和"共同立场方法",分别改称为"聚合论证"和"共识论证"。按照内格尔,它们其实就是政治的公共证成。因为,无论是"聚合论证"还是"共识论证",它们在共有的"政治结果"而不是在独立标准的道德原则上,都是正确的与可普遍接受的。当然,我们要进一步区分这一点:一种原则因为是正确的,所有它才是可接受的,还是相反呢?从罗尔斯那里,我们不难发现,公共证成的核心要义在于"可接受性"。而公共证成是要表明:政治的正当或正义原则,以及在"政治性观念"达成的一

---

① [美]托马斯·内格尔:《道德冲突与政治合法性》,应奇译,载应奇编:《自由主义中立性及其批评者》,南京:江苏人民出版社,2008年,第26页。

致结果,正是因为它们能为所有人都可以合理的接受,才被认为是正确的。但不同于罗尔斯的是,在内格尔那里,公共证成既需要"聚合论证",又需要"共识论证"。无论是哪一种,它们都需要正确的"共同根据"。如果说"聚合论证"是把处在政治分歧中的人们的不同根据——比如不同的动机和信念——聚合起来,那么,在它的论证中,其中的一方当事人 A 就有理由接受另外一方 B 的批评、审视或检验,直到 A 认识到自己在特殊证据上的错误缺失之处,进而向正确的理由和共享的证据靠拢,最后得到与 B"基于同样基础的判断"。这就是说,"聚合论证"和"共识论证"的不同,只是小异却大同。虽然前者从不同立场出发,后者从共同立场出发,但是,它们在(政治)证成的终点上是会殊途同归、走在一起的,抑或,得到同一个正确的证成结果的。之所以如此,那是因为它们最后都可以被结合在公共证成的这种观念之中:"以客观的共同根据为基础的分歧必定有调查研究的广泛可能性,而不是最终降低为不相容的个人观点之间的单纯交锋。"①

　　按照内格尔的提示,我们会说,尽管罗尔斯的公共证成一般被视作"共识论证",但它是离不开"聚合论证"的,它也不应该反对"聚合论证"。不难明白,"共识论证"预设了一致的可接受性,"聚合论证"指涉了客观的正确性。但没有了后者,前者也是不可能的。例如,我

---

① 同上书,第41页。

们可以接受一个有较强的治理能力的政府 G 提供稳定秩序和安全保障，但是，当它让我们为此让渡的自由和平等的正确代价越来越大时，或者说，它越来越要求我们对之保持"政治正确"而实则其自身离"政治正确"越来越远时，我们的内心就很难再与之聚合在一起。当它的那些不正确的行政手段，再也不能正确地将我们的个人信念、动机或"内在理由"聚合在一起，它就没有什么政治的合法性（正当性）可言。概而言之，它就会因为政治原则的客观不正确，而无法再为我们的主观实际所接受了。归根结底，这其实就背离了正当（right，可翻译为"正确"）与善之间的"契合论证"，从而无法赢得我们的公共证成。当然，还存在另外一种可能：还是有很多人愿意接受政府 G，并坚持认为，G 由于能为委身于其下的他们提供很多善（好处或利益），而具有某种部分的可接受性。但是，可接受性不等于正当性（合法性）或正确性。当我们只要"善"而不要"正当"或"正确"时，我们其实已经失去了作为一个合理公民在规范的"政治性观念"上应有的公共证成，也就是失去了一种出于理性的公共运用，来区分对错而不仅是好坏的"证成的政治观"。

若回到罗尔斯那里说，我们可以就人人都需要的基本的"善"达成"重叠共识"，但这种"重叠共识"之所以可能，也是因为在"原初状态"这样的认识论的"代表设置"中，已经聚合出了可以充当客观的"共同根据"的正当或正确的原则（比如正义的两个原则）。进而言之，这会向我们提出如是的问题：公共证成与"原初状态"是什么关系呢？与"重叠共识"又是什么关系？而这，就需要考量公共证成的两种方式——"聚合论证"和"共识论证"——首先在认识论上是如何形成的。在我看来，罗尔斯的公共证成最为核心的两个构成性理念，就是"原初状态"与"重叠共识"。前者不得不预设了"聚合论证"，而后者理所当然地要诉诸"共识论证"。

让我们继续从内格尔的如下观点开始："把罗尔斯的理论说成一种（孙按：即聚合的和共识的）混合理论，这似乎是令人奇怪的，因为他似乎确实提出了一种公正的共同立场，后者保证了我们会赞同同样的事情。但是罗尔斯论证的一个重要成分是他援引了承诺的负担（strains of commitments）：即使是在不知道自己的善观念的原初状态中，每个人都只能选择他相信他能够在实际生活中坚持和继续肯定的正义原则，而那时他已经知道了被无知之幕遮蔽的关于他自己和他的社会地位的知识。这就引入了聚合的成分。"①

这里的关键就在于，"原初状态"何以预设了"聚合论证"。在《正义论》的第29节，罗尔斯认为，人们一旦经由"原初状态"选择出正义原则，他们其实已经知道，并愿意承认与公开接受它所具有的"承诺的强度"问题。不难明白，因为这种由正义原则做出的承诺是"终极性"的，"不会有第二次机会"，所以，它的论证负担无疑是非常

---

① 同上书，第28页。

严重的。①  内格尔上述的判断,实则指明的就是这一点:"原初状态"要如何能够承受住这么严重的论证负担呢? 我们看到,罗尔斯为了缓解这种"终极性"的"承诺的负担",他随即补充了排除随意性结果的"公共承认"的理由和"公共性的条件"。②  而这种"公共性"之所以可以达成,是因为人们在"原初状态"中仍然保留了可以用作"聚合论证"的认知能力。也就是说,尽管"原初状态"排除了个人既有的善观念或特殊理想,但是,它并没有排除他们需要在认识论上去响应的"聚合的要求"。因此,它的"无知之幕"并不是绝对的。在这条尽量遮蔽"个人知识"的幕布之下,实际上聚合了能够普遍运用"公共知识"的、具有"道德人格"(moral personality)的合理公民。而且,我们也明白,之所以要有"原初状态"这种把约束条件聚合起来的"最低要求"(minimal requirements)③,其目的不过是要求他们就正义原则达成集体的同意(collective agreement)。就此而言,但凡是一种"集体的"契约要求,必然是能够聚合到一处的,且允许我们携带不同的理由来聚合;而那种终极性和公共性的原则,必然给我们带来了一种在论证上有效的任务(valid undertakings)。④  总而言之,"原初状态"这种代表设置(a device representation),就承担了这样的"聚合论

---

① John Rawls, *A Theory of Justice*, pp. 175–176.

② Ibid., pp. 178, 183.

③ Ibid., p. 509.

④ Ibid., p. 183.

证"之任务,即"聚合并聚焦于那些挑选一个最适合民主社会的正义观念的所有理由的合力"①。何况,就它建构出的原则而言,若它无法满足公共证成题中之义的"聚合的要求",就算它是可接受的,也未必是正确的。

这就需要我们简要审视一下,作为公共证成认知方式之一的"聚合论证",是否仅仅是一个建构主义的方法论问题。在《道德理论中的康德式建构主义》(1980)一文中,罗尔斯认为,我们必须要区分这样三种观点:"原初状态的各派的观点;良序社会中公民的观点;最后是我们自己的观点。"②在他看来,作为公平的正义,实则是就第三种我们("你和我")自己的观点而言的。这就要求一种作为公共性理念的第三个层次的公共证成。在这篇文章中,他将之称为"充分的"或"完整的"证成(complete justification)。③ 如果说前两种观点只是聚合在正义的学说之内,那么,我们就需要问,这种两种观点如何可能联结第三种观点,进而将这三种观点最后都聚合在一起呢? 易言之,当我们从那种理论建构的状态中走出来,作为一个有血有肉的人去证成,正义就是聚合了"为了我们自己"的公共观点,这是如何可能的呢? 为了解决这个建构性问题,罗尔斯深思熟虑地做出了这样在事实与规范之间的统一判断:公共证成需要呈现在公共文化的传统

① John Rawls, *Collected Papers*, p. 401.
② John Rawls, *Collected Papers*, p. 321.
③ Ibid. , p. 325.

（比如美国的自由民主传统）中，且需要相互联结起道德人格、良序社会和作为起组织作用的核心理念（central organizing idea）的社会合作这样的"模型观念"（model-conceptions）。①

在后者的意义上，他建构出了理性自律的"原初状态"，并将之作为一个可以联结彼此的"居间性观念"或"起联合作用的理念"（unifying idea）②。只是，仍然存在着这样的建构问题：作为一种假设的和非历史的"原初状态"，如何能呈现在非假设的和历史的"完成的状态"之中呢？而那些建构出来的"模型观念"，又为什么非得呈现在不是模型而是直觉基础的公共文化传统之中呢？在我看来，如果"原初状态"只是一种认识论的中介，它完全可以被用于那些没有理想类型的"完成的状态"，以及那些无法为"模型观念"提供直觉基础的传统语境之中。罗尔斯认为，在"原初状态"中达成的协议，包含正义原则和论证指南原则两个部分。③ 抛开前一部分不讲，如果"原初状态"难以让我们这些不见得就是合理公民的人去实际接受，那么，它必须响应正确性的"聚合论证"之要求。它那种建构主义的方法论，如果在现实语境中无法聚合起我们的个人动机、信念和理由，它就必须在后一部分——即在推理方式与论据衡量规则上——去证成一种为了我们的"公共知识"的观点，无论在哪里都是讲得通和行

---

① Ibid., pp. 308, 325.

② Ibid., p. 402.

③ John Rawls, *Collected Papers*, p. 328.

得通的。而且,无论在哪里,它都应当聚合起我们的正确判断,抑或聚合出我们对正当的普遍需要。

可以说,"原初状态"不仅仅具有一种公共性,还具有普遍性。试想这样一个喻证大概就能一清二楚:如果"原初状态"可以被比喻成一种"建房子"的正确工具或方法,它难道还会在乎被用于什么样的地方奠基之上吗?何况,在建造房子的过程中,它自身携带的正当(right)原则,同样可以聚合起实际的建造者的"共同理解"和"反思平衡";进而让他们知道,无论是在"建房子"上的分工合作还是最后完成"房子"的良序结构,都是从正确的逻辑起点开始,到正确的实践结果结束的。在这种通达正确的实践推理意义上,我们认为,"原初状态"的确只是一个建构主义的方法论问题。但是,它的建构工作,不能仅仅被聚合在给定的"一阶事实"的语境基础之上,而应该聚合在慎思的最高阶的认知兴趣的"通用手段"之上。① 至于在它之中预设的自由平等人的"道德人格"(moral personality)或道德能力(正义感和善观念),这就更具有一种规范的聚合性了。我们当然不能说道德的人(合理公民)就一定是正确的人,不过,我们可以说:既然他们已经知道了对所有人同等为好的东西(基本善),一定对自己而言也是好的,那么,这种通过"逐渐增加信息"而恰好就理性协议达成一致

---

① 　Ibid. ,p. 334.

的"康德式理据"的聚合①,其实已经指向了正确的"共同立场",抑或是要求着基于共同基础的客观判断。不管怎样,"原初状态",都是在一种规范的认知意义来讲的,它预设了一种正确而客观的"认知的立场"。

在"原初状态"中达成协议的另一部分即正义原则,就是在共同立场或共同基础的意义上来讲的。它尽管能在"原初状态"中被合理公民建构出来,但这种理论的建构,无论具有怎样的"可接受性",它都不可能一步到位地而为我们实际无条件地接受。它还要经过"我们的观点"在扩大共识的范围中进一步的实践验证。在后期的罗尔斯那里,他更加节制地认识到,合理的多元论事实对正义原则的极大挑战;认识到他之前那种整全性的正义理论,在一个"判断负担"如此根深蒂固的社会中的"稳定性问题",是无法单凭"原初状态"这种认识论而非政治的理念就能解决的。由此,他转而寄希望于"重叠共识"这种政治的稳定性理念。或许,只有到了这个"共识论证"的阶段,"公共证成"不仅有可能实现"我们的观点",而且也有可能将之与"他们的观点"联结起来。我们发现,之前的"原初状态"是一个"居间性观念",但它仅仅用在被代表的"我们"之间,而没有用在真正的"我们"(何况在中国的"他们")之间。因此之故,它的终极性和公共性,毕竟是不如"重叠共识"的,尽管"重叠共识"仍然需要诉诸

① Ibid.,p.336.

"我们的观点"的直觉基础。因此之故,公共证成的另外一种认知方式——"共识论证"——就进入了我们的公共讨论也是政治讨论的"议程"。

现在,让我们从"政治的"意义上,回到罗尔斯的政治自由主义来审视一下"重叠共识"与公共证成之间的关系。在《答哈贝马斯》(1995)一文中,他明确指出,存在着两种不同的"共识论证"之方式:一种是重叠的,另一种不是重叠的。"重叠共识"是后者意义上的共识。而没有"重叠共识"就没有公共证成。① 这里,我把这种"共识论证"的关键处简单地呈现如下:

第一,"共识论证"的旨趣都在于寻求一致或共同(合意)。与"原初状态"虚拟出各派代表的一致性观点和共同立场不同,"重叠共识"的一致性诉求是向现实中的"整全性学说"发出的,它请求后者可以一致同意一种规范的"政治性观念",把它当成一种"自立的"观点和基础,并在其上达成公共证成的共识(事实的共识和价值的共识)前提。这种证成当然是有阶段序列的而不是一簇而就的,其共识也是由个人走向政治社会的。这就要求我们,在"日常政治"和"规范政治"之间做出区分。② 对于前者而言,共识必须建立在重叠之上;但这种重叠,往往是以实际的或潜在的共同利益(价值偏好)为取

---

① John Rawls, *Political liberalism*, p. 388.
② Ibid. , p. 389.

向的。它可能需要政治家,借助某种或灵活或不灵活的政治手段(比如压迫性的暴力手段)才能勉强达成。但就后者而言,"重叠共识"是就一种规范的"政治性观念"而言的公共证成之理性前提要求,它请求我们所有人而不仅仅是政治家或个体公民,基于一致的正当理由或正当性原则而共享稳定性和统一性的政治观念。在这种政治的意义上,"重叠共识"关切的就是社会秩序问题,而不是道德证成问题。①

第二,哈贝马斯质疑"重叠共识"的理念,不能证成一种自立的"政治观"。是因为,在他那里,这种"重叠共识"必须首先要真正说服不同理由的携带者,即"整全性学说",与之形成"理想的对话语境"(the ideal discourse situation)。"政治性观念"的正当理由(和原则),不能停留在被证成一次性完成的肤浅表面而为后者所接受,它还应该深入正确的真理概念之中,不能将之交给"整全性学说"去自行其是。否则,后者就会通过宣称自己的真理性,来反对或拒绝"政治性观念"的合理可接受性。罗尔斯虽然从"原初状态"的"聚合论证"走向了"重叠共识"的"共识论证",并把公共证成奠基在同一种正当理由或原则的共同立场,但是,后者的"共识论证"因为回避了真理性,就算可以比较容易地由此形成政治共识,这种实践理性的公共

---

① 在这里,周保松持有恰好相反的意见。可参见周保松:《自由人的平等政治》,北京:生活·读书·新知 三联书店,2017 年,第 189-190 页。在我看来,他其实已经有点接近哈贝马斯的"道德的视角"了。

运用,其实会由于深层次的内容冲突未被解决,而无法在程序的形式意义上带来真正的"受束共识",从而破坏"重叠共识"。因此,哈贝马斯主张,"清楚的是,整全的学说必须服从实践理性的要求。如果重叠共识是可能的,它只能诉诸独立于世界观的认知权威来加以证成。"①

第三,我们必须区分,"共识论证"到底遵循的是一种认知的意义,还是一种政治的意义呢?② 难道后者还不足以实现公共证成吗?我们可以发现,罗尔斯的公共证成不是在"原初状态"而是在"重叠共识"中完成的,"原初状态"至多向"重叠共识"提供了一种"共识论证"所需的共同的立场、根据、前提或观点(政治的正义原则和公共理性的推理论证原则),即同一个起步之处。显然,在罗尔斯那里,为一个正义观念提供公共证成的"真正的任务",并非认识论的而是政治的,是一种有着共享和互认前提的"实践的社会性任务":"去发现和阐明共识的更深层的基础,它是人们希望得到的、体现在常识中的;或者甚至通过一种新形式来表达我们在历史传统中找到的确信,通过把它们于人们更广范围的深思熟虑的确信(也就是经得起批判反

----

① *Habermas and Rawls: Disputing the Political*, p. 107.
② 哈贝马斯认为,应该区分作为社会事件的共识和作为认知成果的共识。关于这一点,可参见童世骏在《关于"重叠共识"的"重叠共识"》(载《中国社会科学》,2008 年第 6 期)一文的相关讨论。显然,罗尔斯的"重叠共识"这种共识论证,是就前者而言的,或者确切地说是就政治实践而言的。这又牵扯到"公共证成"的可接受性问题,我会在下面第三节中给出进一步的讨论。

思的信念)联系起来,以创制和塑造共同理解的起点。"①在这种达成一般的政治共识的意义上,我们可以下判断说:罗尔斯后来的"重叠共识"显然不会是建构主义的,而只能是重构主义的。也就是说,一种规范的"政治性观念"不是凭空建构出来的,而是奠基在既有的公共文化传统之中,之后它会为"整全性学说"所共享和肯认,并融进了后者,实现了对后者的重构。只有到了这里,"重叠共识"才得以真正完成。② 易言之,在"整全性学说"与"政治性观念"之间的公共证成才得以完成。但是,这种非认识论意义上的"共识论证",难道真的可以让我们去共同接受一种"政治性观念"吗? 让我们在"整全性学说"的内部,就"政治性观念"达成"重叠共识"的"具体规定的种种理由之总和"③,难道仅仅在于"政治性观念"的可接受性吗?

## 第三节　可接受性

从上述的两种方式不难看出,公共证成实际上是从"原初状态"走向"重叠共识"的。"原初状态"为公共证成提供了同一种政治认知逻辑(方法论)的给定起点或前提,"重叠共识"为公共证成提供了同一种政治实践的可能基础与必需的暂定终点。无论从哪一种意义

① John Rawls, *Collected Papers*, p. 306.
② Ibid. , p. 414.
③ John Rawls, *Political liberalism*, pp. 170–171.

上,公共证成的确侧重于一种"共识论证"的应用。这种"共识论证"当然是围绕政治的正义原则来展开的,之后让"整全性学说"出于这种正当原则或理由的共识,都能去接受罗尔斯所伸张的"证成的政治观"。至此为止,我们可以理解出:罗尔斯曾在《正义论》中谈及运用两个正义原则的"四个阶段的序列"时,把一种"证成的政治观",也视为"一种可行的政治观"(a workable political conception)。① 按照罗尔斯,在"证成"与"应用"之间(或在"规范"与"事实"之间)的张力,不如哈贝马斯所认为的那么巨大。而在哈贝马斯那里同样坚持的"共识论证",其强调的真理性("真理共识论")也是与可接受性关联在一起的。下面,我打算先从哈贝马斯的"共识论证"开始考量可接受性的问题,之后再来看罗尔斯的公共证成的可接受性问题。

哈贝马斯基于"普遍语用学"基础的"对话伦理学"。在《何谓普遍语用学?》(1976)一文的开篇,哈贝马斯明确指出,以理解为取向的对话关键在于达成共识,"这种共识以主体间的相互关联为结果,包括相互理解、共享知识、彼此信任及相互一致。共识的基础是确认可理解性、真实性、真诚性及正当性(正确性)这些相应的有效性主张。"② 由此,我们可说,哈贝马斯的"共识论证"(一般简称为"共识论",正像"契合论证"在周保松那里被简称为"契合论"那样)首先是

---

① John Rawls, *A Theory of Justice*, p. 195.

② Jürgen Habermas, "What is Universal Pragmatics", in *Communication and the Evolution of Society*, Translated and with an introduction by Thomas McCarthy, p. 3.

一种在对话语境上的理想共识,这种共识论是为了证成真理的四个有效性主张,让它为合理的人们一致同意和接受。

例如,存在这样一个命题 P:李逵是一头蠢驴。我们可理解 P 中的真值函项:李逵和驴,但显然的是,作为一个人的李逵不是一头驴,就算我们能就他很蠢这一点达成价值的共识(agreement about values),但这种共识还不是规范。而且在"事实的共识"(agreement about facts)上,当我们和一个喜欢李逵的人 M 谈论李逵时,M 是不可能接受这个命题 P 的。另外,我们说出这个命题 P 时,就算我们的内心是真诚的,P 未必就是真实的或正确的。要想和 M 达成对话的共识,即一致的意见,让他理解 P 是真实的或正确的,如果我们借助不了权威的基础或这种借助本身也是一种错误的非认知的方式,那么,我们就只能诉诸这样一种预先存在的或后来获得的"背景共识":在《水浒传》中,李逵尽管不是头驴,但他和驴分享了同一种蠢的悲剧属性。他不知自己愚忠的对象带头大哥宋江对朝廷的招安极为逢迎,以至于在最后实际上就是被宋江给亲手毒死了。我们若共同接受了这种作为前提的"背景共识",那么,我们就可以在对李逵的判断之结论上达成一致意见。

在这个理解的语言共识而不是实践共识的例证中,我们知道,"共识论证"往往不一定是最后的实践结果上的,而恰恰是为了消除最初的在经验动机或价值偏爱上的分歧,表达出某个命题 P 的规范正当性和命题正确性之有效性主张。不过,在对话的实践(实践对话)共识上,这就进一步涉及哈贝马斯的"对话伦理学"中的两个"共识论证"的原则:作为对话的"架桥原则"(bridging principle)的道德原则和作为"通货角色"(universal exchange of role)的普遍化原则(U)。前者的详细表述是:"这种道德原则被这样设想:它排除不能满足所有参与者或可能被其影响的相关者的受束同意(the qualified assent)的任何有效的规范。这个架桥原则使共识成为可能,并确保任何这些规范,作为表达一个普遍意愿的有效性而被接受。"①后者的准确表述是:"任何有效的规范必须满足如下的条件:所有相关者都能接受,对其的普遍遵循产生的结果和附带作用,能满足所有人的利益的预期(并且这些结果是优先于那些已知的有可替代的可能性的控制)。"②而关于第一个原则,哈贝马斯后来于《在事实与规范之间》一书中对之有所修正,认为自己之前没有对道德原则和对话原则(D)做出足够的区分,因为对话不一定就是围绕"道德问题"而言的。他指出,对话原则(D),即"有效的只是所有可能的相关者作为合理商谈(对话)的参与者有可能同意的那些行动规范",它"采取的是普遍化原则的形式。就此而言,道德原则履行的是论辩原则的作

---

① Jürgen Habermas, " Discourse Ethics ", in *Moral Consciousness and Communicative Action*, translated by Christian Lenhardt and Shierry Weber Nicholsen, p. 63.

② Ibid. , p. 65.

用"①。由此我们可以理解,哈贝马斯的对话伦理学,强调的就是对话为什么并没有停留在单纯的论辩原则那里,而走向了一种"交往行动"的规范之共识。② 在他看来,这种在对话的普遍化原则(U)上的"共识论证",已经预设了一种认知主义的规范约束。③

不过说到底,这种"共识论证"之所以是有证成的,其原因有如下两点:一是"决定性的理由必须是原则上能够为每个人接受的";二是"这些行动规范只有在对不同利益作同等考虑的视角之下,才是有可能进行证成的"。④ 至此,我们可以看出,哈贝马斯的对话,其实预设了一种强调行动规范的认知因素(客观理由与普遍视角)的证成,其核心即在于普遍化原则的可接受性。而在他的"真理共识论"中,真理的概念也在理想化的理性意义上,被"理解为在严格的条件下经过论证的可接受性"。⑤ 后来尽管他对此有所修正,并认为不能把真理性和合理的可接受性混淆起来,不能"试图用理想的可接受性解释真理",但我们还是可以看到,在他那里的真理与证成之间的"内在关系":前者试图超越后者的特殊语境,但在实践对话上,它依旧离不开

---

① 哈贝马斯:《在事实与规范之间》,第132–134页。
② Jürgen Habermas,"Discourse Ethics",p.100.
③ 哈贝马斯:《合法性危机》,第110,115页。
④ 哈贝马斯:《在事实与规范之间》,第133页。这里,译文略有变动,即把"辩护"改为"证成"。
⑤ 哈贝马斯:《后形而上学思想》,第159页。

后者:"对话就这样成为各种洗衣机,过滤出对所有人都能合理接受的东西。"①

　　关于哈贝马斯和罗尔斯之争,我们将在下面第四章专门探讨哈贝马斯的"道德的视角"时给出更为深入的检讨。在这里,我是想从他们共有的"共识论证"出发,来进入公共证成的可接受性问题的讨论。不难发现,在对可接受性的"共识论证"之基本意义上,哈贝马斯也是非常强调公共证成的,或者说为公共证成提供了一个与罗尔斯相比略显曲折的进路,尽管他更愿意称之为理想的对话(言谈)语境,普遍有效性的主张。这就向我们提出了一个主题比较的问题:单就可接受性问题而言,哈贝马斯和罗尔斯的本质区别在哪里呢?

　　在哈贝马斯那里,除了预设了证成的可接受性与真理的内在关系之外,他还注意了证成概念的语义学意义和语用学意义之不同。在《道德意识与交往行动》(1983)一书中讨论"对话伦理学"时,哈贝马斯认为,"只有预设了一种证成的语义学概念,它导向的在陈述和纯粹建立在逻辑推理的概念之间的演绎关系,才会出现。(但是)对于在论辩语言行为之间的语用学关系的那种阐述而言,这种演绎的证成概念明显是太狭隘了"②。由此,我们不难明白,尽管与罗尔斯把证成的概念使用到政治上不同,哈贝马斯同样突破了证成的语义学意义而更为凸显了它的语用学意义,尤其在道德原则的证成上。

---

①　哈贝马斯:《对话伦理学与真理的问题》,第54页。
②　Jürgen Habermas, "Discourse Ethics", p. 79.

不过在他看来，罗尔斯的当代道德理论(比如"反思平衡"这个概念)，"并没有进一步提供道德原则的证成而是用重建前理论的知识(pretheoretical knowledge)来满足它们"①。这可以告诉我们，道德原则的证成若不是认知主义的(cognitivism)，它就会如认知主义的怀疑论者所断言的那样是不可能的，因此也是很难被真正接受的。因为有明白，讲原则，才会真接受。考虑到罗尔斯认为证成的基本属性或主要旨趣，在于对正当性原则的一致性接受，也就是哈贝马斯所强调的在普遍化原则(U)上的可接受性，我认为，在可接受性问题上，哈贝马斯和罗尔斯的最后区别其实不是太大，因为他们都试图诉诸一种"共识论证"。

若二者存在着特殊的本质区别的话，我认为就在于以下两点：一则在语用学的对象上，哈贝马斯那里始终未放弃"道德证成"，罗尔斯那里后来转向了"政治证成"。在实践理性的"道德的"意义上，前者对可接受性的普遍要求和需要，明显要高于后者；二则在认知主义的程度上，哈贝马斯认为罗尔斯的公共证成没有诉诸认识论的权威，没有考虑到不仅"证成问题"是一种有效的认知活动，而且之后的"应用问题"理应同样如此。② 若用他在批评罗尔斯政治自由主义的第

---

① Jürgen Habermas, "Discourse Ethics", pp. 78–79.
② 以上这两点不同，均可参见哈贝马斯的一篇铭文：《论实践理性的实用意义、伦理意义和道德意义》，载《对话伦理学与真理的问题》，第60–95页。另可参见 Jürgen Habermas, *Justification and Application*, pp. 1–17.

一篇文章《通过理性的公共运用所作的调和》(1995)中的话说,罗尔斯不能把"证成问题"和"接受问题"混淆不分地等同起来,一种理论的内部的可接受性毕竟不等于理论外部(比如"前理论知识")的实际接受。它们二者之间的距离,仍然需要一种认知主义的共同视角(哈贝马斯所伸张的"道德的视角")来消除。总之,在哈贝马斯看来,"对罗尔斯来说,道德实在论和价值怀疑论同样都不可接受。他想为规范性陈述——同时也是为整个正义理论——寻求某种形式的道义约束力,这种约束力建立在得到证成的主体间的承认之上,但又没有赋予它们以一种认识论的含义(epistemic meaning)"①。而在《合理的对真理的,或世界观的道德》(1995)这篇再回应的文章之中,哈贝马斯更是如此直言道:"因为以这种方式(康德的义务论传统)选择的原则和规范要求普遍承认,一种程序正确的共识必须在一种认识论的意义(epistemic sense)上是理性激发的。这些理由导致的结果必须具有认识论的权重(epistemic weight),并且不可能简单地表达成按照某个特殊的人的既有偏爱去做的理性。"②不难明白,一种规范性理论之所以具有可接受性,不过是因为它已经得到主体间的普遍承认而不是出于个人偏爱或特殊需要,而承认(recognition),不言自明地预设了认知(cognition)的意义。在这种认知的内涵上来

---

① *Habermas and Rawls:Disputing the Political*,p. 37.
② *Habermas and Rawls:Disputing the Political*,p. 97.

看公共证成的可接受性问题,我们或许可以像罗尔斯那样把可接受性视为可证成性,但这种可接受性,必须在合法性的证成系统 S 中是有效的:"在 S 中有效,仅仅是说,每一个接受 S 的人,即接受一个神话或者一种宇宙起源说或一种政治理论的每一个人,也必须接受在有效的合法化中所陈述的根据和理由。"①进而言之,可接受性除了要响应更好的根据或理由的"证成的水平"之外,且要与那种普遍承认的合法性(正当性)原则保持一致。

按照罗尔斯,公共证成是一种诉诸"可接受性"的实践活动,它要求一种规范的"政治性观念"(比如,政治正义及其原则,包括公共理性的原则)可以得到合理公民的共同接受。一言以蔽之:在罗尔斯那里,他是用普遍而广泛的"反思平衡"而得出的可接受性来定义公共证成的,后者要求的普遍可接受性,是就一种规范的"政治性观念"而不是"整全性学说"而言的。在《作为公平的正义:政治的而非形而上学的》(1985)一文中,他的原话是这么说的:"一种可接受的政治性正义观念,经过在所有普遍性层次上的恰当反思(或我在其它地方提到的'反思平衡')后,必须与我们深思熟虑的信念相符合。"②我们由此可以得出这样的判断:作为公共证成核心特征的可接受性,归根结底是出于那些为人们普遍确信的、可被共享的、通情达理的信念,

① Jürgen Habermas, "*Legitimation Problems in the Modern State*", in *Communication and the Evolution of Society*, p. 184
② John Rawls, *Collected Papers*, p. 393.

它不诉诸真理,而只要我们在慎思之后相信它为真。在这个意义上,公共证成确实不是认识论的。但是,在此就会有一个根本的问题:从本质上说,作为一种善观念的信念,可以是一种正确的政治理由或公共理由吗? 罗尔斯的"反思平衡"告诉我们,我们需要在正当与善之间达成契合论证,但是他又认为,社会的统一和稳定不能建立在对相同的善观念的接受之上,而是建立在对政治正义的观念的公共接受之上。只要我们援引公共理由,来表明这种政治正义的观念对社会框架体系的安排是可接受的,那么,它就是有公共证成的。①

对于上述说法,内格尔给出了进一步的补充说明。他认为公共证成诉诸的深思熟虑的信念之根据而不是真理,也有可能是客观的或正确的。其论证如下:"公共证成有这样一种预期:如果没有分享你的信念的人是错误的,那么就有可能以一种非循环的方式对他们的错误给出一种解释。就是说,这种解释不应降低为仅仅断言他们不相信(你所相信的)真理,而应当根据他们的证据中的错误,或他们从这种证据得出结论中的明确错误,或论证、判断等等方面的错误,解释他们的错误信念。"②

这里的意思其实就是说,信念是有正确与错误、主观与客观、个人与非个人之分的。公共证成不必主张自己的主观确信就是一种真

---

① John Rawls, *Collected Papers*, p. 305.
② [美]托马斯·内格尔:"道德冲突与政治合法性",第40–41页。

理,但它必须要有正确的理由让人们来共同接受它的共同根据之所在,即把私人信念交给公共领域来证成。易言之,公共证成必须检讨私人的信念或信仰,它的可接受性之规范要求,在于可以接受他人基于公共理由的批判与检验,从而使得政治证成能够诉诸于正确的共享的信念处在"客观的地位"之上。由此,可接受性问题,就已经不仅仅是主观确信的个人问题了,而有了公共的客观标准的规范意义。尽管我们对此依旧会有争议,但是我们总要承认,"证成和主体间的同意并不是一回事",而且,"在政治论证中诉诸真理的前提是信念与真理之间有一种客观的区分,这种区分是可以被运用的,或者至少是可以从一种适合正在进行的论证的公共立场加以理解的"①。内格尔之所以这么说,是因为在罗尔斯的意义上,许多"整全性学说"往往会诉诸自己的真理性,并以此来衡量或决定"政治证成"的可接受性之主张,从而僭越或违背了关于"政治性观念"的共同理解(或"公共了解")的客观基础或公共立场。从后者来说,当我们相信诸如正义、自由和平等这样的"政治性观念",这些未必是真理的信念可以从主观走向客观,并能在公共领域中被正确地区分或分离出来,并让之自立成一个被人们普遍承认或一致接受的政治实践的共同基础。总之,这就是公共证成的必需之义,而那些"整全性学说"却很难具备之。

---

① 同上书,第44—45页。

从内格尔的非个人的客观主义立场来看,个人确信尽管对他(她)自己而言是可以合理接受的,但它的这种可接受性,未必就符合政治的公共证成所要求的普遍而合理的可接受性。比如,在宗教学说的特殊情形中,"公共证成的条件就把私人领域中的不同价值具有的重要性颠倒过来了。对于一个信徒来说,拯救是比自由更为重要的,尽管在政治证成中,他也许并不能用拯救的重要性来证成对自由的限制,因为自由是一种可被公众接受的价值,而拯救则不是"①。如果我们考虑到政治共识的原则的可接受性,我们就能明白如下两点:

第一,诸如自由或正义这样的政治性观念 A 和诸如基督教这样的整全性学说 B,它们之间坚持或信奉的原则是不同的。从公共证成基本的"共识论证"路径来说,只有 A 的自由或权利优先原则而不是 B 提供的拯救第一原则,是更有重要性的,也更具有公共性、普遍性和客观性的。因此,A 不仅能赢得我们主体间的一致同意,而且具有普遍合理的可接受性。不难看到,虽然 B 也承诺自己具有一种普世性关怀,但在充斥着大量的合理分歧的多元论事实的现代社会,我们显然不必接受它可以给出的那种宗教的而不是政治的关切大纲。这就是说,B 与我们的公共证成相距甚远。例如,我们可以同意你具有信仰基督教的权利,但我们不必接受你声称的拯救原则可以高于

_____

① ［美］托马斯·内格尔:"道德冲突与政治合法性",第46页。

自由原则。因为后者的可接受性更能赢得非基督徒的同意或认同，而且，它更适用于在任何受众之间进行政治证成的工作。

第二，在私人的信念（或信仰）的领域 R 和公共的政治领域 P 之间，我们必须做出根本的区分。毋庸置疑的是，P 是更具有"公共理由"的，而且，在它那里可以公开而透明的"政治价值"（比如政治正义和"公共理性"），是一种我们之前阐述过的"合取命题"与"优先命题"之题中要义。在现代性以降的政教分离原则之下，我们必须区分什么是政治的与非政治的。很显然，现代的政治社会或政治共同体，已经无法奠基在诸如基督教这样的整全性学说之上。我们可以接受它作为一种私人信仰，或者说与上帝的一种隐秘关联，而进入我们的伦理生活领域，但是，它的可接受性，却再也无法是整全性或总体论的。比如说，政治神学可以把上帝或某种被神化的"奇里斯玛"型人物，视为合法性（正当性）的来源或统一性的标准，但由霍布斯的政治哲学所揭橥的政教分离原则来看①，前者的可接受性显然不再有多少"公共理由"或"共同根据"了，也很难再向我们贡献出多少可被接受的政治价值。当然，你可以优先接受 R，但当我们不得不在 R 与 P 的可接受性做出某种比较时，前者的优先性大概只能诉诸"我相信"而不是"我知道"。尽管公共证成的可接受性也可以被归为一个信念问

---

① 关于政治神学和政治哲学的分别，以及大分离的问题，一个相关的简略讨论，可参见孙守飞：《为什么是政治神学?》，载《读书》，2011 年第 8 期。

题,但是,这个信念绝不是只有"我相信"或"我们相信",而且还包含了"我知道"或"我们知道"。在后者的认知意义上,就算有人相信在R中无人不是"圣经的后裔"(H),但是,我们显然知道,这种相信是与作为一个"论语的后裔"(K)的相信是截然不同的,因此,R很难被K所接受。而对于P而言,在"宗教宽容"的历史这样一个"定点"之上,它的可接受性无疑比R更大。

不过,在可接受性问题上,我们仍然需要追问:"我们相信"与"我们知道",到底哪个更为重要一点呢? 如果从罗尔斯的"原初状态"上来说,它们大概都不重要,重要的是一种被一致同意与共同接受的正义或正当的原则如何可能。在"原初状态"所预设的"无知之幕"之下,那些虚拟的代表不是真实世界的"我们"。这个"我们",大概只有在"重叠共识"的诉求中才真正出现。然而,一个两难的问题就出现了:如果一个人坚持信奉一种"整全性学说"(比如儒家学说),并认为它无法与一种"政治性观念"(比如自由民主观念)相容时,这个人如何也成为"我们"中的一分子呢? 罗尔斯是用"合理公民"这种政治同一性来回答这个问题的。不难发现,他喜欢以《圣经》中的保罗为例:尽管后者认为自己在一个路口站起来之后,再也不是过去那个扫罗了;但是,在政治和法律的外在身份上,我们还是可以接受他们是同一个人。对此,罗尔斯说道:"由于我们是在寻求政治制度和社会制度的公共证成,也就是对政治和社会世界的基本结构的证成,所以,我们将个人看成公民。这赋予每一人相同的基本政治地位。"①我们"知道",他这是在特别强调政治的理由而不是宗教的理由。只是,如果我们的"相信",还有其他更有深刻的、让我们内在一震动的"基础理由"(grounding ones),我们为什么要相信这种"肤浅的"(superficial)政治理由呢?② 就算"我们的相信"并不具有足够的可接受性,但它可以是合理的,而且更能赢得我们的实际接受。

在《公共理性理念新探》(1997)这篇在其思想生涯最后的文章的结论中,罗尔斯其实认识到了"重叠共识"仍然是"一个令人头疼"的问题。③ 之所以如此,在我看来,就是因为"相信"而不是"知道",可能仍然无法完成"我们的观点",仍然会把"可接受性"问题置于某种无力问天的根本冲突之中。罗尔斯试图用"具体规定公共理性及其内容的本质性要素的"相互性标准(the criterion of reciprocity)④,来伸张正义这种"政治性观念"(P)与"整全性学说"(C)之间并不冲突,而且,他还有一个意思是:(C)不如(P)更符合这个相互性标准,因此更容易引起冲突。如果(C)不接受(P)的限制和允许,不符合这种相互性标准,(C)就是不合乎理性的,因此也就是不可接受的,只

---

① John Rawls, *Political liberalism*, p. 481.
② Ibid. , p. 487.
③ Ibid. , p. 485.
④ Ibid. , p. 483.

能摒弃之。但这里的问题依旧没完没了：

第一，如果是（C）是合乎理性的，难道它就一定会接受（P），与之达成"重叠共识"了吗？

第二，就算（P）满足了相互性标准，可以与（C）发生相互性的关系，但如果这只是（P）的一厢情愿，又如何是好呢？

其实，这会带来这样一种后果：就算（P）比（C）更具有合理的可接受性，后者就是不愿意接受前者，那么，就不是前者摒弃后者而是相反了，由此也就毫无"重叠共识"可言。或许在（C）看来，（P）的这种相互性标准，不如一种更有决定性的内在主义标准。这就是说，到底是谁把谁变成"我们"的一分子呢？若（P）承诺自己的可接受性正是秉持着一种内在主义标准，那么，它与（C）之间的根本分歧，就在于相信谁更符合这个标准了。

上述问题，罗尔斯只能诉诸合理公民的政治理性或公共理性的限制，也就是，只能把上述这些问题最后交给公共证成。但是，这始终是一个又回到"三个向度"的问题：如果公共证成的可接受性，只是就"我们"而言，而非就"他们"而言，它要如何实现内外之间的融贯论呢？我们之前已经说过，如果政治性的"基础论"反对它与整全性的"融贯论"，那么，公共证成是实现不了的。公共证成无疑是针对"整全性学说"而言的，且建立在一种规范的"政治性观念"已经从"整全性学说"分离出来的前提之上。但这个可以被共享或互认的前提，很容易遭到"基础论"的反驳，除非前提和基础之间可以融贯起来,或者说,它们二者之间可以交往、互通,进而结构关联起来。这是如何可能的呢? 在这里,我能给出的回答是:如果单纯诉诸"我们相信",这当然是不可能的;而如果诉诸"我们知道",进而也让"他们知道",在都"知道"(通过公共推理而明白)之后就算一时看不到共同的实践行动(还没去做),但至少可以把他们纳入到我们的"内在主义的知识论"中了。这样的话,公共证成的可接受性,至少从认识论上是能解决内外之别或敌我之分的问题了。不过可惜的是,一如约瑟夫·拉兹(Joseph Raz)所说,罗尔斯的正义理论不仅具有"肤浅的根基",还是基于"认知节制的",那种由其而出的可接受性"不可能是其主要优点",而且,这二者因为无效要一起被放弃。①

## 第四节 认知节制

必须承认,上述公共证成的可接受性问题,我们对它的分析、判断与解答仍然有未尽之思。在罗尔斯的著述中,我们未曾看到他有

---

① [英]约瑟夫·拉兹:《公共领域中的伦理学》,第72-73页,86-87页。

过专章专文处理过这个问题。① 不过,在《作为公平的正义:一种重申》一书的第一部分,他终于把公共证成列为他正义理论的基本理念之一(此外,还有"原初状态"、"反思平衡"和"重叠共识"等)。这与他在《政治自由主义》一书中把"公共理性"视作他后期"政治转向"的关键词,还是不同的。在他那里,"公共理性"不是康德和哈贝马斯所共同主张的"理性的公共运用",而被专门用在了政治问题(主要是宪法根本与基本正义问题)上,即它的应用主题,或者说处理的对象。它的使用主体是自由而平等的公民,他的本性与内容要求通过公共推理来表达"政治的"正义观念,且须满足"相互性标准"。② 这样说来,我们即可下一个判断是:罗尔斯所讲的"公共的"理性,其实就是"政治的"理性;"公共的"这一形容词,毋宁说就是政治的"谓词",相反同样如是。于此,罗尔斯在谈到《民主与分歧》一书时,是坦然自认的:"在政治自由主义中,公共理性是纯政治的。尽管政治

---

① 关于可接受性问题的深入讨论,可参见 Noman Daniels, *Justices and Justification*, Cambridge Press, 1996. 尤其是该书 Part I 的第 2 章与第 5 章。丹尼斯认为,接受理论在伦理学中有两种进路:一种诉诸理查德·布兰特的"直觉主义",另一种就是罗尔斯的"反思平衡"。但后者是一种道德经验论吗? 我是怀疑的。因为,"反思平衡"虽然从既有经验出发,但仍然要合于共有共享的根本原则。而原则,尤其是一种实践的正义原则,往往不单是从经验中概括出来的(经验主义),它毋宁说遵循的主要是康德的实践理性,需要先天的综合判断(或者综观理解),甚至是类似于"定言命令"的建构主义。后者大概仍然具有可接受性,尽管这种建构需要公共的经验基础。

② John Rawls, *Political liberalism*, p. 442.

的价值也具有内在的道德意味,而古德曼和汤普逊的解释却更一般化,似乎是作为一种整全性学说来发挥作用的。"①

作为"公共理性"目的的公共证成,也是就"政治性观念"而不是"整全性学说"而言的。尽管"对于公共理性的理念来说,最重要的一点,它既不必批评也不攻击任何整全性学说,包括宗教的学说和非宗教的学说,除非该学说与公共理性和一种民主政体的本质不相容"②,但是,"公共理性"和公共证成在如下这一点上是相同的:无论是何种合理的"整全性学说",它们都应当接受一种规范的"政治性观念"——笼统地说是"政治的正义观念",具体特指"一种宪政民主政体及其可兼容的正当性的法律理念"。至于它们之间的不同,我认为,那就是在"可接受性"的特殊强调上。可以说,"公共理性"的标准不是"可接受性"而是"相互性",尽管它的基本要求是:自由而平等的合理公民,都会去一致接受合乎理性的政治观念或公平合作条款。③ 但公共证成却不是这样。

在《作为公平的正义:一种重申》一书中,罗尔斯对公共证成有了一个系统的定义。在这种定义中:他强调,秩序良好的社会在于共同接受相同的正义原则,以便在共享的基础上相互证成彼此的政治判断,达成政治共识与社会合作;他认为,公共证成不通过于"有效的论

① Ibid. ,p. 446.
② Ibid. ,p. 441.
③ Ibid. ,p. 446.

证",后者虽然意在把特殊判断与观念的总体结构结合起来,但它仍然不如前者。原因就在于:"当前提和结论在适当的反思(due reflection)中,对于分歧状态的所有各方都是不可接受的时候,有效论证就不足以达到公共证成。要使作为公平的正义走向成功,它不仅对于我们自己深思熟虑的信念,而且对于其他人如是的信念而言,都必须是可接受的,并且在任何层面的普遍性上和或多或少的广泛而普遍的反思平衡(wide and general reflective equilibrium)中,都是如此。"①如果我们再考虑公共证成的主要目标,是在自由而平等的公民相互尊重的立场(footing)上,就规范的政治的观念和根本政治的问题(比如宪政实质)达成一致的意见或民主社会的合作条件②,那么,我们可以说,公共证成之所以把可接受性视为其标准,当然是就政治的"最有争议的问题"(the most disputed questions)而言的。从辩证统一的观点来看,解决争议问题的方式,就是要追问这个问题是否可被公众接受(前提),其答案是否可被公众接受(结论)。简言之,就缩小政治分歧、解决政治冲突,进而实现政治共识和社会合作的公平条件的政治目的而言,就不得不借助公共证成这样在一致的前提和结论上诉诸可接受性的理念,让参与进来或身处其中的各方,都能检视他们原有坚持的与规范的"政治性观念"相背离的信念,修

---

① John Rawls, *Justice as Fairness: A Restatement*, pp. 27–28.

② Ibid., p. 28.

正自己原先的政治立场、判断和观念,进而在反思平衡中通达普遍合理的可接受性。尽管,它也必须满足相互性,但这一理念蕴含的核心问题及其基本意识结构就是:谁之证成,何种可接受性?

对上述这个问题前半部分的回答,我们之前已经言及,它的理想主体当然是自由而平等的"合理公民",具备形成正义感和修正自己善观念的道德能力。它的一般主体,可以说就是我们这些在政治领域(或政治问题)的对话或交往行动中的参与者和观察者,不然就无所谓公共而言。但在对哈贝马斯的回应中,罗尔斯显然不认为政治领就可以等同于"公共领域"或"公共空间"。说到底大概是因为,政治主体的同一性,只能在"公民"的合法律性之共有资格上才有其可能性与可行性。而且,从他们所具有的实践理性来说,他们的自我理解或自我确认要想成真,就必须要在一个政治-伦理的共同体中,相互证成自己的有效性主张或趋于规范的价值判断。概而言之,公共证成的主体,必须响应"公共理由";它毋宁说在最小值的意义上是"互为主体"结构的,或者说应该是主体间性的,即必须是"为了我们"而不是仅仅为了自我的。不难明白,任何一种"为了我们"的理论或关切大纲,里面所设想或预定的"为了我们",必须是现实中的"我们"(包括你、我、他)都可接受的,否则就无所谓公共证成。

不过,我们可以证成一种规范的"理论"具有可接受性,也可以因为证成的主体是"我们"而有了公共性,但回到哈贝马斯那里来说,可接受性不等于实际接受,证成问题不等于应用问题,后者的具体实指是政治社会的"稳定性问题"。概而言之,公共证成在罗尔斯那里是政治的实践面向的,但让人总是觉得有点不够通透的地方是:他无法借助这个理念,打通理论与实践、规范与事实之间的二元距离。由此来说公共证成的可接受性问题,我们必须回到罗尔斯对"政治的"与"形而上学的"(真理)区分和抉择上来。如果诉诸可接受性,真如约瑟夫·拉兹所讲不可能是他政治的正义理论的"主要优点",这是为什么呢? 现在,我们就从拉兹所讲的直面多元性的"认知节制"开始说起。我们由此进一步理解,罗尔斯的"公共证成"其实暗含着一种"内在主义的知识论",但这种知识论或认识论,是否就必须是节制的呢? 是否就只能被用于处理"稳定性问题"了呢?

按照拉兹所讲,"罗尔斯的认知节制在于这个事实,他不去主张他的正义学说是真理,理由是如果它是真的,它的真值必定派生自深刻的并且很可能是非自主的根基,即派生于某些健全的、完备的道德学说。断言正义学说的真值或者是主张其真值是接受正义的理由,这将否认罗尔斯整个事业的精神"①。他的这番判断或结论,是建立在真理的真值与政治的正义学说的关系之上的。在他看来,没有无真理的正义学说。也就是说,他是主张正义学说没必要去避免承诺整全性的真理主张,或者克制对后者的真之诉求。如果是这样,这种正义学说在认知上就是节制的,而这大概就会陷入认知的片面性或

---

① [英]约瑟夫·拉兹:《公共领域中的伦理学》,第76页。

失真之问题。确实,在罗尔斯那里,为了应对合理的多元论事实的多样性,追求一种一致性(agreement)的"重叠共识"或"公共基础",这种政治实践的目的必然是"只能以认知距离为代价才能获得"。① 但是,这种"认知节制",难道可以放弃"真之追求"或者说"真之谓述"了吗?② 进而言之,当一种正义学说追求"重叠共识"的社会稳定性作用,这种追求难道就一定比"真之追求"更为重要或优先吗? 就算是这样的,我们就可以放弃后者,或者避免涉及在后者上带来的分歧或冲突了吗? 我们看到,拉兹认为罗尔斯的"认知节制",就未必"意

---

① [英]约瑟夫·拉兹:《公共领域中的伦理学》,第77页。

② 关于这一点的专业表达,可参见奎因的《真之追求》和戴维森的《真与谓述》二书。这里限于主题和个人有限的学力(非专业或科班出身),不做深入讨论,仅仅提及后者基本的观点之一:谓词对一个句子的真,起决定作用。在主词(比如政治)与谓词(比如真)之间的联系中,有三种谓述是戴维森所反对的。一是把谓词作性质让之包含在主词间,二是把谓词当作函数表达式,三是以主词为例但谓词为核心。我认为,罗尔斯的"认知节制"大概是第三种"谓述"的情形。例如这样一个句子:一种政治性的观念不必是真的,只要它是可接受的。非真的和可接受的,是两个谓词。它们决定了主词"政治的观念"。但按照戴维森,这个主词只是一个示例。还有其他主词例子,诸如一种整全性学说(儒教、佛教、基督教等)。在这个意义上来看罗尔斯的"认知节制",显然,它的实践目的,必须考量他给定的主词和其它主词之间的认知平行问题。不能因为它是实践的,就用实践来压倒认知的纵深维度。否则,在认知的权威阙如或不够的意义上,人们很难于两种主词之间做出最终的有效性或规范性的取舍。"公共证成"的可接受性问题,显然是应该放在认知主义之上来看待的。这就需要我们重新来审视罗尔斯的"内在主义知识论"基础,而不仅是道德实践的基础。

味着他的学说,即使是假的也要接受"①(尽管真假对可接受性而言并不重要),但是他仍然觉得"认知节制"不应该局限在"肤浅的根基"之上,而应该"挖得更深"一点。这就又回到了公共证成的可接受性问题上来。

在拉兹看来,罗尔斯正义理论的两个实践性的特征是:"肤浅的根基"与"认知的节制"。这两个特征是"自然伴侣"。这是不难理解的。我们知道,在罗尔斯那里,过去那种以"整全的学说"为深沉的甚至是终极的根基的政治观念,已经再具有"证成性"之作用,无法赢得现代性社会中的公民共同的接受。如果人们仍然陷入深沉的根基之中,那么,这种判断的负担或认知的代价显然是太大了。而且,一般人也不愿意如此。为了赢得人们的接受进而在政治上达成共识,实现社会的稳定与合作目的,罗尔斯采取了"认知节制"的回避方法。说到底,拉兹所看到的这两个特征,都可以划入可接受性问题。

在此,请允许我们以崔健的一首歌曲《光冻》为例。尽管崔健认为自己的音乐不是那种"服务性"的流行娱乐,而是一种"表达性"的言说力量,但我们从这首歌的歌词与言说形式可以看出,我们并不需要一个博士学历或者一种多么高深的文化基础,就可接受它向我们表达的公共性或政治性之意谓。易言之,《光冻》的"可接受性"之所以可以被公众证成,并不仅仅因为它的作者或主体是"摇滚之父"崔

---

① ［英］约瑟夫·拉兹:《公共领域中的伦理学》,第84页。

健。就算是一个不知道崔健的人，听到这首歌，也会因为它那"肤浅的根基"与"认知的节制"，而很容易就去追问它到底要向他表达什么，进而接受那种非压缩性的时间或无禁锢性的空间。这个例子在以常识或直觉信念为基础的"公共推理"的意义上虽然很简单，但正是这种认知的简明性（simplicity）或透明性（transparency），恰恰是罗尔斯比较在乎的。这也是罗尔斯一以贯之的。不难发现，认知的透明性原则，在他后来的政治自由主义那里表现得非常明显，但最初他在证成正义两个原则时毋宁说也是如此，因为后者的证成必须具有普遍合理的可接受性①;尽管从一种"内在主义的知识论"来看,它是颇为严格的、复杂的或抽象的。总而言之,罗尔斯正义学说的这两个特征可被合二为一,即必须具有普遍可接受性。只是,这种可接受性

---

① 不过,拉兹却称之为"价值透明性"论题。参见 Joseph Raz, *The Morality of Freedom*, p. 269. 在罗尔斯那里,虽然他在《正义论》中反对罗斯的直觉主义的自明原则,虽然他的"反思平衡"反对"常识性原则"或"更明显的学习原则",但是,他仍然坚持原则的选择或制定,必须是以"可接受性的方式扩展了它们"。这里的它们,指的是一些直觉信念的"暂时定点"。他还认为,"原初状态"的可接受性条件,可以等于实际接受的条件。(参见 John Rawls, *A Theory of Justice*, pp. 47, 20–21.)尽管这个观点如果可以成真,必须要求认知的透明原则。在可接受的"无知之幕"揭开之后一切敞亮明白了,大家就会实际接受了。这种原则其实就是"认知节制"。它主要是为了响应公共条件或公共理由的需要。在《道德理论的独立性》(1975)一文中,他认为,公共性与限制两个实践的"形式条件"相关:"原则的简明性以及原则清楚确定的应用所需要的信息总量。"在此,他已经反对认知的复杂性及其应用信息的冗余了;认为复杂性的程度不能"超出公共性所划定的边界",而认知信息越少越能确立公共性,即越容易被接受。(参见 John Rawls, *Collected Papers*, pp. 294–295.)而在《道德理论中的康德式建构主义》(1980)一文中,罗尔斯在论述"公共性"的三个层次时,将之视为了普遍接受性,且可以通过"反思平衡"的充分证成的作用而实现。他强调了共享的公共推理方法,"是为人们的常识所熟悉的,它们包含了被广泛接受和无争议的科学的各种程序与结论"。(参见 John Rawls, *Collected Papers*, p. 325.)到了《作为公平的正义:政治的而非形而上学的》(1985)一文中,他直言说:他的"作为公平的正义"在哲学(形而上学)上"刻意地停留在表层"。而为了实现公共的理解,他第一次声张了"回避的方法"(method of avoidance),并认为整全性学说可以出于公共理由,在根本的正义原则上产生重合,并可作为自己的一部分来接受。(参见 John Rawls, *Collected Papers*, 395–396, 411.)但这样的政治共识而"重叠"出的可接受性,因为是部分的,显然是不够的。由此,政治观念的普遍可接受性,是否可以压倒整全性学说的整全可接受性呢?出于"认知限制"的政治透明原则,前者显然无法是自明的或自足的。何况,"认知节制"被用来解决社会的稳定性问题。而这个问题,整全性学说不会认为自己是脆弱的,而反而会承诺自己因为是整全的和深沉的,更有力于为之提供基础,尽管不一定是"公共证成"的普遍可接受性之基础。

的基础,到底是什么呢?它的政治证成之面向一定会是反认识论的吗?

在罗尔斯那里,这种可接受性的基础必须是公共的或政治的,它可以在既定的公共的政治文化所暗含的直觉信念或观念集合那里被合理公民发现,经过他们"广泛的反思平衡",进而被重叠地共识为一种自主性或独立性的共同立场(根据)。如果继续按照拉兹的提示,这种共同的可接受性的基础或参照标准,其实相当于同意原则;但这种原则的同意由于不见得是自由且周全的(informed),或者说很难是自明的或自足的,因此它的有效性约束力变得可疑,哪怕在它的受众那里比较"盛行"。简单说来,一种政治理论的普遍可接受性还是不应该建立在"肤浅的根基"与"认知节制"之上,况且,"反思平衡"本来就是"一种根本的证成方法,一种普遍适用的认知学说"①。这也就说,公共证成的可接受性问题,归根结底是出于"证成的政治"之观念,而后者必然需要规范主义的认知理由,或认知主义的规范理由。这种理由是"反思平衡"所给出,但未必就能证实"重叠共识"。因为,人们实际接受的特殊信念和判断理由,往往如威廉姆·高尔斯敦(William Galston)所说是"任意和不可行的"②,未必就能达到深思熟虑的、广泛的"反思平衡",进而取得一致的或者周全(整全)的同意。

---

① [英]约瑟夫·拉兹:《公共领域中的伦理学》,第86-87页。
② William Galston, *Liberal Purposes*, Cambridge Press, 1991, p. 109.

在整全性(完善性)与政治性之间的"认知距离"很大,不需要节制或回避了进一步深入沟通的可能性与可行性。

对于上述这些事关大体的商榷,我认为罗尔斯能给出的回应有下述三点:

第一,在他的"作为公平的正义"的政治而非仅仅是道德的理论中,"正义的原则并不被认作是自明的(self-evident),而是在它们将被选择的事实中得到证成,我们就可以在接受它们的理由(grounds)中发现某种有关它们是怎样被平衡的指导或限制"[1]。

第二,"反思平衡"的确是一种可发挥证成性之作用的普适的认知方法,但是,它的平衡性就在于,确立一种规导性和构成性兼具的约束(限制)条件,回避了那些无法借助认识论的"深海探测器"来解决的根本分歧与冲突。它只是被用来解决"政治理性"或"公共理性"的"海面上的"可行性之问题[2]。因此,我们不必为此承担太多的"判断负担"或认知代价。而政治问题,就算不是刻意停留在普遍可接受性的"哲学表面"上,也不属于形而上学的认识论领域,它至多采

---

① John Rawls, *A Theory of Justice*, p. 42.

② 这个"海面上的"可行性问题之比喻,不是无稽之谈。对此,可见于欧克肖特如是之言:"在政治活动中,人们是在一个无边无底的大海上航行;既没有港口躲避,也没有海底抛锚,既没有出发地,也没有目的地。事情就是平稳地漂浮;大海既是朋友,又是敌人;航海技术就在于利用传统行为样式的资源化敌为友。"在这里,可参见[英]欧克肖特:《政治中的理性主义》,张汝伦译,上海:上海译文出版社,2003年,第51页。

用了一种"内在主义的知识论"的通用手段。

第三,"认知节制"确实需要大家都可以接受的"肤浅的根基"(公共的政治文化),但正因为如此,对一种规范的"政治的观念"的"公共证成",才是既可能又可行的。也就是说,从"原初状态"进入"重叠共识",才不至于是"空穴来风",或仅仅是一种"屠龙之术"。后两者无论是哪一种都是"任意而不可行的",而"公共证成"诉诸可普遍接受的公共理由或形式条件,并不是如此,它的可接受性是有基本限制的(比如"优先命题"或"契合论证"中的"正当优先于善")。之前我们已经实际论述过:不是什么特殊的信念或理由体系,就可以被合理公民所共同接受的;进一步说,整全性学说再怎么好或再怎么完善,它都不如政治性观念所拥有的公共证成的规范意义。

在以上三点中,我们需要搞清楚的主要是第二点:公共证成的可接受性问题,还能是认知主义取向的吗? 它背后的"内在主义知识论"到底是怎样的呢? 要想周全地回答这两个问题,大概需要越过政治哲学的独特畛域,进入到诸如学习理论、知识论、现象学、心灵哲学和元伦理学①(比如摩尔、罗斯、艾耶尔、查尔斯·史蒂文森、黑尔、麦基、伯纳德·威廉斯和帕菲特等人所做的工作)的巨大而深邃的背景共识或"视域交融"中来。不过,这里限于学力和篇幅,我打算从我们之前提到的罗德里克·齐硕姆(Roderick Chissholm)的"内在主义知识论"来展开一点相关讨论,之后经由哈贝马斯的认知主义立场与后形而上学条件,来审视罗尔斯的公共证成的可接受性与"认知节制"之问题。毕竟,哈贝马斯与罗尔斯之争,是本书的主要议题;而这个

---

①　这里,仅简单提及一下元伦理学(Meta-Ethics)。据说,其有三大流派:直觉主义、情感主义和规定主义。它们对伦理学之"元"的问题,即我们道德概念和道德判断的逻辑结构或语言意义到底从哪里开始,纷纷给出了不同的"形式主义"之语言分析。罗尔斯站在"后康德"的建构主义立场上,在《一个伦理学决定程序纲要》《道德理论的独立性》《正义论》等著述篇章中,批评了罗斯的直觉主义和西季维克的效用主义,尽管他比较在乎元伦理学所采用的语言分析之方法,也属于"分析的伦理学"之进路;但显然的是,他的"道德理论"之独立性的目的,与摩尔所讲的"伦理学的直接目的是知识,而不是实践"截然相反。尽管他也在乎一种融贯论的整体观念结构,但这与黑尔关于道德语言的整体规定主义颇为不同。至于艾耶尔、史蒂文森(Charles Stevenson)等人的情感主义(后者有《伦理学与语言》一书),不是罗尔斯所主目的。后来,他的学生玛莎·纳斯鲍姆(Martha Nussbaum),基于古希腊的传统伦理资源,在这一点上做得很好。于此,可参照后者2001年的成名作《善的脆弱性》(The Fragility of Goodness)、2013年的《政治情感》(Political Emotions：Why Love Matters for Justice)以及2016年的《愤怒和宽恕》(Anger and Forgiveness)等书。但在我看来,更胜一筹的是伯纳德·威廉斯的《羞耻与必然性》和《伦理学与哲学的限度》二书。尤其是后一本书,对元伦理学不啻是一次集中的"恐怖袭击"。在这一点上,他和帕菲特在《论重要之事》中所做的有相似之处。但他无疑是天才式的,深谙"出其不意、攻其不备"之堂奥。

议题的切入口,仍然是就一种规范的"政治性观念"而言的"公共证成如何可能"的基础(非基础主义)问题。

出于一种举重若轻的考虑,首先,我们可以在齐硕姆的《知识论》中,这样来综观一下他的"内在主义知识论",之后将之引入哈贝马斯与罗尔斯之争:

第一,齐硕姆的知识论之所以是"内在主义"(internalism)的,是因为他的"明证原则",强调"通过自身而被理解"或者说"自我展现的状态",并作为证成一种知识与真理的终结点。[①] 我们知道,"内在主义知识论"一般主张:所有知识最根本的基础,在于个人心中那种自明的"基本信念"(该概念取自之前提及的苏珊·哈克,其与"导出信念"相对或连用)。比如,摩尔那个著名的"联结(铰链)命题"[②]:"我知道这是一只手。"如果不按照维特根斯坦的《论确定性》而是按照齐硕姆的《知识论》,这个命题依旧有待深思。它大概只能被表述为:"我相信这是一只手。"这种"基本信念"是自明或明证的,无须经验证据来证成,更是不可怀疑的。之所以如此,是因为这只手可以被任何一个人 S 自我展现出来。S 相信自己处在这种状态中,这不仅是可接受的,而且是合理的。进而言之,当 S 向别人展现自己的一只

---

① [美]R. M. 齐硕姆:《知识论》,第 51 页。
② 在这里,是如何向他人证成"我"与"手"之间的联结,即如齐硕姆所说的知觉之间处在相互联结和印证的关系之中,不然就无法回答那个苏格拉底问题:你怎么知道你知道呢?

手时,若别人问 S 那个著名的"苏格拉底问题",S 可以最终回答道:它是可信的。之所以可信,是因为如下两点:其一,S 记得知觉到手具有某一性质 F,那么,他确实记得知觉到手为 F 这个命题,和他知觉到手是 F 以及手是 F 这两个命题一样,对 S 来说,都是可接受的。其二,如果存在某一感觉特征 F,使得 S 相信知觉到手为 F,那么,他确实记得知觉到手为 F 这个命题,和他知觉到手是 F,以及某物是 F 这两个命题一样,对 S 来说,是合理的。[1]

　　第二,如果将上述每个人不言自明的"手",替换成每个人都多少具备的"政治的观念",那么由此,我们就可以来考察罗尔斯的"公共证成"。大概不难发现,它的可接受性与合理性(合起来即是:合理可接受性),是建立在内在的自明的信念和理由之上的。正如拉兹所说,固然罗尔斯"具有充分的经验证据知道,他的正义理论并没有为社会中的所有人作为自明的而接受"[2],但是,他试图诉诸公共证成的认知节制和可接受性标准,必然离不开内在主义知识论的基础。也就是说,尽管我们一般都相信这样或那样的"整全性学说",但这种信念还不足于为我们相信一种规范的"政治性观念"提供公共的共享的可信基础。毋宁说,"整全性学说"是游离于"政治性观念"的规范性理由之外的,抑或,后者的可接受性是有其本身所决定的,当且仅

---

① 　[美]R. M. 齐硕姆:《知识论》,第 97–111 页。
② 　[英]约瑟夫·拉兹:《公共领域中的伦理学》,第 76 页的注释。

当其可以出于一种自立性的"自我展现状态"之中,通过自身而得到公共的理解或普遍的了解。换言之,它只能是自明的,这种自明性的关键,就在于我们相信它是我们都"想要的"好(善);且这种公共善或共同善,只有在一种规范的"政治性观念"内部方能得到合理的呈现,而让我们都愿意接受。如此说来,罗尔斯之所以反对至善论,自然是因为它的"公共理由"是难以自明或自洽的。任何一种"公共理由",我们都可以相信它是真的,而且我们知道,它的自明性可以是认知节制的。

第三,尽管拉兹与哈贝马斯同样认为,公共证成如果真的可能的话,必须诉诸认知权威或真(理)之追求①,尽管拉兹和内格尔大体上相似地认为,规范的理由应当出于外部世界的客观价值或善性(goodness)②,但若为罗尔斯的"公共证成"作正面辩护的话,我们会说,在规范与事实之间的合理联结,只能是内在主义的。非如此不可,非如此则无法做到认知上的融贯和确定。这种认知的节制,自然是要避免陷入"整全性学说"的外在漩涡之中,即无须为之付出过多的认知代价,承受太多的不必要的"判断负担"。至于它是否要满足自反性的进一步要求,我们认为,如果一种被节制过的公共理由,一种内在主义的知识论基础,既然其共识出的前提和结论都是合理可

① Joseph Raz, *The Morality of Freedom*, p. 48.

② Joseph Raz, *Engaging Reason：On the Theory of Value and Action*, London：Oxford University Press, 2002, p. 69.

接受性的,且在"广泛的反思平衡"之中与我们的普遍的所有的信念是契合相应的①,那么,它无须考虑自反性这个问题。就一种内在主义的知识论而言,这个问题是自我消弭的。对于公共证成来说,其可能性和可行性,是通过"公共理由""反思平衡"与"重叠共识"联结在一起的;它的知识论基础,不是从"整全性学说"那里开显的,而是内在自洽的,且其证成性是自我具足的。当它被规范地运用于根本的政治问题或议题上,它只需要诉诸出于"自生之源"(self-originating sources)②的自由而独立的命题结构能力。这种试图通达一致性的政治共识之能力,并不是不考虑"整全性学说"的接受或认可,而恰恰是为了与它们达成不是权宜之计或临时协定(modus vivendi)的"重叠共识",在给定的合理的多元论事实的情形之下,尽可能地承认并减少"判断负担",从而让认知节制的"回避方法(机制)",获得具有普遍约束力的"规范性的地位"。③

第四,在之前对罗尔斯的政治自由主义的论述中,我们知道,哈贝马斯拒绝认为,罗尔斯的"重叠共识"可以证成一种规范的"政治的观念"的自主性或自立性,更认为后者混淆了证成性与接受性。之所以如此,就是因为他对罗尔斯的"二元论区分"问题(政治性和整

---

① John Rawls, *Justice as Fairness: A Restatement*, p. 32.

② John Rawls, *Collected Papers*, p. 407.

③ Ibid., pp. 35–38. 关于这一点的专深讨论,可参见哈罗德·格里门:《合理的分歧和认知的退让》,载《跨越边界的哲学》,第363–376页。

全性),尤其是区分政治的和形而上学的问题,存在着根本的认知分歧和不同的知识论进路。在《合理的分歧和认知的退让》一文的最后,哈罗德·格里门认为,认知的退让(或节制)是"政治乐观主义"的一个条件。① 但是对于哈贝马斯而言,政治的重要之事情可能不是这么简单,抑或,政治的根本问题往往令人乐观不起来。具体说来,当罗尔斯诉诸一种可被合理公民共同接受的"政治性观念"时,这种合理可接受性,难道真的可以回避认知的距离或代价吗? 在实践的政治性和真理的整全性之间,在规范性与事实性之间,它们的合理关联结构到底如何可能呢? 在认知上对它们做出区分,并节制住自己陷入"判断负担"的认知深渊,的确是可能的,也有其出于必要或重要的实践目的之考虑。但政治的立场或基础问题重大,它们不是罗尔斯那种回避的方法或机制就可以一劳永逸地打发掉的,即结束政治论争、分歧或冲突。可以说,哈贝马斯的担心是更有辩证法意味的,即强调内外之间、主体或主题之间的合理关联结构,不能只是自圆其说的。而且,他不认为一种正义的理论,仅仅诉诸一种内在的合理可接受性,就能够彻底万事大吉的。就算罗尔斯正义理论的内在主义知识论之基础,可以在公共的政治文化传统中发现并能够被合理地重构出来,这种知识论也不能是限定太多或规定太死的,仅仅满足于认知节制的"哲学表层"之上。

---

① 哈罗德·格里门:《合理的分歧和认知的退让》,第376页。

　　我们发现,在"后形而上学"的非基础主义的形式条件上,①哈贝马斯发展出了"对话伦理学"和"程序主义的政治观",并以此来回答,公共的政治的自主性与个人的私域的自主性,如何辩证统一之可能的问题。② 这种互为基源、同源互补的自主性的辩证之进路,并不是认知节制的,而毋宁说秉持着一种不断奋进和拓展的认知主义的立场或视角。这种立场或视角,当然和罗尔斯的公共证成一样,是反对过往形而上学的基础主义。但是,对于一种规范的政治观的"公共证成如何可能"的问题,哈贝马斯并没有让自己陷入在内在主义的知识论渊薮之中。在公共证成的基础之外,他的规范性的对话理论,显然把政治的认知视角推向了一个更有深度、广度和厚度而言的层面。在规范与事实之间,只有继续诉诸认知的普遍视角而不仅是实践的自立基础——"基础"与"视角"的辩证统一或结构关联——我们才好说,一种规范的政治观是如何既可能又可行的。这为我们下一章的具体论述表明了基本的归旨或方向,也使得我们开始正面地进入哈贝马斯与罗尔斯之争,并展现出应有的最为根本的方法论自觉。

---

　　①　关于"后形而上学"概略性的清晰之讨论,可参见哈贝马斯:《后形而上学思想》,第三章"后形而上学思想的主题",第27−50页。
　　②　相关的讨论,可参见应奇:《从自由主义到后自由主义》,第136−151页。

# 第四章　道德的视角

在《政治自由主义》(1996)一书中,我们不难归纳出罗尔斯的实践目的:把正义这种规范的"政治性观念",作为一种政治共识(一致性)的共同基础,通过诉诸公共证成的实践推理过程,将之自立或中立出来。但令我们有点困惑的是:在"政治性观念"与"整全性学说"之间,到底是谁为谁提供某种共同一致的基础,抑或某种共享共认的前提呢? 对于这个问题,拥有多样性解释视角的人们,无疑会提出自己的合理质疑。因此,他们在接受哪种独立的观点或学说上,难免会不一而足,尤其是当他们深处于合理多元论事实大量存在乃至纷争不断的现代社会之中。这也是哈贝马斯无可逃避地会遭遇到的基本挑战。但在面临这一种价值多元主义的"诸神之争"时,他并不像罗尔斯那样停留在被"建构"出来的"实体的二元论"中不可自拔,而是试图诉诸主体间性的交往和对话,"重构"出一种理解的认知范式(即实践哲学中的"对话转向"),在一种"证成的水平"之后,继续来追求一种新的"学习的水平"。尽管如此,他和罗尔斯的规范(政治的)理论,一样是反对那种本体论的基础主义和相对论的语境主义的。

在"后形而上学"的思想条件下,要想拯救现代性这项未竟事业的"规范性内涵",①不得不采用一种普遍有效性的认知视角,让其可以穿越合理多元论事实的迷雾,而又不丧失其"道德的"可取之处。在这个意义上来看哈贝马斯与罗尔斯之争,我们知道,他们都致力于在多元复合的社会秩序中重铸出一种规范的统一性认同和整合性共识,抑或,重新构建出一种理性的"实践同一性"(practical identity)②。但他们在处理"多"与"一"的辩证关系上,产生了"家族内部"之争。因此,在这一章中,我们试图在一种方法论自觉的意义上,提炼出这场"漫长的"(1995—2015)争论的核心所在,③并将之纳入"基础与视

---

①　[德]尤尔根·哈贝马斯:《现代性的哲学话语》,第392页。

②　[美]克里斯汀·科尔斯戈德:《规范性的来源》,杨顺利译,上海:上海译文出版社,2010年,第116页。

③　直到在2005年出版的《在自然主义与宗教之间》,哈贝马斯仍然没有"放过"罗尔斯的政治自由主义。尽管在2011年,有人为他们在1995年的这场实践哲学史上的大争论,编订的一本文集《哈贝马斯与罗尔斯:政治之争》(*Habermas and Rawls: Disputing the Political*)之中,他的回应显然对罗尔斯在2002年的提前逝去,有点怅然若失之无限意。不过,这似乎可以说明,罗尔斯作为一个哈贝马斯长期的学习和对话之对象,在后者的思想-学术生涯中,地位是如此重要。事实上,在1995年之前,哈贝马斯也受到了罗尔斯非常有益的刺激和影响,无论是在《道德意识与交往行动》和《证成与应用》,还是《真理与证成》之书中。我们由此也不难体会到,哈贝马斯那种"痛失我敌、痛失我友"(徐复观语)之感觉。

角之争"的理论解析框架。它将表明,哈贝马斯的罗尔斯批判背后,始终在于公共证成如何可能的问题。进一步说,如果一种自立的或中立的政治的"视角"(point of view or viewpoint,即观点)被立为共同的"基础",其究竟如何可能? 在这一问题上,哈贝马斯的"道德的视角",无疑可以为之提供一种可能更"正确的"或"正当的"的鉴照。但它远不是,那种已经过气多时的"基础主义"所能综观理解的。

# 第一节 基础与视角

在对"基础与视角之争"的认知框架正式阐发之前,让我们对哈贝马斯与罗尔斯之争所处的政治思想史之背景稍作铺陈,兹领取其三个要旨如下:

第一,古今之争。我们知道,从古至今,政治思考的一个基本重心始终是政治的正当性问题。在这一问题上,诸如柏拉图、施特劳斯等人,试图回到其绝对主义的基础上,来定义什么是"政治的"。他们要么按照一种始源的或终极的完美秩序之"理念",要么按照自然的或历史的永恒价值之"目标",来安排政治事务。在施特劳斯的《什么是政治哲学》中,我们可以发现,他更为强调政治哲学的目的论意义,并将之用来拯救"可怜的自我"。他于此是这么说的:"如果人们把获得有关好的生活、好的社会的知识作为他们明确的目标,政治哲学就出现了。……政治哲学的主题是人类的各种伟大目标:自由以及政府或帝国——这些目标能够提升所有人,超越他们可怜的自我。政治哲学是与政治生活、非哲学生活和人类生活最近的一个哲学分支。"①在柏拉图关于"知识"与"意见"的区分基础上,他进而认为,"政治哲学是用关于政治事务本性的知识取代关于政治事务本性的意见的尝试"②。可以说,在他那里,政治哲学(思考)存在着古典和现代的两种不同的解决方案,而他坚决了站到了古典的那一边,试图回到过去的基源来以古鉴今。如果我们把"自然的"(Natural)理解为"本性的",我们就可以明白,施特劳斯把"自然正当"视为"好的政治"的永恒标准,到底是怎么一回事了。显然的是,在他这个"隐密的国王之魔眼"中,"可怜的自我"之可怜,就在于他们在本性上喜欢沉迷于政治的"意见"的竞技场,而忘记了回到永恒知识的"真理"之目的。当他在芝加哥大学见到以赛亚·伯林(Isaiah Berlin),曾屡次三番地想说服后者,这个世界上存在着永恒的、不可改变的绝对价值和放之四海而皆准的东西时,他确实过于相信自己的那双目的论的"魔眼"了。③ 正因为如此,他反对现代性的"三次浪潮",在"古今之争"的战场中誓死捍卫着他那永远也无法企及的过去和永恒,仿佛这个

---

① [美]列奥·施特劳斯:《什么是政治哲学》,李世祥等译,北京:华夏出版社,2011年,第2页。

② 同上书,第3页。

③ [伊朗]拉明·贾汉贝格鲁:《伯林谈话录》,杨祯钦译,南京:译林出版社,2011年,第29页。

世界尤其是政治的世界,在他的"魔眼"里静止成一尊不倒的神像一般。

第二,正当与善之争。我们之前已经简单及这一在伦理学或道德哲学史中的基本命题。是正当优先于善,还是善优先于正当,这也是"古今之争"的关键所在。毫无疑问,在现代人们仍然在追问,一种"美好的生活或健全的社会"到底应该是怎样的呢?如果它可以由政治的建制秩序来回答或安排,这种秩序的基础何在?标准是什么?不管怎样,我们都会承认,何为良好生活是有规范性内涵的,但是,界定良好生活的条件或方式并不等于生活本身。如果政治就是让我们过上一种良好的生活,我们必须首先清楚,政治不等于生活本身。尤其是,政治哲学(或道德哲学)中的"善",不能完全等于现实生活世界中的"善"。这就在某种人类"本性"的意义上,既部分响应了又部分反对了施特劳斯的"魔眼"之所见。可以说,在某种意义上,"古今之争"就是"善与正当之争"。在古代世界,这个伦理的也是政治的问题并没有被彻底凸显出来。因为其在一种整体论的视野中,把"善的知识"视为"正当的知识"给混同在一起了。过去就算对之有所区分,那也不过是认为,只要在本性上是"好的"东西,符合"善"之理念或目的——比如一种称得上是"好的"政治——它就可以是"正当的",反之亦然。在这二者之间,如果说也存在着罗尔斯所说的"契合论证"的话,它们是嵌合在"德性"而不是"权利"之中。但今非昔比,现代性的潮流一波又一波,甚至各路"诸神"争相向我们表明他才是唯一正当的真神时,我们就很难发现,到底什么是"最好的"了。这个时候,政治的正当性问题,就尤须我们去优先考量了。

　　第三,共同体(社群)与个人之争。这在人类社会的进化意义上,仍然可以算作"古今之争"的一种。无论古今,世界文明的演化秩序都在表明,社会和个人之间是一体两面的,既不存在绝对的"原子化个人",又不存在作为独立的价值秩序实体的"抽象社会"。但对于一个共同体主义(Communitarianism,又译为"社群主义")者来说,社会对个人而言永远是"构成性的",而不可能像哈耶克(F. A. Hayek)这样的自由主义者说得那样,仅仅"工具性的"或"方法论的",抑或直接将之说成是一种个体的"虚幻的集合",在现实世界中难以为之找到真实的对应物。一般意义上的自由主义者,当然会优先肯认一种"真正的个人主义"①,认为个人对社会而言才是"构成性的"。这是像麦金太尔(Macintyre)那样的共同体主义者,所无法苟同的。他同施特劳斯一样,保守着一种永恒价值的乡愁,又同卡尔·施米特(Carl Schmitt)一样,乞灵于一种可以彻底决断世界秩序的"权威"的力量。② 事实上,麦金太尔不如作为黑格尔主义者而不是亚里士多德主义者的查尔斯·泰勒(Charles Taylor)。关于共同体之善和个人之

---

　　① 可参见[英]哈耶克:《个人主义与经济秩序》,邓正来译,北京:生活 读书 新知 三联书店,2003 年。

　　② 可参见斯蒂芬·霍尔姆斯:《反自由主义剖析》,曦中译,北京:中国社会科学出版社,2002 年。

正当之争,后者伸张了一种"本真性的伦理"。他意识到个人主义的"现代性之隐忧"(The Malaise of Modernity),认为若要拯救这种困境,我们需要超越自我之构成的背景条件,把个人的"本真性"和社会的"相关性",同时交给一种"内在生成的同一性"的整体的社会想象,在对话关系的"视域"和"框架"中联结起个人与社会,自我与他者。在他看来,"自然和我们的世界对我们是有要求的。……如果本真性就是对我们自己真实,就是找回我们自己的'存在之感受',那么,我们或许只能整体地实现它,倘若我们认识到这个情感把我们与一个更宽广的整体连接在一体的话。……或许,一种借助公共被定义秩序的归属感的丧失,需要用一种更强烈的、更内在的联系感来补偿"①。由此来看"共同体与个人之争",我们或许只能在"自然"之中得"自由",在"内在的超越"(哈贝马斯语)或个人的"社会想象"(查尔斯·泰勒语)之中,得到一种整体性的结构关联与宏观性的"共享视野"。

上述这三点,当我们从一种超越性的"实体的二元论"而不是"捆绑的二元论"的意义上去想的话②,它们其实可以被归纳为一条:处在"观念利益"和"现实利益"纷争中的我们,要如何做才有可能,

---

① [加]查尔斯·泰勒:《本真性的伦理》,程炼译,上海:上海三联书店,2012 年,第 110-111 页。

② 斯蒂芬·P. 斯蒂克、特德·A. 沃菲尔德 主编:《心灵哲学》,高新民等译,北京:中国人民大学出版社,2014 年,第 99 页。

既能实现一种真正的没有幻象的个人自主,又可达到一种能响应自由的"高级形式"或正当理由的政治自主呢? 于此,我们打算将之转换为"谁之基础,何种视角"的问题,在"基础与视角之争"的解释框架中重新来审视一番。只有这样,我们才能明白,罗尔斯的"公共的证成"为什么需要哈贝马斯的"道德的视角"来补正。这要从他们二人都曾明确拒绝或反对的"基础主义"(Foundationalism)说起。①

　　一般而言,基础主义是力求"第一原理"的笛卡尔以来现代认识论中的主流,但它的源头可以追溯到柏拉图的"理念论"那里。它往往是说,我们对这个世界的认识及其形成的确定性的知识,需要建立在一个坚实可靠的信念基础之上,它类似于试图支起这个地球的"阿基米德点"。不难发现,在伯恩斯坦(Bernstein)那里,基础主义指示着这样一种信念:"存在着或必须存在着某种我们在确定理性、知识、真理、实在、善和正义的性质时能够最终诉诸的永恒的、非历史的基础和框架。这个基础或框架也就是一个'阿基米德点',基础主义者认为,哲学家的任务就是去发现这种基础是什么,并用强有力的理由去支持这种发现基础的要求。"②而试图用"教化哲学"反对基础主义

---

① Jürgen Habermas, "Legitimation Problems in the Modern State", in *Communication and the Evolution of Society*, pp. 183 – 188. John Rawls, *Justice as Fairness:A Restatement*, p. 31.

② [美]B. C. 范·弗拉森:《基础主义之后:恶性循环与无穷后退之间》,郑祥福译,《哲学译丛》,1994 年第 4 期。

的理查德·罗蒂（Richard Rorty），曾在他的《哲学和自然之镜》中译本的序言中这样指出："我们应当摒弃西方特有的那种将万事万物归结为第一原理或在人类活动中寻求一种自然等级秩序的诱惑。"①在这里，限于我们的主题以及出于一种"智识的诚实"，我不想与这种在认识论上仍然是古典的（Classical），或用哈贝马斯的术语说是"前政治的"——基础主义纠缠过多。我们只想提出一个与我们的主题相关的问题是：如果这种基础主义的认识论被不小心体现或运用到现代政治中，那么，将会是怎样一种特殊情形呢？

让我们以剑桥学派的共和主义者昆廷·斯金纳（Quentin Skinner）为例。在一次题为"与过去相遇"的访谈中，当他被问及，在1978年的著作《现代政治思想的基础》题中的"基础"是否有后来者所认为的反基础主义的讽刺意味时，他花了不少的篇幅来自我肯认：尽管他自己无意对基础主义反讽，但"反基础主义"已经深入到了他的血脉。而他对"基础"一词的使用，是一种这样的政治隐喻："我试图寻找最基本的概念——正是通过使用这些基本概念，我们在现代西方才得以建构起'合法化'的理论，当我们在谈论'公民义务'和'国家权利'时，我们还在继续使用这些理论。《现代政治思想的基础》的第一卷聚焦于'公民美德'理论和'自治'理论，第二卷则聚焦

---

① ［美］理查德·罗蒂：《哲学与自然之镜》，李幼蒸译，北京：生活·读书·新知 三联书店，1987年，第15页。

于'绝对主义'的兴起以及各种相互竞争的'自然权利'理论的出现。我试图表明:这些概念是'基础',正是在这些概念的'基础'上,现代西方才得以着手构建他们的国家理论。"①

尽管如此,斯金纳自认,使用"基础"这种"隐喻",有容易犯"目的论的错误"之危险,且容易过于在乎了世界那种自然倾向的确定性起源。由此,我们可以下一个判断是:"基础"不能被等于"基础主义"。而政治思想中的基础主义,常常无法拒绝回溯性的进路。按照阿伦特在区分"权力"与"暴力"时的具体说法,权力需要正当性,而当"正当性受到挑战时,便诉求于过去以作为自身的基础。而证成则和未来的某个目标相连接"②。如果斯金纳和阿伦特都是对的,我们可大致明白:基础主义的政治理论是反对未来的,它早早地把一个"过去的目的"或"绝对的范畴",贯入"自身的基础",作为一种人类亘古不变的"本质境况",试图至死不休地左右着未来的政治走向。这无论如何都是一种看似高贵的但注定会坠落的理想。尽管它仍然具有一种历史语境的约束力,这种约束力大概既无法占有政治真理的权威地位,也无法承诺自己的政治主张是普遍有效的。概而言之,用哈贝马斯的话来说,在政治合法性问题上,那种终极的基础主义已

---

① [英]达理奥·卡斯蒂廖内 [英]伊安·汉普歇尔-蒙克 编:《民族语境下的政治思想史》,周保巍译,北京:人民出版社,2014 年,第 336-338 页。

② [美]汉娜·阿伦特:《共和的危机》,郑辟瑞译,上海:上海人民出版社,2013 年,第 112 页。在这里,译文根据英文原著略有改动。

经不再能表现出一种新的"证成的水平"和"学习的水平"①。

至此,当我们回到哈贝马斯与罗尔斯之争,值得我们深思的一个问题是:但凡是承诺"基础"的政治理论,若它不是古典的基础主义的,它是否就具有现代的合理可接受性了呢? 我们还担心一点:如果在政治的基础上,我们没有陷入基础主义,而是陷入了历史的语境主义或相对主义之中,这该如何是好呢? 进而言之,当某人声称在过去存在着一种美好的政治基础,我们完全可以用之点亮政治的未来时,我们要如何才能证成自己所提供的那种自立的政治基础,恰恰是一种人人都可以一致接受的"共同基础"或"共同根据"?

出于这样的问题意识,我们怀疑,罗尔斯在"政治性观念"和"整全性学说"之间做出二元论区分,就有一种"规范的基础"对抗另外一种"非规范的基础"之意。这即"基础"与"基础"之争:到底是谁的基础,更有"正当合理"(right reasonable)的可接受性,更能满足"相互性标准"和"公共性条件"呢? 总之,就是谁可以为证成提供公共的或共同的基础。在罗尔斯看来,这也是政治观念的本性。② 为了建构出这种拥有自立之基础的最合乎理性的政治观念,他事实上凸显了政治价值相对于非政治价值,政治关系相较于非政治关系的压倒性优势或侧重性分量,并认为不是整全性学说而恰恰是这些政治性的

---

① Jürgen Habermas, "Legitimation Problems in the Modern State", pp. 184 – 185.

② John Rawls, *Political liberalism*, p. 19.

东西,"支配了社会生活的框架——我们生存的基础"①。他还声称,通过不断的"反思平衡"之后,他的政治正义观念,可以为被合理多元论事实大肆挤压的宪政民主社会的稳定性和统一性,提供最合乎理性的共同基础。但这种基础,显然是在多元秩序作为结果已经存在的认知前提下,才是有必要的。进而言之,就算"政治性观念"和"整全性学说"出于良序社会的合作和稳定之目的,需要在认知的立场上被方便地区分开来,但它们不必是截然对立的,而应当是辩证统一在一起的。尽管前者向后者提出了"重叠共识"的理想诉求,但在这二者之间的"分离命题",过于严格地划定了各自的领地,很有可能导致各自为政。这种二元论区分的鸿沟没有那么容易迈过去。而且,我甚至怀疑一点:这种被建构出的自立的政治基础,有萨义德(Edward W. Said)所抨击过的"建构的他者"之嫌疑。离开了"整全性学说"的基础,"政治性观念"能在哪里"道成肉身",就不好说了。就算罗尔斯口口声声是为了"我们",但他那种试图自立于世的"建构的我们",因为对"整全性学说"限定的条件太多,让没有限定的内容各行其是,抑或回避这种建构本身的"基础的基础"问题,所以,这对于他人的整全性学说而言,很难称得上是宽容的、开放的和公平的。

由此,若回到上述的三个基础性的背景中来,我们便可深知,现代政治的正当性(合法性)基础——比如罗尔斯的政治正义观——尽

① John Rawls, *Justice as Fairness: A Restatement*, pp. 189–190.

管可以被我们建构出来并加以公共地证成,但它如果回避掉他者的
"实质要素"的问题,过于强调或凸显自身的合理性,那么,它所具备
的合法性力量是不够的。正如哈贝马斯所说,一种新的"证成的水
平",之所以可为共识的基础继续提供合法性力量,是因为它具备了
到哪里都可行得通的"形式条件"和程序类型。① 在一个"上帝已死"
与"诸神之争"的现代社会,任何一种承诺是"共同基础"的东西,必
须转变为形式条件意义上的认知逻辑的"前提",才有可能被大家视
为可普遍化原则而被合理地接受。在这个意义上,一种共享的理性
同一性的"基础",不过就是一种共享的认知"视角",后者可转译为
"观点"或立场。但它未必像罗尔斯的政治正义观念那样,是一种自
我标榜或自外于他的观点。由此,我们来看"基础"与"视角"的关
系,关键仍然在于:到底是"谁之基础,何种视角"呢? 而又是什么,能
将它们辩证统一或结构关联在一起呢?

在《合乎理性的 vs 真确的,或世界观的道德》(1995)一文中,哈
贝马斯认为,为了回应多元主义的现代挑战,罗尔斯和他的规范理论
一样拒绝道德实在论的基础主义,反对价值怀疑论的视角主义,他们
实际上都无法回避去使用"道德的话语",来规范那些在既有基础上
的分歧和冲突之问题,这尤其包括了政治的问题。于此,哈贝马斯这
样说道:"我们都注意到了,日常实践当中具有道德判断力,我们相互

---

① Jürgen Habermas, "Legitimation Problems in the Modern State", p. 184.

的归因需要有能力加以解释,但没有彻底否定道德论证的理性特征。道德争论并没有结束,这个事实揭示了社会生活潜在的基本结构,其中充满了零碎的有效性主张。社会整合依然取决于以理解为取向的交往行动,其基础是对可错的有效性主张的承认。"①最后一句话提醒我们,如果一个复合的社会要想赢得自身的一体化或集体认同,它须具备基础性的规范内涵。而这须出于一种普遍的有效性主张,为此要相互认定存在着一种道德的意识,相向地展开交往行动,在一种"对话的理想语境"中把大家聚合和共识在一起。

不过,对于罗尔斯而言,他想要的社会合作、稳定和统一,是奠基在他建构出的政治正义观念之上。这是一种自立的政治的"视角",其以合取的政治性价值——主要是政治正义和公共理性——为公共基础,试图回应的只是宪法实质和政治的根本问题,所以,它的规范性命题之内涵,因其政治上的限定条件太严格,在认知上又过于节制,显然没有对"道德意识"和"交往行动"全部开放。如果再考虑到哈贝马斯所强调的"社会整合"的三种力量——货币、权力和团结——我们可以说,罗尔斯的政治自由主义,在社会整合上至多贡献了三分之二的力量,尤其是当他漠视了"正义"和"团结"之间密不可分的关系,更把生活世界中的"至善"(完美)抛给了"整全性学说"。

---

① Jürgen Habermas, *The Inclusion of the Other*: *Studies in Political Theory*, pp. 79–80.

尽管他声称其政治正义的首要主题是社会的"基本结构",主要目的是为一个"良序社会"提供"证成的公共基础",但这种主题结构上的公共证成,主要是政治性的,而非道德性的。

因此,我们可先下个结论:在罗尔斯那里,当政治正义通过"原初状态"的设计变成一种自立的观点和共享的视角,它才能为拥有正义这一首要美德的"良序社会"提供一个公共证成的共同基础,进而让"整全性学说"在其上达成"重叠共识"的一致可接受性之结论。只不过,这种"政治性观念"自立于世的基础,可能与"整全性学说"之间的距离过于遥远了,前者也无法满足后者对道德的基础与认识论的基础的双重要求。在哈贝马斯看来,罗尔斯的政治正义观念在获得"重叠共识"之前,其在"观察者视角"与"参与者视角"之外的"第三种视角"——或者说"主体间共有的视角"——是真实阙如的。而这种视角,恰恰就是哈贝马斯在罗尔斯的公共证成之间,所要补充进来的"道德的视角"。① 只有如此,公共证成才能避免陷入上述思想史的基本背景所潜藏的"基础与基础"、"基础与视角"、"视角与视角"之争的无底深渊。很显然,这三重争论,就分在于"基础与视角之争"的解释框架之中。

但是,我们必须要保证,无论是哪一种"基础",不至于因其自立

---

① Jürgen Habermas, *The Inclusion of the Other*: *Studies in Political Theory*, pp. 83–88.

的视角及其静态的观点特征,而成为一种危险的断言。因为,"基础"不仅如上述昆廷·斯金纳所说,亦如塞拉斯(Wilfrid Sellas)所说,不过只是一个很难一劳永逸地确定下来的"隐喻"。① 所以,请不要忘了那个大象立于巨龟之上的隐喻,它可以提醒我们,这样的"基础"是行不通的。理由有二:(1)从逻辑的认知维度来说,"基础"A 的背后,永远还有"基础"B、C……(2)从经验事实的多样性视角来说,为什么非得去强调"基础"呢? 如果 A 和 B 不是这种上下的关系,而是左右和前后的关系,且二者可以"视域交融"起来。在这个非"基础"更非"基础主义"的意义上,哈贝马斯的"道德的视角"——不是像许多人那样,只是将道德看成是"基础"——在多元政治处在摸不着头脑的今天,无疑可把一种新的"证成的水平"和"学习的水平"——而且是"双重互补的学习过程"——嵌入可在这个"唯一的世界"之间共通共用的自由模式或正义模式。② 不难发现,这当然是针对罗尔斯以观念为基础(conception-based)或以理想为基础(ideal-based)的政治自由主义而言的,③无论其是否声称存在"自生之源"的有效性主张(self-originating sources of valid claims)。只要考虑到哈贝马斯那

---

① [美]威尔弗里德·塞拉斯:《经验主义与心灵哲学》,[美]理查德·罗蒂 引言,[美]罗伯特·布兰顿 导读,王玮译,上海:复旦大学出版社,2017 年,第63 页。

② [德]尤尔根·哈贝马斯:《在自然主义与宗教之间》,第 78,85-86 页。

③ John Rawls, *Political liberalism*, pp. 8-9,38.

种"普遍语用学"（Universal Pragmatics）的有效性主张——可理解性、真实（确）性、真诚性和正确性（正当性）——以及下一章要讲的"谓词之争"，我们就能明白，要想理解哈贝马斯与罗尔斯之争，为什么需要这样一种转向：从"基础问题"转向"视角问题"。换言之，我们须放弃那种"前理解"基础的隐喻，诉诸普遍有效的"视角"——而非相对有效的"视角主义"的方法论——来重新审视政治观。这是我们尝试从哈贝马斯那里转译出的东西。

## 第二节　在视角之间

我们看到，在《包容他者》（1996）一书中，哈贝马斯主要是立足于"道德的视角"，来补正或扩展罗尔斯那种试图中立于世界观（整全性学说）的"证成的政治观"，既能出乎其外，又能入乎其中。在第一篇《通过理性的公共运用而作的调和：评罗尔斯的政治自由主义》（1995）中，他抓住了罗尔斯公共证成的两个核心概念——"原初状态"和"重叠共识"——逐一展开剖析和综建的工作。在他看来，前者虽然强行设定了一个"共同的视角"，但这种对多样性信息或解释性视角的限制乃至抽离剥夺，进而获得无偏倚性的"观点"（视角），其实并不是"我们的"，只是这种"代表设置"它自己的。[①]　在罗尔斯

---

①　John Rawls, *Collected Papers*, pp. 321–322.

那里,能称之为"我们的视角"是走出"原初状态"之后才获得的,这鲜明地体现在公共证成余下的论证次第过程之中。而这与哈贝马斯在主体间性的论证程序中体现出来的"道德的视角",是颇为不同的。①

究其根本是因为,在哈贝马斯看来,那种假定的虚构的"原初状态",就算通过预设一种共同的视角或共享的前提性观点,而承诺了一种政治中立性原则或纯粹的程序正义,但那毕竟不是真实的"生活世界"的语境,至多是一种无立场分析的"理想类型"。而真实生活,充斥着这个太多的自我理解视角了,它注定在"视角与视角"之间,把看见的不那么完美但相关的状态,给呈现出来。

但何谓真的看见呢? 我们发现,在《道德意识与交往行动》(1990)一书中,针对罗尔斯作为公平(Fairness)的正义,哈贝马斯如是说道:"……康德主义的判断方法,都与某些人而非所有相关的人的主流观点有关。真正的公正(Impartiality)只属于那种能够明确地推广规范的视角,这些规范由于体现着所有相关者的共同利益,因而有望获得普遍的同意。这些规范应当受到主体间的认同。所以,表达公正判断的一个原则就是,在利益的平衡中可以规束所有受其影响的人,让他们去采纳其他人的视角……"②

---

① Jürgen Habermas, *The Inclusion of the Other*, p. 57.
② Jürgen Habermas, *Moral Consciousness and Communicative Action*, p. 65.

　　由此,我们正式进入了"道德的视角"的证成与应用过程。从上述可见,这种视角必须是主体间性的,是属于共同"利益"或共同"善"的所有相关者的。它的存在,让我们意识到,无论是自己作为忍不住的关怀的"参与者"的特殊偏好之视角,还是作为理想角色扮演者的"观察者"的无动于衷的经验性素描或报告之视角,这两个视角的"我",与作为公平的正义——即一种无偏倚性(中立性)的道德判断原则——是有距离的,它们之间至少隔着一个共有的主体间性,或者一个共同体的属性结构。① 意思是说,无论是"我的""你的"还是"他的"视角,都还不是"我们的视角"。如果你声称你可以代表正义,你必须能提供"包容他者"的"团结",且能进一步认识到或"知道"——而不仅仅是"相信"——什么是对所有人都同等为善(好)。

　　可以说,在哈贝马斯那里,他的"道德的视角",其实是介于"自我中心主义的视角"(比如,"己所不欲,勿施于人"的黄金法则)和"上帝的视角"之间的。在上帝这样的价值论基础遭遇现代性的"诸神之争"而终于坠落之后,自我中心主义的"主观理性"得到了极大的声张,甚至有人"想得太远"了,妄想把自己变成上帝的化身,其自由意志也不再想受到理性的约束。但就算是这样,"道德的视角",仍然会硬生生地出现在自以为"是"或"非"的"我们"的面前。② 因为,

---

① Jürgen Habermas, *The Inclusion of the Other*, p. 30.
② Ibid. , pp. 38–39.

任何一个人就算可以看见"我",但他(她)往往看见不了"我们",进而更看不见"众生"和"天地"。看见自己也是困难的。如果"我"可以看见"我",除了把"我的视角"与"我们的视角"交融相通起来,还有什么更好的办法吗?

不难得知,哈贝马斯是极为反对一种基础主义立场的,无论它是认知主义的还是非认知主义的。不过,当他把道德视角的"认知内涵"辨识出来之后,我们是否可以指责他走向了特殊的"视角主义",并忘记了康德道德形而上学的普遍主义之"基础"了呢?从普遍语用学而不是真理语义学来说,答案当然是否定的。在"道德认知内涵的谱系学考察"这篇分量十足的文章中,哈贝马斯开宗明义地认为:"道德的视角应当从世界内部对这个视角加以重建,把它纳入到我们主体间共有的世界范围当中,而不失去与整个世界保持距离的可能性以及全方位观察世界的普遍性。"[①]这在提醒我们,"道德的视角"显然又是一种"内在超越"的视角。只是,它到底要向内超越什么呢?如果我们的"直觉"和"精神",恰恰构成了坚不可摧的"基础",理直气壮地拒绝我们的"内在超越"或"内在批判",这又该如何是好呢?在这种必须尊重"前理解"的语境和背景的意义上,哈贝马斯并不彻底反对罗尔斯的公共证成[②],只要它可以把语义学的"基础"还给"基

---

① Jürgen Habermas, *The Inclusion of the Other*, p. 7.

② Jürgen Habermas, *The Inclusion of the Other*, pp. 36-37.

础"，把语用学的"视角"还给"视角"，把"道德的视角"还给这个多歧互渗的世界，尤其是"生活世界"。

可以说，如果公共证成的标准，在于一种普遍有效性主张的合理可接受性，那么，哈贝马斯的"道德的视角"，由于其主要归旨也在这里，所以他本不应该对此提出反对意见。不难发现，罗尔斯的"原初状态"，固然是一种非历史的虚拟的公共承诺或社会契约，但它的实践目的是主体间性的，意在为合理多元论事实寻找一个共同一致的出发点，尤其是作为政治正当性的理想类型之元点。易言之，它强行打造了一个主体间性的共同视角①，试图在事实上"非我们的"那里，寻找规范上的"我们"之可能。它还作为中介联结的理念，通过合理公民的"反思平衡"和"公共理性"，试图从"证成"走向"应用"，从"人为的"走向"政治的"，从代表各派的"合理的自律"走向公民的"充分的自律"——也就是政治自律（自主）。② 最后，公共证成是就"原初状态"的理性限定条件而建构出的正义原则达成"重叠共识"，并在公共的政治文化中，使之与我们的"直觉"和"精神"的前理解基础相契合。

因为考虑到合理分歧和"判断负担"的存在，罗尔斯还认为，这样做可以满足人们依赖于"对象""原则"和"观念"的欲望。③ 他因此

① Jürgen Habermas, *The Inclusion of the Other*, p. 24.
② John Rawls, *Political liberalism*, pp. 75-80.
③ Ibid., pp. 83-84.

认为,他所建构的政治正义观念可以引发这样一种"道德心理学":
"它是表达某种政治的个人观念和公民理想的一种概念和原则的图
式。就我们的意图而言,这一图式是否正确,取决于我们能否了解
它,理解它,取决于我们在政治生活中能否应用和肯认它的原则与理
想,取决于我们是否发现它所从属的政治正义观念能为人们恰当的
反思所接受。"①

由此,其原本只在"规范"上的可接受性,获得了合理公民在"事
实"上的接受。由此,我们也明白,这也是罗尔斯的公共证成所指涉
的两个前后融贯相接而毫无违和感的阶段。只是,事实真的如此吗?
当我们从"基础"的思维方式转变到"视角"的思维方式,那么,按照
维特根斯坦的启示,一种新的问题,就像一种扔掉了旧衣服之后的新
衣服一样出现了。这个问题不在于不那么实际的"可接受性"上,而
恰恰在于我们"实际的接受"上。因为,视角的多样性,是现存在
场的。

不难理解,如果遵循哈贝马斯提供的"新视角",只有到了"重叠
共识"这里,罗尔斯才算基本完成了"我们的"的观点(或视角)。不
过,后者尽管意识到或认识到了这一点,他的实践用心却不在于"我
们的"视角,而在于从"直觉"和"精神"——即一种道德心理学的动
机——来建构政治一致性的基础。在《政治自由主义》(1996)一书

---

① John Rawls, *Political liberalism*, pp.86~87.

中,虽然罗尔斯并没有集中系统地讨论公共证成,但显然的是,他不止一次地提及,他的政治自由主义及其政治正义观念,是想为这个合理多元论的事实和价值秩序既存的宪政民主社会,提供一种"公共证成"的基础或"证成的公共基础",在其上确保"良序社会"的基本合作、统一和稳定目的之必须。但遗憾的是,他在"政治性观念"和"整全性学说"之间的二元论区分,因为其"范围"的标准难以回应结构性的"背景问题"——如之前本书第一章第二节所述——很难抵御他针对的"整全性学说"那种有可能复归"基础主义"的反攻。无论怎样,罗尔斯的政治建构主义,仍然陷入了一种"基础与基础之争"的樊笼。他太过于想在原先的基础之外重起炉灶,另立门户了。如果借用维特根斯坦的比喻论证,我们可以说,尽管罗尔斯小心翼翼地认为,他挑选的那块地基而建造起的房子(政治性正义观念),适合其他家中的任何人(整全性学说)过来居住,并让他们引以为范。但是,这个房子对他们而言,不会是罗尔斯原先设想的那样是构成性的,可以一多不碍地嵌入到他们仍然会固守不放的"家园"之基础。

关于罗尔斯政治建构主义的如是隐喻,绝不是空穴来风,毫无一点说服力和可读性。按照维特根斯坦,"比喻论证"很多时候恰恰会给我们带来一种启明和敞亮。就像一个游戏,它很快地向你敞开,允许你作为一个暗黑要素的携带者进入它,只要你愿意遵循规则。在上述关于房子的基础之隐喻这一点上,共同体主义的另外一位旗手迈克尔·沃尔泽(Michael Walzer),在《阐释和社会批判》这本虽小但分量很大的书中,就有过类似的说法。在他看来,道德哲学存在着三条道路:发现之路、创造之路和阐释之路。在第一条道路上,他认为,像内格尔那样主张的"无源之见"（*The View From Nowhere*）——即"从不是任何特定地方的地方"去观察世界——"已经接近上帝看问题的视角和方式了"①。而在第二条道路上,他即是把罗尔斯的道德的或政治的建构主义,视为堪称创造性的典型。他针对的就是罗尔斯的"原初状态"设计,认为其设想了一个这样的道德世界:"所有人都愿意在这里居住生活,并且不管人们处在什么社会地位、追求什么事业,他们都会认为这个道德世界是公正的。"②不过,沃尔泽宁愿选择了第三条道路来走。因为在他的谦逊之心中,第二条道路上的人们,其在道德上的批判效力类似于"神的法律","或更接近鹰而不是猫头鹰的智慧"③。而"无知之幕"的设置,这种有点僭越上帝的做法,显然是我们"存在之家"——即我们再熟悉不过的自己长久其中生活的家园,抑或,可称之为文化记忆中的乡愁之"老家"——给一笔勾销了。弄不好,我们真像那个心事重重的列奥·施特劳斯所说,一不小心都成了无家可归的"现代性流浪儿"。

　　为了更好地论证这一点,沃尔泽于是在"家园"的隐喻之外,描述

---

①　［美］迈克尔·沃尔泽:《阐释和社会批判》,任辉献、段鸣玉译,南京:江苏人民出版社,2010 年,第 4 页。

②　同上书,第 12 页。

③　同上书,第 13 页。

了"旅馆"这另一种比喻性的形象对照:"我们似乎要把一个旅馆房间,或一个临时住宿的套间,或一个安全房作为人类家园的理想样式。出门在外,我们会对有一个旅馆房间遮风避雨并提供生活便利心满意足。如果我们被抹去了自己的家园是什么样子的所有知识,与同样被抹去了这些知识的人们协商,不得不设计所有人都可以住的房子,我们可能会造出类似于希尔顿酒店这样的房子,不过不像希尔顿酒店这么具有文化特色。那里的房间有以下区别:我们不允许有豪华套间;所有的房间都一模一样;或如果有豪华套间,唯一的目的是给旅馆引来更多的生意,以使我们能从最需要改善的房间开始,改善所有其他房间。但是无论这个旅馆如何改善,我们还是会渴望回到那个我们知道自己曾拥有只是想不起来的家。我们在道德上没有义务住在自己参与设计的旅馆里。"①

　　考虑到我们之前进入"基础与视角之争"的思想史背景,沃尔泽以上这番精彩的"比喻论证",无疑对罗尔斯的建构主义或创造之路,是一种极大的挑战。他说得没错,而且相当有说服力。如果我们把罗尔斯"政治性观念"比喻成"旅馆",把"整全性学说"(世界观)比喻成"家",这种在房子的"基础"上的选择及争执,大概永远没有尽头。罗尔斯试图诉诸公共证成这种建房子的手段来赢得"基础与基础之争"的胜利,但他忽视了其"证成的终点",到底在哪里才会有个

---

① 　[美]迈克尔·沃尔泽:《阐释和社会批判》,第17页。

彻底的结果或结束呢？又如何能被无"老家"可回、但思乡心切的人们,去真心一致地接受呢？回到主题,我们看到,哈贝马斯从认知的"视角"出发,虽然间接地认同了"原初状态"的设计有其证成上的必要性,但很显然,他其实和沃尔泽一样认为,我们不能把那个"老家"就彻底弃之不顾了。"基础"不是不重要的。但它如果出现了须进一步改进的现实问题,或者直接地说,无法在现实的"基础"上达成"重叠共识",我们就非常有必要去诉诸一种主体间性的认知视角或立场,转换原先的、那种以自我为中心及其意义归属为前理解基础的基源式的认知模式,并努力在自我理解与传统阐释之外,给出更具规范性的综观理解和分析判断。

于是,哈贝马斯又把矛头对准了"重叠共识"。他不仅认为,罗尔斯通过"重叠共识"达成一致性或中立性的政治结论,是一种"生意式的设想"(purchase the neutrality of his conception of justice),有出于社会稳定的工具性或功能性目的之嫌疑。而且在他看来,"重叠共识"会放弃实践理性的有效性主张(cognitive validity claim),以牺牲认知视角的代价换取政治基础之需。① 哈贝马斯首先认为,"重叠共识"的规范性之思,是想"重构当代社会政治文化及其民主传统中埋藏的基础性的直觉观念(reconstruct a substratum of intuitive ideas……)②"。但是,

① Jürgen Habermas, *The Inclusion of the Other*, p.50.
② Ibid., p.60.

他怀疑这种出于应当的"重构",是比较软弱的。不难发现,哈贝马斯把罗尔斯的公共证成分成了两个论辩的层次或阶段。无论在哪个阶段,我们都可以看到其间的"自我稳定性问题",是存在的且令罗尔斯不安的。罗尔斯试图用公共政治文化中隐藏的"自由"和"平等"等观念,来对抗更为直觉的"善"观念,这无疑是一种"善的弱理论"。①他又发明了"反思平衡"这个理念,以期在原则和直觉信念这两个端点之间可以相互契合起来,即后来体现出来的正当与善的"契合论证"。可是,这个规范或重构直觉之举,在不同的语境中的证成是不同的,其合理接受性的程度也是不同的。到了"重叠共识"这个公共证成的"事实接受"之阶段,还能像他在《正义论》(1971)中所讲的那样,把其基础诉诸直觉吗?

在哈贝马斯那里,由于罗尔斯的"重叠共识"没有注意到"内在的视角"和"外在的视角"之间的不是那么轻易就逾越的二元论鸿沟,所以,他很难相信,一种以认知的视角为代价来换取功能性的社会稳定之需的基础之设想,能赢得人们的"重叠共识",抑或,在"社会事实"上的实际接受。而对于罗尔斯赋予"政治的"意义这一非认识论的中立性要求,哈贝马斯显然认为,它是无法普遍有效的。于此,他如是说道:"'重叠共识'的社会稳定功能可以用关于如下观点的认知的论证来加以解释:作为公平的正义概念相对于一种整全性

---

① 哈贝马斯:《在事实与规范之间》,第71–72页。

学说保持中立。我的意思不是说，罗尔斯所立足的前提阻止了他得到这一结论；我只是认为，罗尔斯迟迟不愿意把这一结论公布出来，因为他所说的'政治'有着一个先决条件，即正义论不应当承担起一种认知的要求，它所期望的实际效果，也不应当取决于它的命题是否得到合理接受。"①

显然，这就在"认知的要求"的必须意义上，质疑了罗尔斯的"二元论区分"问题。接下来，哈贝马斯回到了"理性"与"真理"的关系问题上：一种先决性的政治观念，为什么一定要保持认知节制呢？难道它的合理可接受性的中立原则的要求，必须让渡掉正确性了吗？何况，一种功能主义的合理可接受性，显然无法让所有人在一种"通功易事"的认知理由上心服口服。如果社会稳定性不是人们要操心的——因为其最后会有政治权力的"压迫性事实"（the fact of oppression）做保证②——那么，难道我们不能在认知的意义上，对一种建制秩序的政治正当性和道德正确性，提出合理的质疑吗？

众所周知，"重叠共识"的提出，就是考虑到合理多元论事实的大量存在对一个"良序社会"的威胁与挑战。不过，如果这种多元的价值秩序已经作为"结果"或"一种永久的特征"，沉淀在宪政民主传统的公共政治文化中了，那么，我们还用担心这种结果会死而复生，把

---

① Jürgen Habermas, *The Inclusion of the Other*, p. 63.
② Rawls, *Political Liberalism*, p. 37.

它们所在坟墓的"基础"给挪移或摧毁了吗？问题看来不是稳定性之"刚需"这么简单。"重叠共识"的意图，还在于对合理多元论事实之既有基础的重构，它试图为之提供一种"模式化情形"（example from），①让它们都能"照葫芦画瓢"，进而来促进一种新的政治一致性结果——即政治正义观念——的涌现。易言之，它还是想让正义这种"政治性观念"的共同基础，来匡正可能造成四分五裂之社会的"整全性学说"的既有基础，以期实现一个政治的良序社会的长治久安。这种出于政治现实主义的基础性建构，可否梦想成真呢？

可以说，由于罗尔斯强调公共证成的政治一致性的结果，因此，结论性的"重叠共识"就成为必需。针对这一点，哈贝马斯打出了自己的底牌："只要合乎理性的公民无法获得一种'道德的视角'，那么，我们就不能指望他们会达成'重叠共识'，因为这个'道德的视角'独立于理性公民所持有的不同的世界观，而且还先于这些世界观而存在。合乎理性的概念不是彻底失去了其意义，致使根本无法显示出获得主体间性认同的正义概念的有效性，就是过于突出，致使实践的合理性与道德的正确性混为一谈了。我想指出的是，罗尔斯最终为何不得不突出强调实践理性的要求，这些要求是向理性的世界观提出来的，但绝没有单纯反映出它们之间的偶然重叠性。"②

---

① Ibid. , p. 145.

② Jürgen Habermas, *The Inclusion of the Other*, p. 63.

　　关于这段话中涉及的"谓词之争",我们会在第四章从康德的实践理性来检验和说明之。在这里,须指出的是如下两点:

　　第一,正像哈贝马斯认为的那样,"重叠共识"无法带来一致性的政治结果。真正要实现的一致性,应该落实到认知的权威意义之上。① 而这,就需要进一步体认公共证成应有的认知内涵,而不单是它的"政治的"实践意义。而且,它需要的不仅是政治正义的观念来为其提供基础,它还需要"道德的视角",在一种以理解、交往乃至团结为规范取向的社会认知结构中,来为其提供"视域交融"。

　　第二,罗尔斯的"二元论区分",把"政治的"和"整全的"这一对实质性谓词凸显出来,以此来建构一种"政治观"的中立性视角,并想赢得后者在"世界观"基础上的"重叠共识"。这种略有目的论与后果论之嫌的一致性是不可能的,将导致的结果是既不"重叠",也无"共识"。究其根本,是因为它没有跳出"基础与视角之争"的政治语义学要符合的基础性的"社会事实"之牢笼。但我们真正需要的是在视角与视角之间的"视域交融",之后形成"道德的视角"这一种无偏倚性的"第三方视角"。只有借助这个既向内超越又向外交通的认知视角,我们在"社会行动"——而不是"社会事实"——之中发展出一种合理可接受性的"政治观",才是既可能又可行的。②

---

① Ibid. ,p.81.

② Ibid. ,p.84.

关于在视角（view points）之间的"视域交融"（the fusion of horizons），在《道德意识与交往行动》（1990）一书中，哈贝马斯有两段话，特别值得我们详尽地转译于此。它们可让我们明白，"在视角之间"一语中的"视角"与"间"到底意味着什么：

"我确信，对话者视角（speaker perspectives）和世界的视角（world perspectives）的个体性发生，导致的对世界的去中心化的理解，只有与相应的交往行动的结构关联起来，才能得到（正当的）说明。"①

"交往行动（interaction，或 communicative action）的惯习阶段是一个行动视角系统（a system of action perspectives）为标志的，而后者是在观察者视角（observer perspective）加入先前阶段的参与者视角（the participant perspective）时才出现的。观察者视角对交往行动领域的嵌入，使得第三人称角色（the third-person role）联结作为交往角色（the communicative roles）的第一人称和第二人称成为可能（a），因而完成了对话视角的系统［system of speaker perspectives，这在组织对话的水平上起作用］。新的视角结构（The new perspective structure）对于利益支配的冲突行为转变成策略行动，是一个必要的先决条件（b），以及对于基本社会认知概念——其建构出规范调节的行动——的形成，也是一个必要的前提条件（c）。当有着合法秩序的人际关系的社会世界成型，一种规范一致的倾向和相应的视角也就产生了

---

① Jürgen Habermas, *Moral Consciousness and Communicative Action*, p. 139.

(d)。它们补充了基本态度和世界视角,联结起了内在和外在的世界。世界视角系统的这种语言关联,是语用的三种基本模式。当他们接受施事倾向时,这对于每一个胜任的对话者来说,都是能加以区分和结合的东西。从过程(a)到(d)满足了一种交往行动(e)结构的先决条件(the structural preconditions),在交往行动中,个人的行动计划,是通过交往达到理解的机制的这种方式而协同的。规范调节的行动,代表着一种在以理解为行动取向之中的纯粹(理想)类型。"①

我们知道,哈贝马斯受到了塞尔曼(Robert Selman)的个人成长

---

① Ibid. ,pp. 158.

五个阶段的"角色采择理论"（Role-taking theory，与角色扮演不同）的启发①，从而创见了他的行动视角系统和结构理论。在这里，我们不必细究哈贝马斯的"道德的视角"背后的"互补学习过程"，只想回到哈贝马斯与罗尔斯之争的主题上来。从上述不难看出，当我们以此来衡量罗尔斯的公共证成理论时，后者显然在观察者视角（它并非第三人称）和参与者视角，抑或，第一人称与第二人称的视角之外，忽视了主体间性的"第三人称"的角色和视角。也就是说，罗尔斯对第三种视角的重视程度，是不够的。

尽管罗尔斯的公共证成是一种规范（政治的）理论，也想造就一

---

① 这里限于篇幅和主题，仍然不做进一步详解，仅仅指出这五个阶段：阶段 0 是自我中心的观察者（约 3~6 岁）；阶段 1 是社会信息的角色采择（约 6~8 岁）；阶段 2 是自我反省的角色采择（约 8~10 岁）；阶段 3 是相互的角色采择（约 10~12 岁）；阶段 4 是社会和传统体系的角色采择（约 12~15 岁）。由此我们不难发现，哈贝马斯的"三个视角"之理论，当然设想了最为基本的自我和他者愿意采择的理想角色，而不仅是角色扮演，在他人的"期待视角"之下。显然，他受塞尔曼该理论的影响自不待言。何况，在这之前的《认识与人类兴趣》（1968）一书（甚至还有 1970 年的《社会科学的逻辑》一书），受到了皮亚杰（Jean Piaget）的深刻影响。而后者，是"角色采择理论"的先驱者。而在《交往与社会进化》（1976）一书中，哈贝马斯在发展他的道德理论时，明显受到了科尔伯格（Lawrence Kohlberg）的道德认知发展理论的影响，主要体现在其中的一篇文章："道德发展与自我同一性"。我认为，正是在这三个——可能还不止三个，至少包括他在《什么是普遍语用学》一文的第 41 条注释中，提到的《心理学解释》的作者 J. A. 弗德尔（Fodor）的影响下，哈贝马斯才确认了"道德意识"，不止于"动机"的一面，其还有"结构"或"认知"的一面。这即体现在他的《道德意识与交往行动》（1990）一书中，而且最终形成了他的"道德的视角"的理论。

种"规范调节的行动",但他的"世界视角",在某种程度上显然被美国的直觉和精神之基础束缚住了。他曾经说过,他的政治正义所处理的政治关系是"封闭社会的",而且是仅限于"国内的",生入死出,无可逃避。后来呢? 他也只是试图将正义原则推及国际关系领域,所以才有了《万民法》(1999)一书。但我们是否可以说他的"世界视角"就成立了呢? 如果罗尔斯的"世界",仍然是以他的政治自由主义及其公共证成的基础为中心的话,那么,他就与哈贝马斯相距甚远,甚至会比他与康德之间的距离要远。究其根本,是因为罗尔斯把社会认知的观念及其社会交往的结构,给简单化了。在他那里,一个"基本结构"的理念就将之囊括了。但按照维特根斯坦的"世界是事实的而不是事态的总和"之说法,社会的"基本结构",不仅包括"社会主要的政治、宪法、社会和经济的制度,以及它们如何相互契合,形成一种永久性社会合作的统一图式"①,而且包括了"社会认知"的视角结构系统。在一种"新的视角结构"的意义上,我们的"观点",不能仅仅是"政治的",还应是"认识论的"(Epistemological)。如果出于一种基础主义的堕落或萎缩,它不能再是"形而上学"的,那么,在哈贝马斯所表明的"后形而上学思想"时代,这些观点也可以上升为认知的形式或结构的"先决条件",把多样性的诸种自我中心主义的视角,真正变成"我们的视角"。只有这样,才有可能引领"他者"的事

---

① John Rawls, *Political Liberalism*, p. xli.

实,走向"包容"的规范。这也是哈贝马斯的"对话伦理学"的鹄的。在其间,哈贝马斯把"对话的视角"置于在一个主体间的结构行动系统中,通过理想对话来承认和接受一种普遍有效的"认知权威",之后再"联系起来看待"自我和他者。

无须讳言,罗尔斯的公共证成,很难被一种"视域交融"的对话或"对话的视角"所转译①,当且仅当前者的意谓,仅仅停留在政治社会稳定性之需而不是认识论上。哈贝马斯看到,罗尔斯的公共证成有在"政治性观念"与"整全性学说"之见进行实体互动或结构关联的意图,但是问题在于,在"社会事实"或社会世界的"视角结构"上,公共证成的那些"可接受性条件"何在何是呢?

在《在事实与规范之间》(1993)一书中,哈贝马斯这样认为:"罗尔斯的'政治'自由主义所回应的,是黑格尔在道德和伦理生活的关

---

① 关于哈贝马斯与伽达默尔的"对话"之争,就我所见,一个最好的思想史系谱的考察,是《法兰克福学派史》的作者马丁·杰伊所贡献的。他于此的研究论文是:"思想史应该接受语言学转向吗?——对哈贝马斯与伽达默尔之争的反思。"具体可参见,[美]多米尼克·拉卡普拉[美]斯蒂文·L·卡普兰编:《现代欧洲思想史:新评价和新视角》,王加丰等译,北京:人民出版社,2014年,第68-78页。

系名下所提出的那个问题。① ……就此而言,它从一开始就比从道德的视角提出的正义论更具有现实主义的态度。可以这么说,它是全幅度地面对政治过程的现实。如果罗尔斯考虑这个问题,他就不应该在他的证成的第二阶段上满足于对适宜的政治文化条件的反思,而应该对法治国及其社会基础的历史发展进行带有规范性质的重构。"②由此,我们可对哈贝马斯与罗尔斯之争,下一个基本的判断

---

① 关于黑格尔那个问题的阐释,可参见郑永流主编:《商谈的再思》,北京:法律出版社,2010 年,第 64 页。他们认为:"在黑格尔的哲学体系中,抽象法、道德和伦理属于客观精神,它们共同构成了客观精神发展的正题、反题与合题。……黑格尔曾指责康德把'各项实践理性完全限制在道德这一概念,致使伦理的观念完全不能成立,并且把它公然取消,加以凌辱。'……要言之,在黑格尔那里,伦理生活的实现客服了主体的自由意志所具有的分裂力量,主观的道德在伦理生活中获得了普遍性。"以我对黑格尔《法哲学原理》的阅读与理解,这里的解释是不差的。在后者那里,现实性与可能性或规范性,普遍性与具体性是一体两面,辩证统一在一起的。黑格尔的伦理试图反对康德的道德,就是想弥补后者在事实性而不是规范性上的不足。在这个意义上,讲究绝对精神的黑格尔无疑更是一个现实主义者。而罗尔斯在《政治自由主义》中的表现,让人觉得他的政治现实主义之立场或目的,使得他更像一个黑格尔主义者,而不是康德主义者。因此,他说哈贝马斯更黑格尔式一点,是有问题的,尽管哈贝马斯确实在乎伦理生活,但他更在乎康德的道德的可普遍化原则或普遍有效性主张及其实践理性的形式或程序之合理性。

② [德]哈贝马斯:《在事实与规范之间》,第 79—80 页。

是:他们的根本分歧就在于"基础问题"（fundamental questions）。①
而规范调节行动的"先决条件"及其形式的作用对象（内容），是一种
规范的认知视角的前提性问题，它把基础或底线转换成一种认知的
限度。当罗尔斯为了政治的浅薄"基础"，而回避认识论的"真实
（确）性"的深刻"视角"时，他的那种出于一己的社会理想或政治关
切的观察者视角的建构主义，无疑会受到"视角"VS"基础"的"重构
主义"之质疑，进而很难为需要"重构"的社会整合之基础提供"可接
受性条件"。而这些形式性而不是内容性或实质性的条件，只有在一
种"道德的视角"及其作为社会整合之"中介方式"的法律程序之中，
才能得间得见，才可完成那种主体间的视角结构系统。在"间"和
"见"中有"说"又有"听"——"谁想听取别人，谁就是彻底开放
的"②——之后，一种"对话的视角"可以再像伽达默尔所说的那样:
"向一个更高的普遍性提升……"③

---

① Thomas McCarthy, *Kant Constructivism and Reconstructivism: Rawls and Habermas in Dialogue*, Ethics, 1994, pp. 44–63. 关于这一点，我会在第五章"康德的检验"，再来简要申辩之。这里可补充一点的是:按照麦卡锡，哈贝马斯和罗尔斯之争可以视作在"基础问题"上的重构主义与建构主义之争，这归根结底是他们二人不同的认知视角或不同的方法论自觉所导致的。

② ［德］伽达默尔:《真理与方法》，洪汉鼎译，上海:上海译文出版社，1999年，第464页。

③ 同上书，第391页。

# 第三节　第三者担当

在哈贝马斯的"对话伦理学"中,我们不难发现,他把看似简单的
"道德的视角"这一词汇,提升到了一种可普遍化原则之层面。之所
以如此,是因为在"实用主义转向"之后的他,把美国实用主义的社会
哲学家乔治·赫伯特·米德(George Herbert Mead)在《心灵、自我与
社会》一书中的这句话奉为圭臬:"我们是社会存在,也是道德存
在。"①当哈贝马斯发展了可普遍化的"对话伦理学"时,他始终把这
种可普遍化的社会一致性认同和道德原则性认证,记在心上,道在嘴
边。而哈贝马斯对罗尔斯的公共证成过程——它由"原初状态"和
"重叠共识"这两个基本的阶段组成——之所以不满,就是因为在哈
贝马斯那里,他一直耿耿于怀的是:从一种"普遍化过程"的"道德的
视角"来看"我们",如果"我们"可以构成性存在或显现,"我们"怎么
可能只是一种"政治的存在"呢? 就算罗尔斯屡次三番地强调,他那
堪称"最合乎理性的"政治正义观是一种"道德的"观念,受"道德的
本性"(moral nature)所驱动,②也具有某种客观的可普遍化原则和
"最大的德性"之善,但显然的是,他在一种认知节制的"回避方法"

---

① 这里,参见[美]詹姆斯·戈登·芬利森:《哈贝马斯:一个简短的导论》,邵志军译,南京:译林出版社,2010年,第81页。

② John Rawls, *Political Liberalism*, p. lx.

上,把"道德的视角"一次性地掩埋了。更要命的是,无论在他的"证成"阶段还是"应用"阶段,那种被哈贝马斯念念不忘的"理想的共同视角",其实是有始无终的,甚至在其开始的地方——"原初状态"——那里,也是先天畸形、后天不足的。简而言之,罗尔斯的规范政治理论——这个结果,体现为政治正义观念的"公共证成"过程——,由于其沉重的"判断负担"和认知代价以及在"道德的视角"和"道德的基础"之间的含混不清,显然难以让一种已被证成的规范的政治价值"道成肉身"。

在哈贝马斯的"道德对话"和"交往行动"中,我们不难明白,哈贝马斯想做的无非是罗尔斯没有做好的"理想的共同视角"之工作。"道德的"和"政治的"这一对谓词,在一种实践哲学的意义上,一般是很难彻底分离或割裂开来的。而从公共证成的合理可接受性标准来看,一种观点如果要想得到他者的真心接受,除了诉诸认知的理由(A)之外,还应该诉诸道德的理由(B)。哈贝马斯秉持的"认知的立场",让他深谙(A)与(B)的"加和",可以成就"道德认知的理由"。而他对"复杂社会"(这一点,他受到了卢曼的刺激)如何才能被整合、统一在一起的孜孜以求,也让他并不缺乏在"道德的基础"上的"实践感"。在这种意义上说,他比罗尔斯确实要"复杂",因此也不那么"节制"。但是,从他对罗尔斯在"政治正确"结论上的认同去说,他在"家族内部"之争中的补正工作,无非就是想转换罗尔斯那种难以割舍的"基础性"的思维方式,把"视角性"的思维方式添加了进来,进而去完成罗尔斯没有(认知的)勇气坚持到底的"理想的共同视角"之工作。毕竟,哈贝马斯从一开始就承认道:"在我看来,在公共的论证(辩)实践的这一社会实体论观念中,已经暗含了一种道德的视角。它包括了一种复杂的相互承认关系,而在理性的对话中的参与者(在微弱的先验必然性意义上),就"必须"接受它。"①

在这里,他的"公共论证实践",其实就旗帜鲜明地指向了罗尔斯的公共证成这种政治性的理念,试图把后者转译为一种彻底脱离了基础主义之嫌疑的"道德的视角"。这种视角具有"康德式的双重意义"(Kantian double meaning)②,是彻底"反柏拉图式"(anti-Platonic)的。它意在把那种谁——无论是"参与者"还是"观察者"——都可以合理接受的"理想的共同视角"给重构出来。不过,在这一点上,罗尔斯显然是不愿为哈贝马斯埋单的。

在《答哈贝马斯》(1995)一文的开篇,罗尔斯专门把哈贝马斯的《在事实与规范之间》(1992)一书中与此密切相关一段话摘录出来:"论证实践本身需要扮演这样一种联合性的实践角色和普遍角色(jointly practiced, universalized role taking)。作为交往行动的自反形式(reflexive form),人们可以说它通过了一种完全的参与视角的可逆性,可以在社会实体论(socio-ontologically)意义上区分它自身,这种

---

① Jürgen Habermas, *The Inclusion of the Other*, p. 68.

② John Rawls, *Political Liberalism*, p. 377.

完全的参与视角的可逆性将释放出更高层次的慎思集体性的主体间性。在这一方面,黑格尔的具体普遍性(Sittlichkeit)便升华为一种纯化的过滤了所有实质性因素(substantial elements)的交往结构。"①

而之所以引证这一段话,是因为在其前后,罗尔斯仍将哈贝马斯的理论化约为"整全性学说"来看待。说到底,他认为哈贝马斯的这种交往行动理论和对话理论(Discourse theory),仍然难以回避形而上学的"基础问题",而他的政治正义观念可以做到这一点。他更不能同意哈贝马斯那种丧失了基础的"自由的眩晕"(the vertigo of this freedom)一说:"如果没有这种(形而上学的)基础,那么,一切看来似乎都是摇摆不定的,仿佛我们经历着一种眩晕,一种无所附丽的失落感。但是,哈贝马斯坚持认为,'在这种自由的眩晕中,不再有任何民主程序——该程序的意义,已经积累在权利系统之中——本身之外的固定点'。"②

不过,我们从这种反对意见中恰恰可以知道,罗尔斯的眼中似乎只有"基础问题",他的政治方法论(认识论)仍然限于"基础与基础之争"。虽然他的"共同基础"之建构,在"原初状态"中考虑到了一种理想的"我们的视角",也试图在"重叠共识"中把"我们的观点"和合成一种政治一致性结果,但是,这种公共证成的过程,仍然偏向了

---

① Ibid. ,p.378.原书的中译本内容,参见哈贝马斯:《在事实与规范之间》,第280–281页。

② Ibid. ,p.378.

政治性的"基础融贯论"。在他那里,一种政治的"自立的观点"显然是"理想的共同基础",而不再是"理想的共同视角"了。如果把上述哈贝马斯的"公共论证实践"也视为一种"公共证成"的话,那么,他的那种向内超越和介入旁观的"道德的视角",或许就能在罗尔斯的"政治实体论"之下,把"社会实体论"的认知提升到了一个新的"证成的水平"和"学习的水平"。

关于上述已经呈现的"道德的视角",我们发现,它在"参与者视角"和"观察者视角"之间存在一种内在的超越。在某种"弱的先验意义"上,它要先于或高于后两种视角。在语言所具备的普遍有效性主张的实践和普遍的角色意义上,哈贝马斯又将后两种视角称为"第一人称视角"和"第二人称的视角";而"道德的视角",被他也称为"对话的视角""理想的共同的视角"或"第三人称的视角"。概而言之,这就完整地构成了一种我们称之为"三元对话"的"视角系统"或"视角结构",它可以触类旁通于一种内外兼具的和全方位结构关联起来的"世界的视角"。

在这里,须要表明一点:这种看似笼统的区分,实则体现了哈贝马斯在一种新的方法论自觉意义上,把"视角"的不同意义真正赋予了"世界观"（整全性学说）的原产地——"生活世界"（L）①，而不是让其仅仅简单地作用于"政治的世界"（P）。无论怎样，（L）对（P）而言，都是它挥之不去的"社会事实"和"社会行动"之公共领域，哪怕（P）往往成了（L）的命运主宰者。而按照罗尔斯那种"反至善论"的政治自由主义，（L）只要交给"整全性学说"自行其是、自行解决就可以了。因为他执拗地以为，既然"政治领域"——而非整全性的"公共领域"②——的"共同基础"或"社会统一的基础"③有了，这个"生活世界"——内有大量合理多元的"善观念"——的"基础问题"，就不用去大惊小怪了。尽管哈贝马斯也在反基础主义的意义上反对至善论，倾向于通过"政治文化"把社会的集体认同给"做出来"，但他没有厚此薄彼、更没有非此即彼地认为，我们就可以只要"社会统一

---

① "生活世界（系统）"，对哈贝马斯的"交往行动理论"而言，是一个重中之重。其系统的表述，可参见，Jürgen Habermas, *The Communicative Action*, Volume 2, pp. 113–198. 这里，我只想说，他除了受到胡塞尔现象学的影响外，大概也与维特根斯坦后期哲学对"生活方式"的重视有关。后者试图用日常语言中的游戏规则和一种新的思维方式的生成，来治疗这个时代的生活方式。我的这个判断，稍后会做一点补正说明。而对维特根斯坦的如是判断，我间接地见之于［美］汉斯·斯鲁格：《维特根斯坦》，张学广译，北京：北京出版社，2015年。

② 罗尔斯反对"政治领域"及其"公共理性"，和哈贝马斯的"公共领域"混同起来。在这种意义上，他不能同意哈贝马斯与他之间的两种根本差异：一个是整全性的，一个是政治性的；一个的"代表设置"是"原初状态"，另一个的是"理想的对话语境"（ideal discourse situation）。在这里，参见 John Rawls, *Political Liberalism*, p. 383.

③ Ibid. , pp. 133, 202, 391.

的基础"，而不要那种可普遍化的"道德的视角"了。而后者不同于"道德的基础"，尽管这种"善"而非"正当"的基础，往往在"社会事实"上占据着语义学的优先权。无论就"道德的"还是就"视角"来说，哈贝马斯都是截然不同于罗尔斯，后者仅仅将它们视为一种没有多少"不同"或陌生感可言的真理语义学，而基本上弃置不顾了。

　　为了说明这种"不同"，在对"第三者担当"这个标题的表述进行详尽地分解之前，我们还是想借用维特根斯坦的术语来说明之："不同的生活"，抑或，"生活在别处"，实则不可等闲视之。在"政治领域"和"生活世界"之间，我们可以要求前者不干涉后者，保持一种中立性或优先性，但是，如果这种中立性或优先性原则，是以牺牲或漠视认知的"多样性视角"为代价，那么，它的"正当性"或"正确性"就会大打折扣。维特根斯坦的那句话是这么说的："问题的关键不在于你所说出的这些词，也不在于当时你所思考的事物，而在于这些词在你的生活中各种不同的位置上做出的区别。"①如果"道德""视角""道德的视角"这些词，无法带来这种"位置"上的区别，抑或，改变原先的堪为"基础"的"暂时的固定点"，那么，我们只能说，这种被强制标志出来的"不同"——在罗尔斯那里就是建构出一种政治正义的观念——实在小瞧了伯纳斯·威廉斯所念兹在兹的"在地理解"

---

①　[奥]维特根斯坦:《文化与价值》，涂纪亮译，北京:北京大学出版社，2012年，第124页。

（locally intelligible）①所给定的"视角"之先决性条件。而哈贝马斯的"新的视角结构"，在"政治的"和"道德的"之间，在"基础"与"视角"之间，综观理解了这一点，并通过某种中介环节，带来了一种真正的"位置"上的不同。或许，"位置"即"立场"，但立场未必非得出于一种"基础"的意义，才是既可能又可行的。而位置也未必非得是一种基础主义的立场。它完全可以通过对所有人而言并不是高不可攀的"对话的视角"，努力去做到"向内超越"与"介入旁观"，抑或，从中间去看两端，能上能下，自由出入这个主体间性遍布四方的"唯一的世界"，进而出于"道德的视角"的世界观，把或独立或不独立的"政治的视角"也包容进来。只有这样，我们才有可能声称道：一种自立的"政治的观点"（视角），也暗含着一种"理想的共同视角"，它可以真的"为了我们"去包容"他者"。但现实世界中的"他者"，难道是普遍担当或裁断的"第三者"吗？只要是他者，难道就可具备上述的"第三种人称的视角"吗？

我们发现，对于上述的视角问题，罗尔斯在他的公共证成中是没

---

① 比如，在《伦理学与哲学的限度》一书中，威廉斯谈到"为了我们的理论"时认为，像 the local folk ways 这种看似不太适宜和不断远离我们的东西，也应该包含在"我们"之中。不然，"为了我们的理论"能够依赖的东西只会越来越薄弱，也越来越少了。在这个意义上，他反对罗尔斯的政治建构主义，不过，他也是亲近地方主义的"基础"而漠视普遍主义的"视角"的。这尤其体现在他以"基础"为关键词的第三章和第四章，以及第六章"理论与成见"之中。可参见〔英〕伯纳德·威廉斯：《伦理学与哲学的限度》，陈嘉映译，北京：商务印书馆，2017年。

有彻底体认的。他只是否认作为"代表设置"的"原初状态"是一种
"独白式"的呓语,更认为如果一种"政治的"观念是最合乎理性的,
它的理性标准应该是广泛的"反思平衡",而不应该是道德的真确性。
而且,他还坚持了如下观点:从公共证成的合理可接受性标准来看,
我们无法具备也不必具备哈贝马斯的"道德的视角"这种在"反思平
衡"中永难企及的"无穷远点"(a point at infinity)。[①]　于此,我们不禁
要问:如果是这样,"我们"还能"包容他者"吗?　如果是这样,"包容
他者的视角"还有存在之必要吗?　在我看来,罗尔斯的"反思平衡"
是一种内在主义的自我主体性理念;它其实仍然是站在自己的立场
或位置上,通过一种公共(形式)条件和强设出来的"共同视角",去
想象作为"理想观察者"的他者的。这实际上仍然是一种限于"第一
人称的视角"的话语,而它那种试图"为了我们"的理论,的确是"成
见"在先。就算其——如哈贝马斯在《道德意识与交往行动》(1990)
以及《证成与应用》(1993)二书中所说——不是自言自语的,公共证
成所需的"我们的视角",难道就可以超越"第一人称语言"的意义牢
笼了吗?　不管怎样,从"我"到"我们"的公共证成之实践推理的过
程,须得考虑到哈贝马斯在《包容他者》(1996)一书中所创的两种
原则:

　　一是对话原则(D):"只有当有可能受影响的个人能以合理对话

---

①　John Rawls, *Political Liberalism*, pp. 384-385.

的参与者身份赞同某些行动规范时,这些行动规范才是有效的"①。

二是进一步强化和完善出的"道德的"意谓及其那种可普遍化的有效性原则(U):"一个规范,当且仅当对它的普遍遵守对每个人的利益和价值取向的可预见影响及副作用能够为所有受影响的人自由地、共同地接受时,这个规范才具有有效性。"②

由此,我们可以再次认为,公共证成的"基础问题",应该被转换为"视角问题"。若没有这样一种"视角转换"之工作③,"我们"这种大词是不会真真现身说法的,更可能不会理解,只有在一种主体间性的"视角结构"之中,"何种合理,谁之接受性"这样的问题,方能在实践理性的三重意义——实用的、伦理的和道德的——被三元的对话重构出来。

至此,我们须重申一点:所谓"道德的",指的就是这样一种中立性或无偏倚性的规范化"视角":"从这种视角出发,可以检验什么是超越了对我们来说是好的,而平等地符合每一个人的利益的东西。……说一个规范对所有人都同等为好的这种主张,其意义是指合理的可接受性——一切可能的相关者都能出于好的理由同意这个规范。但这一点只有在合理对话的语用条件下才能澄清,而在合理对

---

① [德]哈贝马斯:《在事实与规范之间》,第132页。这里的译文略有调整。

② Jürgen Habermas, *The Inclusion of the Other*, p.68.

③ [德]哈贝马斯:《在事实与规范之间》,第154,158页。

话中,在有关信息基础上发挥作用的仅仅是更好论据的强制力量。"①由此,我们就不难明白,哈贝马斯的"道德的视角",自然与罗尔斯的"证成的公共基础"是有不同分别的,但它可以为后者因认知节制而导致的"视角"不足,在语用意义和认知理由上,提供一种"强的善理论"之补正。

哈贝马斯坚持认为,摆荡在"原初状态"和"重叠共识"之间的公共证成之过程,它要抵达的政治正义观念,是无法赢得公平的中立性(无偏倚性)或优先性的,即很难就此达成一致性或有效的共识,被"世界观的道德"(整全性学说)所心服口服地合理接受。究其认识论或方法论之因,我们也坚持认为,其就在于我们摆荡不定的"基础与视角之争"的未尽问题之上。我们当然可以像罗尔斯那样,把"正当(确)的"这一谓词,单独地赋予一种共同的或公共的可被我们的实践目的所采取的"基础",把"善"这一谓词抛给一般代表着某种特殊利益和信念动机的"视角";但是,在这两个"把"字之间,我们要从一种社会整合的中介之"必须"的意义上追问道:那种更好的"相互性的标准"或联结性的普遍有效理由,到底何在呢?

哈贝马斯的"视角转换"工作告诉我们:如果在"政治的"与"道德的"、"正当"和"善"之间,存在着一种"契合论证"或"重叠共识",这种"共识论证"的有效"条件句"应该是这样的:对于任何一种"普

---

① [德]哈贝马斯:《在事实与规范之间》,第126—127页。这里的译文略有调整。

遍有效性主张"X——包括可理解性、真诚性、真实(确)性和正当性之主张——而言,"X→共识"的命题当为——假如 X 是有效的,那么 X 便会服从理性(理由)共识的要求。①

　　显然,这个命题形式,是在一种语用学而非语义学的意义上来陈述的。我们知道,对于任何自由或不自由的社会而言,无共识则无非强制性的合法性秩序,无共识则无"合理公民"的内在主义的认同,无共识则无"社会想象"的空间。但无论是哪一种共识,还是当诉诸被所有相关利益的自由交往的参与者而非观察者的视角所能共同接受的理由。② 这种理由,当然不能局限在"基础"的语义学的定义大纲之中。回到罗尔斯那里说,如果政治的"正当"(R)真的有足够好的理由,去中立并优先于伦理的"善"(G),那么,这种主张若是普遍有效的,则必须把(R)的非基础性的"道德的视角"之意义,从(G)的语义学那里拯救出来。可以说,哈贝马斯与罗尔斯之争,就是在"道德的视角"的可普遍化原则的关照下,才有了一种新的方法论自觉,它为我们不再担心"道德的基础"是浅还是厚,是强还是弱的实践理性之问题提供了可能,也提供出一种为了"社会整合"必须通用的"认知的立场"。

　　在接下来的第四节,我们会重新来阐发这种"认知的立场",它是

---

① [美]詹姆斯·戈登·芬利森:《哈贝马斯:一个简短的导论》,第 44-45 页。

② [德]哈贝马斯:《在事实与规范之间》,第 146 页。

对"基础与视角之争"这种看似泛泛的解释框架的综观理解。这里，让我们正式来言说一下，"道德的视角"作为"第三者担当"的规范意义。在哈贝马斯与罗尔斯之争的后续阶段，前者认为，由于后者过于在乎"政治的"合乎理性的基础语义学，或者说为了把"合乎理性的"（reasonable）这一谓词赋予"政治的"概念，他的这种"证成的"政治语义学出于"公共理由"的微弱诉求，就很难去对治"真确的"（true）的世界观那种非公共理由的强烈"辩解"。①为此，哈贝马斯阐发了"合理性的第三者（种）视角"（A Third Perspective for the Reasonable），并认为离开了这种"道德的视角"，那种中立性的政治观，显然是无法"功成名就的"。而且，他还认为，在"合乎理性的"和"真确的"之间，不能为了前者就把后者回避或打发掉了。何况，对后者优先性事实的承认，并不会使得前者的普遍主义之认知内涵遭到致命打击，相反，说不定还可能起到一种激发的好作用，只要我们真的可以把"道德的视角"，当作一种更具普遍有效性主张的"第三者"来共同地使用，并能"铁肩担道义"。

　　为了更好地说明这一点，下文援引支持哈贝马斯做出这种判断的原文："信仰共同体信徒所持有的视角不同于公共的对话参与者的视角。个人从第一人称单数出发，试图搞清楚的是，他应当如何生活；每一个个人都是不可替代的，在存在论的问题上都具有决定性的

---

① 　Jürgen Habermas, *The Inclusion of the Other*, p. 86.

力量,这种力量不同于公民在政治意见和政治意志形成过程中可能出错的意识。但是,正如上文所说,罗尔斯并没有从公民采取共同的视角这个角度来阐明他们就共同的政治观念所达成沟通的过程。由于缺少这一种共同的视角,因此,'合乎理性的'的概念,必须适用于各种'真实的'世界观语境。"①

接下来,哈贝马斯更是明确地认为,作为公共证成的第二个阶段的"重叠共识"是不可能的。因为即使是已经具有公共同一性的"公民",他们的世界观的"真实性",未必就会预设那种政治的"合理性"的共同视角,而他们未必非得去关心政治正义的根本问题,除非这种"重叠共识"作为一种"道德的视角"的前提,而不是作为其要抵达的结果,已经事先在公共的行动实践中早已完成了。但实际上,我们没有在"唯一的世界"——尤其是其间的那些非宪政民主的政治世界——之中,看到这样一种可能性的发生;尽管,它可以是一种亟待完成的或例外无比的"事态",等着我们一起去把它变成一种静态的"社会事实"和动态的"社会行动"。在哈贝马斯看来,这种"道德的视角"并不存在于"合理性"之间,其"真实性"的有效主张,在进行"公共论证"的政治实践时,是应当作为一种有点"弱超验意义"的"第三者",优先于企图保持中立的政治观。但很遗憾的是,我们在罗尔斯公共证成的第二阶段,没有发现这种"为了我们"的"共同的视

---

① Ibid. ,p. 87.

角"。所谓"我们的观点",不过是为了让"政治性观念"的"合理性"取代"整全性学说"的"真理性"的自主理想的公共要求。可是,这究竟是如何可能的呢,如果"重叠共识"只是一种出于社会稳定性之目的-手段的策略性或实用性行为之取向? 总之,在哈贝马斯阐发的实践理性的三层意义中,作为向内超越的"第三者"的"道德的视角",抑或第三种人称语言使用的"道德的视角",其规范性要明显高于使用第二人称语言的"伦理的视角"和使用第一人称语言的"实用的视角"。但是,在这里,我们又要再一次对于这个问题持保留态度:这个视角担当的"第三者",是不是作为观察者的"他们",而非参与者的"我们"的视角吗?

从视角担当的"第三者"意义上,我们可以这样来归纳哈贝马斯与罗尔斯之争的关键性争点之所在:

第一,在罗尔斯公共证成的后一阶段,"我们(即你和我)的视角(观点)"在"公共理性"的实践推理下,从一个理想但虚拟的"观察者的视角"转换成一个并不那么理想但实在的"参与的视角",并借用广泛的"反思平衡"来检验自己的"确信"是否达到或契合了"普遍性的层次"。这种"视角转换"的工作,在罗尔斯那里其实并不是阙如的。但问题就在于,罗尔斯的那种政治性的"我们的视角",难道真的是一种不偏不倚的"第三者的观点(视角)"吗? 我们发现,在《道德理论中的康德式建构主义》(1980)一文中,罗尔斯如是说道:"当我们从第三方观点来设计'作为公平的正义'时,我们给各派提供给必要的一般性事实。这些事实,给定我们社会公共知识的状态,我们认为是真确的或足够真确的。那么,各派达成的协议与这些信念是有关联的。我们必须从我们当下之所处开始,别无选择。"①由此可见,对于罗尔斯而言,所谓"第三者视角",是停留在"原初状态"的各派达成的协议之观点,但他认为,这种观点可以与当下的"我们的视角"衔接并契合起来,在公共的政治文化隐含的直觉信念那里,发掘并建构出一种原则性的"共同基础"。显然,这与哈贝马斯的"三元对话"的"视角结构"及其"第三者视角",是极为不同的。

第二,在哈贝马斯看来,罗尔斯的公共证成,存在着第一人称复数的"参与者的视角"和第三人称单数(实际上即罗尔斯本人)的"观察者的视角",但这两种视角都不足以支撑起"理性的公共运用"之过程。在罗尔斯所给定的那种政治的对话中,所谓的参与者,是信奉那些"整全性学说"并在其形而上学的立场上形塑和表达自己的政治观的人。所谓的观察者,指的是,那些在观察的理想实验中,是否可以把一种规范而客观的政治观给聚合与共识出来的人。但很显然,参与者由于使用的第一人称的语言或视角去实践推理,其无可逃避的私人化的信念和动机,使其很难与他人的政治观一致,甚至当他们同时推崇一种"整全性学说"(比如儒家学说)时也在所难免。而第二种观察者的视角,虽然可以预设了一种政治一致的客观情形,但他

---

① John Rawls, *Collected Papers*, p. 322.

们在实际的政治对话过程中的缺席,使得他们的眼中的那种规范的政治观,虽然可以是"真确的"或"得到证成的",但它一旦进入实践推理的"应用阶段",就很难说能支撑起一种担当中立性原则的第三者的"我们的视角",抑或,很难把"证成阶段"里那种"理想的共同视角",变成不是"权益之计"或"脆弱的共识"的东西。总之,哈贝马斯不认为,罗尔斯到了"重叠共识"这一步,就可以把政治中立性的"第三者视角",能从"整全性学说"的天然性向的诉求或主张那里拯救出来。因此,必须转换出另外一种道德的"第三者视角"出来。

第三,哈贝马斯的"道德的视角",就是那种不偏不倚的"第三者担当"。它补正了罗尔斯的政治自由主义在前两种视角上的缺陷,并在"从一开始就有的证成的三方"("three kinds" of justification ... shared from the beginning)中,①完成了对"政治价值的优先性"的公共论证实践。即,这种"道德的视角是公民从一开始就有的理性都可以去公用的。"②哈贝马斯认为,罗尔斯试图采用一种不偏不倚的判断的视角,但是,后者漠视了世界观(整全性学说)的"道德意识与交往行动"的那一面,并没有把一种主体间性的"对话的视角"贯彻到底。而且他还认为,罗尔斯对政治中立性原则的公共证成,其依赖的"合乎理性的"这个谓词,是比较贫瘠的;它不足以廓清,也不足以作为一

① Ibid. ,p. 91.
② Ibid. ,p. 88.

个阿基米德点,撑起中立的视角担当的"第三者"。当罗尔斯把"政治的"和"形而上学的"这一对各属不同的实体论之范畴,在语义学的意义上给区分、界定出来,这种划分所依赖的语义学的内容和"范围标准",显然小看了世界观的"真之追求"。这种"实体式的二元论"的视角,显然是狭窄了。而哈贝马斯的理论旨趣就在于:一种"道德的视角",才可以充当不偏不倚的"第三者视角",并在一种忠实于康德的实践理性的自主奠基和形式条件的意义上,把一种中立的程序主义的政治观,给创发出来。而这种"第三者"的视角担当,在仅仅限于参与者和观察者这两种视角中的罗尔斯那里,未得到明确的前提性的"公共承认"。

我们知道,罗尔斯认为"整全性学说"不具有公共证成的规范基础性意义或作用。关于这一点,哈贝马斯的解释是:"也就是说,在这个阶段,罗尔斯不承认观察者视角和参与者视角之外,还有第三者的视角。在获得'重叠共识'之前,没有任何主体间的共同的视角,能够使公民可以说从一开始就形成一种不偏不倚的判断。正如我们可能认为的那样,若没有'道德的视角',就没有那种须在公民的共同对话之中形成和论证的政治观念。"①可以说,在"第三者"的视角担当的意义阙如上,罗尔斯的"重叠共识"这个声称拥有"你和我的观点"之应用阶段,看来还是把"证成"的合理可接受性,看得过于"共同"了。

————————————

① Ibid.,p.84.

而一种"自立的"政治的观点，若当它进入"我们的视角"，就必须要去追问这样一个问题：那种可以包容他者的不偏不倚的"第三者"，到底是何方"神圣"，又如何"道成肉身"的呢？

<h1 style="text-align:center">第四节　认知的立场</h1>

　　首先让我们再来"复制"一下，哈贝马斯在《"合乎理性的"VS"真确的"，或世界观的道德》(1995)一文的一段完整之言，之后再对之进行"转译"的认知工作："在政治价值优先性中表现出来的是实践理性的一种要求，即要求不偏不倚，这点一般主要蕴含在道德的视角之中。不过，它不是罗尔斯所说的'合乎理性'的概念所能涵盖的。'合乎理性的'(the reasonable) 人希望得到公平的相处之道，当他们认识到，在宗教的和形而上学的观念上不可能取得一致。但是，这并不意味着，在他们的确信中，存在着可以为所有人共享的道德视角，后者要远超过是那种反思性与放弃暴力的'合乎理性的'世界观。世界观必须服从实践理性的要求，一种'重叠共识'如果想成为可能，实践理性的要求就只能用一种独立于世界观的认知权威来加以证成。"①

　　这里想指出，上述的关键处是最后一句话。世界观人皆有之，且

---

　　① Ibid. , p. 93.

可以承诺合理性,但是,它未必就具有真确性,只能交给具有普遍有效性主张的"道德的视角"来承载之。当罗尔斯把真确性赋予了"世界观",把合理性赋予了"政治观",这种"二元论区分",其政治观的中立性及其优先性,显然是无法赢得"世界观"的同意并被其接受的。在哈贝马斯看来,一种规范的政治观念,必须慎重处理合理性与真确性之间的关系;它无法回避世界观的优先存在,需要由之出发来证成自主性。在这个意义上,他和罗尔斯围绕着什么是"政治的"的定义上,有着一种谁堪为其更为恰当的谓词的争论。这是个我们将放到第四章来处理认识论的问题。在这里,我们仍然想回到"基础与视角之争"的分析框架,来申述一下基础、视角和立场这三者之间的实践理性问题:如果前二者成为一种主义,且成为一种牢不可破的立场,这种确信如何才能担当起公正、公平、公开的"第三者"的大任呢?

事实上,作为道德的视角的"第三者",并不能被简单地视为第三人称的"他"(她)或"他(她)们"。而这个"第三者"的担纲者,也不像韦伯所讲过某种统治的权威——无论是魅力型、传统型还是法治型的——那样,喜欢要求人们放弃一种更好的认知理由和论证力量,只要匍匐其下,乞灵于之才能获得它的恩赐。"道德的视角",本质上是一种向内超越,进而在"三元对话"的视角结构中内外相连的认知权威。对于哈贝马斯的"对话伦理学"来说,它的最终企图是要把世界观去中心化,对"我们的视角"做出界定,进而在"对话者的视角"(speaker perspectives)和"世界的视角"(world perspectives)之间确立起一致性的认知权威。众所周知,哈贝马斯把"世界",分为了第一人称视角的主观世界,第二人称的视角的社会世界和第三人称视角的客观世界。而我们的"生活世界"呢？作为对话者的我们,需要从共同的"生活世界"出发,借助某种认知视角,与这三个世界——即分别作为内在自然的"我"的世界,关于社会的"我们"的世界,外在自然的"那个"世界——就某事某物达成共同的理解。① 考虑到三个人称与三个世界的对应关系,我们就不难明白,作为第三者担当的"道德的视角",就不能等于"第三人称的视角"。它毋宁说是在三个世界的主体间的视角,允许我们作为单个人将之发见出来,并体认出一种社会实体论观念的认知权威。只有如此,才能承诺这样的无偏倚性或中立性之道："一条对所有人的生活都同样有益的,规范着我们共同生活的途径。"②

由此可知,在哈贝马斯那里,由于他对"生活世界"及其交往行动的重视,他显然不能同意,罗尔斯那么轻易地将之置于"政治世界"的单向度的强行统合之下。而他之所以无法苟同,是因为,除了我们上面提到了罗尔斯有陷入"基础与基础之争"的嫌疑(A);难以把"理想的共同视角"(B)阐发出来之外。问题还在于,罗尔斯的认知节制、回避方法和政治建构主义,尽管看到了"我们的视角"的重要意义,但

---

① Habermas,*The Theory of Communication Action*,Vol. 2,p. 126.

② Habermas,*Justification and Application*,p. 59.

这是否就一定能"包容他者"呢？我们知道，在《政治自由主义》（1996）一书中，罗尔斯并不想对非宪政民主国家的政治问题说些什么，它的适用范围被他限定在一国之内"封闭的"政治关系领域，只能生入死出。但是，这种像拉兹所说的"直面多样性"的限定性情形，显然很难去涵盖并适应这个我们只能生活在其间的"唯一的世界"。而且，这让我们心生怀疑：如果我们一起生活在诸如美国这样的国家，就真的值得那样去向往吗？遗憾的是，美国无法代表世界，而它限于自身的优先性渊薮也无法包容普遍的他者。说不定，某一天它的大门就会对移民彻底地关闭，将他者拒绝到自身在外。这是生活另外一个国度中的"我们的视角"所不愿看到的，也是难以令人去实际接受的。而在《包容他者》（1996）一书，哈贝马斯显然看到了民族国家的某些自反性问题，表达了某种出于康德的"世界公民"的永久和平之期待。进而言之，当我们在"政治观"和"世界观"之中进行抉择的时候，不能非此即彼，只要生活欠缺的"政治观"而忘记了生活丰盈的"世界观"了。尽管后者的确有着多样性的解释视角，甚至会陷入视角主义的樊笼，很难具备第三者担当的"道德的视角"。

不过，哈贝马斯对此是乐观的。在他的对话的视角结构之中，他相信道德的可普遍化原则的认知内涵，相信自由而平等的公民可以通过"理性的公共运用"之实践推理的过程，共享共用"道德的视角"的那种同等对待或一视同仁的相处之道，进而通过转换参与者的视角，实现政治的自主。他认为对话的政治观，打开了"道德的视角"。

这种视角,借助法律的中介,赋予了公民交往的权力,拥有着不同于前政治的习俗和道德的基础的规范性权威之地位。① 而这种权威,只能建立在一种"作为公平的正义"的"认知的立场"而不是"政治的立场"之上。于此,我们可再援引他下面的这段话来加以说明:"正义的问题涉及的是人们之间有争议的种种主张。对这些主张,我们可以根据有效的规范进行公平的判断。这些规范本身也应该接受一种普遍化检验,以判明什么是对所有人都同等为好的。就像'真'是表示陈述性句子之有效性的一个谓词一样,'正义'是表示那表达道德命令的全程规范性句子之有效性的一个谓词。因此,正义绝不是诸多价值中的一个价值。价值总是与别的价值发生冲突的。……价值要求承认的是相对的有效性,而正义则提出了一个绝对的有效性主张:道德命令所主张的,是适用于所有人和每个人的有效性。"②

不难明白,对于哈贝马斯的基于普遍语用学的"对话伦理学"来说,特定价值的"兴趣"之取向和理解规范的"兴趣"之取向,是极为不同的。但只有出于后者的认知兴趣,我们才能承诺或主张:自己的"正义"之一致性或中立性之诉求,是具有普遍有效性的。一种东西如果对于所有人和每个人来说都"同等为好",这种道德的命令,如何必须响应道德的理由和原则,则必须把它的认知内涵给凸显出来。

---

① 哈贝马斯:《在事实与规范之间》,第 175,180 页。
② 同上书,第 187–188 页。

换句话说,它不能站在某种价值偏好的特殊立场之上,而应当奠基在一种认知规范的"道德的视角"之上。而这种认知主义的视角,其实是"无立场"、"无位置"的,也用不着乞灵于某种追求确定性的或是一元论或是二元论的基础主义。如果必须说"立场"的话,它只能被普遍地称作是一种"认知的立场"。这就不同于罗尔斯的"认知节制",更不同于他的那种无立场、无位置的"代表设置",即至多停留在一种"理想的观察者视角"之上的"原初状态"。

按照哈贝马斯,认知的兴趣在"道德的视角"之意义上,是可以遍布世界中一切角落的。如果借用康德一生的那"三个问题"来说,"人们应当知道(或理解)什么",大概是具有"第一性"或"第二阶"的规范意义的。当哈贝马斯区分了"规范"和"价值"的不同,并话里有话地暗示了我们:当罗尔斯把"政治的价值"——正义和公共理性——拔高至凌驾一切的地步时,他其实坚持了一种不同的"正义观",与其说它是程序主义的,不如说它是无立场的,想彻底一次性地在认知权威的意义上做到中立。不过,在哈贝马斯看来,只有作为第三者担当的"道德的视角",方可主张自己的"有效性"(validity),尤其在"正确性"或"正当性"(right)上。这就区别于罗尔斯只把"正当性"赋予了"政治的观念",而不是一种通达共同理解和交往行动的"道德的意识",以及那种"有(实质)世界的世界观"。可以说,后者如果要"兴趣成真",大概只能诉诸"认知的立场"才有可能通达公平、公正和公开。

兴趣(Interest),这个词汇显然可以被我们翻译成"利益"。但是,这种但求为"好"不求"正确"的转译工作,无疑是认知过于节制的。按照哈贝马斯,它更应该是一个认识论的范畴:"兴趣概念,并不意味着从先验逻辑特性到经验特性之自然主义还原。事实上,它想要阻止的正是这样一种还原。知识-构成兴趣借助于其自我形成过程的逻辑,调节着人类的自然史……但是这样的兴趣无法被用来将这种逻辑化约为任何一类自然基础……通过自然的工作和互动,包括学习的过程以及达成的相互理解……这就是扎根在工作和互动条件中的知识-构成兴趣,无法在再生产的生物学的指涉框架以及类的保留中被理解的原因。不诉诸再生产的文化条件,也就是不诉诸那种已经在这两种形式(主观自然和客观自然)的知识的自我-形成过程,社会生活的再生产绝对无法得到充分描述。"①

上述的这段话,可以参照哈贝马斯在《知识与人类兴趣》(1968)中的另外一段话才能理解:"因此,只有通过本体论区分的方法,理论才能真正认识去魅后的自在的世界。同时,纯粹理论的幻想才能被当作防止退回到已经被超越的更早阶段的武器。如果我们可以观察到纯粹存在本身只不过是一个客观主义的幻想,那么,自我本身就不

---

① Habermas, *Knowledge and Human Interest*, p. 126. 这里的译文,转引于托马斯·麦卡锡:《哈贝马斯的批判理论》,王江涛译,上海:华东师范大学出版社,第148页。

能在纯粹存在的基础上形成。兴趣的抑制属于兴趣本身。"①

综上二者而言,结合哈贝马斯与罗尔斯之争这个主题内容,我们可以由此阐发出如下观点:

第一,知识-构成的兴趣,是反对过去的本体论和基础主义的,它也不是现象学和自然主义的那种对"物"(Goods)的还原。在这个意义上,如果考虑到罗尔斯的"二元论区分"问题,我们就可以说,他所做的"非本体论(义务论)的直觉"(deontological intuition)的区分工作基本是类似的。② 但显然的是,他试图让他的正义这种政治的观念,作为一种自立的"构成性"的观点,要么对"整全性学说"保持节制,要么试图建构出一种"政治的纯粹存在"基础,无疑僭越了"知识-构成的兴趣"。罗尔斯不好的地方,还在于哈贝马斯曾反对过的关于"基本善"的理论构想。它是一种实质因素的"物"的还原或化约,而它与"基本权利"这种形式或程序的限定条件,是很难混同在一起的。③ 还有的是,当其"基本自由"的优先原则,强调为了自身和在自身之内才能受到限制时,它的客观性及其"公共理由",仍然不是在认识论的"兴趣"的意义上来讲的。或许,罗尔斯的"政治性观念",有陷入"客观主义的理论幻想"之嫌疑,可能也会如哈贝马斯所说,似乎

---

① Ibid. ,p. 307.
② *Habermas and Rawls:Disputing the Political*,pp. 30–31.
③ Ibid. ,p. 31.

已经变成了某种"先验的东西"。①

第二,在《通过理性的公共运用而作的调解》(1995)一文中,哈贝马斯如是说道:"正义的观念不能错误地承担起'政治的'意义,不能仅仅导致一种权宜之计(modus vivendi)。理论本身必须提供一些前提,它使得我们和他者,在一种正义的基础上,都能承认真确性和合理性,以便达到与之一致的协议。但是罗尔斯如果从功能主义的视角把正义解释为公平,他就必须允许,在他理论的有效性和它在竞争的世界观中的中立性面向之间,建立起一种认知的关系(epistemic relation)。"②之所以做此进一步引用,不过是来说明,哈贝马斯是出于一种"认知的兴趣"和"认知的立场",来反对罗尔斯的政治正义理论的。后者对"政治性观念"和"整全性学说"做出的二元论区分,如果放弃了这种"认知的兴趣"和"认知的立场",而把规范理论的"兴趣"和"立场"交给了一种稳定性的功能主义和过于认知节制的实践目的,那么,它的"正当合理性",就可能既不是"政治正确的",也不是"道德正确的"。因此,它就会丧失其普遍有效性主张,无法作为"第三者"担保出公平、公正和公开之视角。而这种普遍而又中立的视角,如果是一种无立场的立场的话,显然更应该通过"对话形式"和一种"交往理性"的理解(认知)范式,在一种"世界主义"——而不只是罗尔斯那种"我们(你和我)的观点",这至多在他

---

① Ibid.,pp.42–43,38–39.
② Ibid.,pp.36–37.

的"公共理性"的给定意义上,称得上是一种"第二人称的视角"①——的视角结构系统中,把认知的正确意义贯彻到底,直到可以无限地接近真理。易言之,也就是将以"正确性"和"真实(确)性"为归旨的认知兴趣纳入"道德的视角",并将它的实践理性,公共运用于"社会实体论"的世界观之中。

因此,如果我们要想获得一种规范的政治观,看来仍然需要继续做出"本体论的区分",并在一种认知的立场上,反对任何一种诉诸基础或基础主义的建构主义。这种认知不节制的方法,如果不是一种"客观主义的幻想",就可以无惧堕入主观主义的"社会想象"。而后者,其实都很难在一种"社会世界"里,让我们共享那种可以响应更好的理由和论证力量的生活方式。

我们知道,作为法兰克福学派第二代领头羊的哈贝马斯,从很早就想"构建一个批判理论的方法论"。为达成这个"认知的兴趣",他致力于打通各种学科之间的壁垒,在一种互补互证的学习过程或水平上,最后把"对话"这个看似是日常语言的实用主义维度引入了认知主义的"道德的视角",从而让我们从"基础"这种巨大的隐喻之黑洞中,有抽身而出继续前行的可能。在这里,如果要对"基础与视角之争"的解释框架做一番综观理解的话,就有必要在"政治的基础"(P),道德的视角(D)与"认知的立场"(K)这三者之间,给出如下一

---

① 关于"第二人称"的观点(视角)或立场的研究,可参见[美]斯蒂芬·达尔沃:《第二人称观点:道德、尊重与责任》,章晟译,南京:译林出版社,2015年。

点未必是恰当、清晰或透彻的呈现与说明(表4-1):

表4-1 "基础与视角之争"的解释框架

| 前提形式 | 理想类型 | | |
|---|---|---|---|
| | 政治的(P) | 道德的(M) | 认知的(E) |
| 基础(F) | 政治的基础 PF | 道德的基础 MF | 认知的基础 EF |
| 视角(V) | 政治的视角 PV | 道德的视角 MV | 认知的视角 EV |
| 立场(S) | 政治的立场 PS | 道德的立场 MS | 认知的立场 ES |

按照上表所示,我们可以厘清,哈贝马斯和罗尔斯之争到底对我们意味着什么,而我们又须做出什么样的反思、判断和行动。无须讳言,我们的主要意图是出于一种政治关切,试图通过哈贝马斯与罗尔斯之争来检视何种政治的观念堪为一种普遍的规范,进而可以为我们在一种方法论自觉的意义上真正合理地接受、认同和践行。因此之故,尽管罗尔斯在"政治性观念"和"整全性学说"做出的二元论区分是重要的,但我们确实与哈贝马斯一样担心:罗尔斯在错误的道路上,把一种错误的意义赋予了"政治的"(the political)这一事关大体的谓词。可以说,罗尔斯真的没有意识到"道德的"这一谓词,不仅可以是基础性的,而且还是视角性的;而"政治的"这一谓词虽然可以是"道德的",并可和合成一种"政治的道德"(PM)或"道德的政治"(MP),但是从认知的立场(ES)上来看,这二者的问题都在于:在它们之内,"认知的视角"(EV)是阙如的或不足的。而且,它们要么失

去了"政治的基础"(PF)意义,要么过于高抬了"道德的基础"(MF)意义。或许,对于罗尔斯而言,存在着一种"政治的道德"(PM)的东西,但是,它要如何才有一种"道德的视角"(MV),去抵抗的"道德的基础"(MF)那种强烈的"真之诉求"呢? 而对于"道德的政治"(MP)而言,它其实虽然看似良知在我、理直气壮,但它不会想到,"道德的视角"(MV)显然是可以在"认知的视角"(EV)或"认知的立场"(ES)的意义上去考量的,因此不必把"道德的基础"(MF)太当一回事。尤其是:当我们用道德来证成政治(道德评价国家)的时候,我们未必就拥有诸如真确性、正确性或正当性的普遍有效性主张,很难对之保持智识的诚实和头脑的清明。而"道德的政治"这种模棱两可的说法,和国内某些思想流派所尊奉的"文化的政治"这尊大神——无论它以哪种形形色色的面目出现——一样,或许是深陷于迷途而不知返的。因此,其最后只能是"因信称义"了,信则灵,不信则不灵。而这就未必比罗尔斯和哈贝马斯同样主张的"政治文化",能强到哪里去。

可以说,罗尔斯后期的"政治转向",不外乎集中在上表中的(PF)(PV)与(PS)。不过,当我们把"道德的"和"认知的"维度一起考虑进来,并去诉诸康德的实践理性的精神谱系时,罗尔斯的这三种"政治的"前提形式,就会遭遇到"道德的认知内涵"更为严格的规范性检验。这就是我们下一章要做的"重要之事"了。而为了响应本书主题的形式与内容之需要,在本章的最后,我们还想再补充哈贝马斯

在《道德认知内涵的谱系学考察》一文中的一段话,并以此作为一个
仍然是暂时锚定的终点:

　　"这里要指出的是,一般证成的前提的内涵不是在道德意义上才
具有'规范性'。因为,包容性只是意味着进入对话不受任何限制,而
不是指任何一种强制性行动规范都具有普遍性。交往自由在对话中
是均等分配的;对话自身也要求具有真诚性,所有的这些,都是证成
的义务和证成的权利,而不是指道德的义务和道德的权利。同样,无
强制性指涉的是证成过程本身,而不是实践推理之外的人际关系。
证成(语言)游戏的构成性规则,决定着论据,以及肯定/否定立场的
相互转换。它们所具有的,是能够证成命题的认知意义,而不是直接
推动行动的实践意义。"①

---

①　Jürgen Habermas, *The Inclusion of the Other*, p. 45.

# 第五章　康德的检验

　　按照一般的诉讼法庭构成比例原则或过程权衡原则,哈贝马斯与罗尔斯之争的当事人,应该有各自的辩护方(律师)在场。但至今为止,若我们引入"实践哲学史"①的思想谱系,对于这起尚未过去的重要的"历史互动"或"同源互补"的政治哲学事件,我们还很难看到

---

①　关于实践哲学史的一个宏观的概述或指涉,可参见应奇为"当代实践哲学译丛"所写的总序。毋庸置疑,一如哈贝马斯所言,罗尔斯的《正义论》(1971)是实践哲学史上"一个轴心式(关键性)的转折点"。但十年之后,哈贝马斯的《交往行动理论》(1981),无疑把这种实践哲学或者说后康德的实践理性,推到了一个别有洞天的认知广度、深度或高度。而之后不久的《道德意识与交往行动》(1983)的出版,则标志着哈贝马斯的"道德理论"(即"对话伦理学"),已足以有能力与罗尔斯站到了一起。在是书中,不难看出罗尔斯对他的重大刺激,尽管前者只是他的一个批判对象,但这恰好整成了前者对后者的影响。这种影响到了哈贝马斯的政治哲学和法哲学转向时,也一直都在。这体现在他的《在事实与规范之间》(1992)一书中。不过,这要早于标志罗尔斯"政治转向"彻底完成的《政治自由主义》(1993,1996)一书。甚至在罗尔斯身死(2002)之后,哈贝马斯仍然在《在自然主义与宗教之间》(2005)一书中,用一种"集体的学习过程"和"公共理性使用的认知预设",回应了罗尔斯关于宗教的"文化政治"与世俗的"政治文化"或政治价值的张力关系之问题。比较明显的体现是,该书第五章"公共领域中的宗教"以及第十章"文化的平等对待与后现代自由主义的界限"这两篇论文。而关于罗尔斯对哈贝马斯最初的影响,我们可参见石元康的《罗尔斯》一书的最后,第七章"契约伦理与交谈伦理"。由此,我们可下判断说:罗尔斯和哈贝马斯二人,是实践哲学史("道德理论"与政治哲学)上的两个风向标式的典范人物;而且,他们都同在康德的实践哲学的谱系之中或之后,是"后康德"的实践哲学中的"两峰对起"。

系统分量足够或重视程度更深的辩护方。① 如此一来,这为我们进入最后的法官当庭宣判时刻,提供了方便的口实或直接的通道。而能够充当哈贝马斯与罗尔斯之争的"法官",当然非康德莫属。之所以如此,是因为他们都相似于或内在于康德的"家族",而他们意在有所作为的理论都可视为"后康德"或"康德式"的实践哲学。于此,哈贝马斯不仅称他与罗尔斯之争是"家族内部"的,在一致对外的"根本结论"上没有异议②;而且,他还在《包容他者》(1996)一书的前言中自承:"我在争论中所要阐明的是,对话理论(discourse theory)能更好地把握罗尔斯和我的工作共同赋予(inform)的道德直觉观念。而且,我之所以作出回应,目的是想澄清政治自由主义和我所理解的康德

---

① 其实,关于哈贝马斯与罗尔斯之争,一个比较凸显的辩护方能是雷纳·弗斯特(Rainer Forst)。作为哈贝马斯晚年的得意弟子,他在哈贝马斯与罗尔斯的比较基础之上,试图发展出"证成的权利"和"批判的正义"之说。在某种意义上,他采用的也是"公共证成"的进路。而且,哈贝马斯在正式介入与罗尔斯的"历史性互动"时,特别提及:除了肯尼斯·贝恩斯(Kenneth Baynes)的《社会批判的规范基础》(*The Normative Grounds of Social Criticism*)一书外,弗斯特的《正义的语境》(*Contexts of Justice*)一书,对他回应罗尔斯的政治自由主义,起到了特别有益的作用。我们看到,在《证成的权利》(*The Right to Justification*)这部论文集中,弗斯特有一篇专文"*The Justification of Justice: Rawls and Habermas in Dialogue*",来直面哈贝马斯与罗尔斯之争,并想合二为一。其外,颇值得一观的有:查尔斯·拉莫尔(Charles Larmore)、克里斯蒂娜·拉丰特(Cristina Lafont)、奥诺拉·奥尼尔(Onora O'Neill)、阿尔布莱希特·韦尔默(Albrecht Wellmer)和托马斯·麦卡锡(Thomas McCarthy)。这些人都有专文或专章,或深或浅地回应了哈贝马斯与罗尔斯之争。

② *Habermas and Rawls: Disputing the political*, p. 25.

式共和主义(Kantian Republicanism)的区别。"①这一章的内容,处理的就是他们二人在康德这个共同的"基源"之后的认知分歧和进路分别之所在。我们试图回到康德那里,在康德最为明显的"奠基"之上和"框架"之内,来审视并检验他们在实践理性及其行动主体上的"变形记"或"分家论",并以康德之名尝试作出一种"最终的判词"(the last words)。

## 第一节　实践理性

显然,从实践哲学史进路来看哈贝马斯与罗尔斯之争,不得不从康德的实践理性开始。因为他们争来争去,都无法自外于这个无可逃避的"元层面"的问题:何种理性(理由),谁之实践(行动)? 按照康德主义的一般说法,没有无理性(理由)的实践(行动),而看似没有构成性原则约束的非理性(比如,无法自主或缺乏自制的状态)其实也预设了理性的能动性(agency),让行动者做出了响应"实践理由"的内在主义的选择。②在这里,我们无意介入康德之外关于实践理性的概念史之争(比如,亚里士多德主义的或休谟主义的实践理性)。支持这种"认知节制"的理由,无疑是出于本书主题的自我指

①　Jürgen Habermas, *The Inclusion of the Other*: *Studies in Political Theory*, edited by Ciaran Cronin and Pablo De Greiff, CMA: The MIT Press, 1998, p. xxxvi.

②　徐向东:《实践理性》,杭州:浙江大学出版社,2011 年,第 14 页。

涉或内在规定:

第一,对于哈贝马斯与罗尔斯而言,康德于他们是构成性的(奠基性的+框架性的),由后者的"道德同一性"而来的实践理性,可以作为"规范性的来源"或"最佳化命令"的初显(prima facie)原则①;

第二,对于康德本人而言,哈贝马斯和罗尔斯后来再怎么外溢于他,但都是可以在他的实践理性"家族内部"相似或契合的。换言之,后二者对康德在道德正确性和政治正当性上的进一步批判或证成,只能是内在主义的,无论是建构还是重构。事实是否如此呢?而摆荡在哈贝马斯和罗尔斯之间的政治观,哪个能更能经受住康德的实践理性之内在检验呢?易言之,到底何种"康德式的"政治观,更能契

---

① 显然,我在这里借用了克莉斯汀·科尔斯戈德(Christine Korsggard)和罗伯特·阿列克西(Robert Alexy)各自的形式化的概念表述。在科尔斯戈德看来,规范性理论的最好方案非康德莫属。她认为,是康德告诉我们,规范性只能来源于我们的自律(自主)。而这恰恰意味着,我们的"意志"要严格按照自己的"原则"办事,且这种第一人称的道德原则,具有"实践的同一性",即融普遍性(绝对命令的自明性,自我立法且成为道德义务)和具体性(内在权威的反思性或自反性,赋予人性的理由和价值)于一体。(可参见[美]克莉斯汀·科尔斯戈德:《规范性的来源》,杨顺利译,上海:上海译文出版社,2010年,第119—142页。)而在阿列克西看来,作为"正确性宣称"(the claim to correctness)的原则,是处在元层面的"最佳化命令",是理想但不确定的应然,但仅仅是"初显的"应然。显然,这种看似并不是多么绝对或至上而仍需进一步"权衡"或"衡量"的命令,其基本参照是康德的"绝对命令",只不过多了站在康德之后的哈贝马斯的再影响。比如,"普遍有效性主张"。(于此,可参见[德]罗伯特·阿列克西:《法:作为理性的制度化》,雷磊编译,北京:中国法制出版社,2012年,第23—26页。)

合我们时代的政治"主题""议题"或"命题"呢?

下面,让我们主要基于《实践理性批判》一书,厘清一下康德的实践理性的基本意谓。待判定了它的几个主要结点和关键面向之后,我们或许就能更为清晰有力地进入哈贝马斯与罗尔斯之争。首先,让我们从哲学史上两对较为基本的范畴——经验与理性、质料与形式——开始:

一是经验与理性。这一对基本范畴,对于康德的实践理性来讲,是无可逃避的。在他之前,作为经验主义者的休谟,就回答了"是"(what is)与"应当"(what ought to be)之间到底是何种关系的实践学问题。众所周知,这一问题到了康德的《实践理性批判》中,被转变成了"我们能做什么"的问题。显然的是,康德颠覆了休谟的经验主义进路,认为"是"必须蕴含着"应当","应当"蕴含着"能够"。概而言之,但凡一种实践应用,都预设了主体那种出于纯粹思辨理性之自由的"实践能力"或"实践法则"(在康德那里,即"自由"之道德原则)。按照康德,"自由的概念对于一切经验论者来说是绊脚石,但对于批判的道德论者却也是最崇高的实践原理的钥匙。这些道德论者由此看出,他们不得不合理地行事"①。这也就是说,在强调"因果性"之经验和强调"定言命令式"之法则的道德的实践理性之间,隔了一个

---

① [德]康德:《实践理性批判》(注释本),李秋零译注,北京:中国人民大学出版社,2011年,第5页。

"自由"(或"自主")的距离。在康德那里,像"道德"这样的实践性概念,虽然不是纯粹理性的,需要一些经验性的东西作为其基础,但"就原则而言",任何经验都是一种纯粹理性的示例,它们要合乎理性,并与之结构关联起来。在他的实践理性的第一定理中,他就明确主张,出自感官世界的经验"不能充当实践法则"。①康德把法则视为定言命令式,它与主体的意志规定能力,而非由客体产生的因果性条件有关。进而言之,对于一个实践或行动主体而言,经验的知识及其后果当然不是不重要;但更重要的是,实践理性必须超越作为"欲求的对象"的经验性客体,能够把主观感受或经验性条件,上升为客观必然性的实践法则。易言之,实践理性"能够独立地、不依赖一切经验性的东西来规定意志",它通过"自律"把纯粹理性付诸在地之实践,进而能够完成自我理解和自我决定之普遍的证成。② 这种基于"是"与"应当"、经验和理性之关系的基本认知,促使康德把实践理性的基本法则表述为这样一句话:"要这样行动,使得你的意志的准则在任何时候都能同时被视为一种普遍的立法的原则。"③

二是质料与形式。正是因为行动主体先天地具有"自由"的意志和理性能力,当他们进入任何一种实践活动时,"应当"这样做的"实践公设"就自不待言了。对于行动主体而言,我们当然需要一些质料

---

① 见上书,第19页。
② 同上书,第40页。
③ 同上书,第29页。

或经验性条件作为基础事实,才能开始我们趋向于目的和价值的实践之行。但在这之前,则必须回答"我们应当怎么做"的实践推理问题。简言之,我们到底应当按照什么形式(样式)的实践法则去行呢?就此而言,我们在实践之前,一般是要有"等待之等待"的合理性反思之余地或时间。不可能不管三七二十一,我们就迫不及待且大无畏地把事给做了。例如,当你坐在象棋对弈的桌边,你在此之前是知道"马走日、象走田、小卒只能直向前"的基本游戏规则的。而在对弈的过程之中,你如果不按照这种规则而展开深思熟虑的判断,并努力做到"反思平衡",那么,等待你的大概只能是一招走错、满盘皆输。在这个并不太好的示例之中,如果从一种"条件命题"来说,对弈规则就是形式条件,而摆在你面前的象棋、棋盘和桌凳等,都是质料条件。如果任何实践活动都可以比喻成这样一种对弈,那么,我们每个人都有的实践理性必须摆正质料和形式的关系。按照康德的说法,一切具体的质料,在我们的自由意志的"纯然形式"规定之下,都可以按照普遍性的实践原则而获得"同一种性质"。[①] 对于康德的实践理性而言,质料可以告诉"是"什么,但无法告诉我们"应当"什么。后者必须诉诸"纯然形式"的同一性法则。这种实践法则,在主体意志和客体对象之间实现了一种普遍主义的欲求,即人人想要的爱与幸福。换言之,当你想要一种东西 P 时,这种"想要"(will or want)如果成

---

① 同上书,第 20 页。

真,首先这种东西 P 可以作为质料展现你的面前,抑或,作为对象而能被我们的理性能力所表象。当然,这还不够。你还需要保证这种"想要"是自由的。按照康德,"自由"的实践公设,"产生自对感官世界的独立性和按照一个理智世界的法则规定其意志的能力,亦即自由这个必要的前提条件"①。在此,质料和形式这一对实践理性的范畴,也不得不与"自由"的普遍性原则结构关联了起来。

可以说,在康德那里,无论是就纯粹的思辨理性还是实践理性而言,"自由"就是先天综合的"绝对命令"和普遍适用的最高立法原则。它不像经验或质料那样是有限定条件的,因而是有因果性的。它作为一种无条件性的普遍有效性形式,可以抽掉具体所不得不隶属或依从的因果性。这就涉及自然和自由,自律和他律,以及消极自由和积极自由的关系问题了。按照康德的说法,我们可以为自己立法进而成为普遍的立法形式的那个自由意志,"必须被设想为完全独立于显象的自然法则,亦即独立于因果性法则,进一步说独立于前后相继的法则"②。在这个意义上说,自由和自然之间必有一争。或许有人认为,但凡是"自然的"就是"正当的"或"合理的",而一切都是"自然"所生长出来的。但对于一个强调自律而非他律的康德主义者来说,这种说法就算有合乎理性的一面,也可能更"好"地作用于具体

---

① 同上书,第 124 页。
② 同上书,第 27 页。

实践,贴近事实;但是,一种真正的实践理性,必须首先应当是"正确的"和"真确的"。而后两个谓词,是在一种先验的意义来讲的。更确切地说,它必须在自由的规范形式意义上,才能被普遍的或公共的实践推理所证成。

这里的意思是讲,相较于自由,自然的东西一般不具有普遍的规范性形式,它可以作为一种"任性"的质料和经验,而具有他律的实践理由。但是,按照康德实践理性的第四个定理①,它的独立性显然是消极的,甚至是阙如的,至多满足消极自由之可能所需的具体条件和"质料原则",而无法满足积极自由的"形式原则"之普遍有效性的规范要求;而且,前者必须符合后者。即作为经验的对象条件显现的自然,必须与作为先验的应当的普遍形式法则的自由相适合。② 如果说自然是"任性的",那么,在康德那里,自由(意志)就是对自然之"任性"的一种内在规定③,用自律之"定言命令"的形式来决定他律之"假言命令"的质料。回到实践理性来说,它遵循的应是自由法则而不是自然法则。我们当然需要自然法则来界定我们的直观实践,尤其是当我们明白,任何主体的行动都不能不顾及自然那有限性和平衡性之客观要求。不过,这是谁也决定不了的"事实真理"。可以说,康德的实践理性,不是这种阿伦特所讲的历史发生学与公共(政治

---

① 同上书,第32-40页。
② 同上书,第44页。
③ 同上书,第62页。

的)见证意义上的"事实真理"。① 之所以这么说,是因为它不按照自然的"图型"之本然,而仅遵循自由的"形式"或"模型"之应然而以言行事。② 易言之,在把理性付诸实践之前,它预设的判断力,无须考虑基于事实条件而成的自然之因果。一言以蔽之:自由能做的事就是给"任性"或他律的自然赋形,让后者的具体或特殊之善好,真的合乎理性法则的"形式"之真确的或正确(正当)的普遍规定。

在这里,需要补充的一点是:尽管康德认为实践理性优先于纯粹的思辨理性,且作为理念的后者当然具有也应当具有自由实践应用的力量,但是,它们二者是被预设为结合在一起的,"这种结合绝不是偶然的和随意的,而是先天地基于理性本身的,因而是必然的。"③康德认识到,由于实践理性和思辨理性没有谁隶属于谁的关系,这里存在着一种理性的"二论(律)背反"。为了解决这个自反性问题,康德把"我知道什么"的纯粹思辨理性的有限问题,放到了拥有无限之可能的"我应当做什么"的实践理性之中。思辨理性可以因为这种结合,而符合实践理性所必然要求的"知行合一"和"体用一如",变得完整、融贯或有效,进而不至于堕入他一直在警惕的"先验的幻觉"。而且,他在反对"任性"的同时没有僭越了理性本身应有的限度或边

---

① [美]汉娜·阿伦特:《过去与未来之间》,王寅丽、张立立译,南京:译林出版社,2011 年,第 221–222 页。
② 康德:《实践理性批判》,第 65 页。
③ 同上书,第 114 页。

界。在《道德形而上学》一书中,他于此这么来表述实践理性的许可法则(lex permissiva):"实践理性的一个先天前提就是:把我的任性的每一个对象都当做客观上可能的'我的'或'你的'来看待和对待。"①

对康德来说,实践理性是需要这个"先天公设"来扩展自己。但是,从后天的经验事实来看,实践理性作为一种理性的希望和自由的意志之在地理解兼行动,它如果能作为原理或原则可以生效,必然地要从主观走向客观,驯服我们的"任性",从而去平等尊重我们所(我的和你的)面对的客观对象。这种客观有度的可许可的相待之道,当然不仅仅对物(益品)而言——即公平分配之,共享之,扩展之——;而且,还应当运用在你、我和他的主体之间。可以说,康德实践理性基本上是主体性自律的,这表示他反对主观先行的偏见和主体意识的自负。它的客观扩展之需,也应当遵循"共通感"(sensus communis)②。如此一来,上述实践理性的那个先天公设或前提,就要走出主体自我的同一性之樊笼,而变得更具有后天的自反性了。进而言之,如果"是"为后天的,"应当"为先天的,那么,对于"应当蕴含

---

① [德]康德:《道德形而上学》,张荣、李秋零译注,北京:中国人民大学出版社,2013年,第41页。

② 关于康德的"共通感",可参见阿伦特的《责任与判断》(中译本后变其名为:《反抗"平庸之恶"》)和《康德政治哲学讲稿》二书,以及奥尼尔的《理性的建构:康德实践哲学探究》中的相关研究。下面我在"共通之道"这一节时,会再来具体讨论之。

着能够"这一实践理性的根本命题,我们就可下如是的判断:实践理性,应当始于先天的法则或先验的原则,但它之所以是"能够的",是因为它可以同后天的经验合理地辩证统一或融贯地结构关联起来,进而是其所,实事求是。简言之,后天的(Y)要符合先天的(X),尽量将之由下而上地提升为先天的(X);但先天的(X)若不懂得从上至下地贴近于后天的(Y),上面的下不来,下面的上不去,那么,(X)就难免是一种"独白"的梦呓之语或高不可攀的空中楼阁,因其不可逾越的二元对立方式,而受到人们要么通往主体间性的理想对话、要么采取自由的"三元方式"的公共批判了。①

## 第二节 谓词之争

　　由上述康德的实践理性,来综观哈贝马斯对罗尔斯的回应或批评——尤其体现在《包容他者》(1996)一书的第二部分中的两篇文章(之前已在另一专书中屡次提及)——,我们不难明白,"理性"(Reason),确切地说"实践理性"(Practical Reason),是一个必须深究

---

　　① 关于自由的"三元方式"的讨论,我初见之于亚当·斯威夫特的《政治哲学导论》一书;后来见之于斯金纳的《对消极自由观的哲学与历史透视》以及刘擎的《自由及其滥用:伯林自由论述的再考察》这二文。但这个经典说法之本源,具见于 Gerald C. MacCallum, "*Negative and Positive Freedom*", *Philosophical Review*, Vol. 76, 1967, pp. 312–334. 麦卡勒姆认为,社会和政治的自由,"始终是指行动者摆脱某些强迫或限制、干涉或妨碍,去做或不做什么、成为或不成为什么的自由。因此,这种自由始终是某人的(of)摆脱(from)什么,去(to)做或不做什么、成为或不成为什么的自由;它是一种三位一体的关系。用一个公式来表示就是:'X 在摆脱 Y 去做(或不做、成为或不成为)Z 上是(或不是)自由的',这里,X 代表行动者,Y 代表诸如强迫、限制、干涉和妨碍这些'约束性条件',而 Z 代表人或环境的行动或条件。"这里,可参见杰拉尔德·麦卡勒姆:《消极自由与积极自由》,应奇编:《第三种自由》,北京:东方出版社,2006 年,第 41 页。尽管这一文是就伯林的两种自由概念而发,但对于康德的自由概念来讲,它也是如是的二元结构。当然,和康德那种强调自律的"积极自由"概念相比,伯林的"积极自由"多了点绝对主义的一元论的危险之担心。而我这里之所以想到了麦卡勒姆的"三元方式",是想表明,我们必须要超越自由的二元论的结构方式。而这里的问题是:康德的实践理性的自由概念,难道不也是三位一体的吗?

的关键词。在哈贝马斯那里,"理性的公共运用"不能简单地等于罗
尔斯重新定义的"公共理性"(Public Reason)①。而我们之前已多少
表明,哈贝马斯和罗尔斯之争的基本议题是,在一个合理多元论事实
大量遍布和纷争不断的现代社会,公共地证成一种规范的"政治性观
念",是如何可能的呢?简言之,在多元与普遍之间,我们应该拥有何
种政治观呢?它如何可能?要回答这个实践哲学的问题,必须重新
进行追本溯源,但没必要追溯到前现代的本体论的基础主义那里。
在这个意义上讲,哈贝马斯和罗尔斯都想完成"现代性的未竟之事业
(规划)",而他们那种敏锐而现实的为了现代性未尽之事业而生的
问题意识,自然地会从实践理性这一条非如此不可的"地平线"而出
发。尽管他们最后仍然会殊途同归,但到底是什么让他们的证成路

---

①　关于"公共理性"的一个反思或内在批判,拉莫尔的《公共理性:反思约
翰·罗尔斯》一文做出了比较清晰和明确的思想史个案的追踪报道。(可参见
[美]查尔斯·拉莫尔:《现代性的教训》,刘擎、应奇译,北京:东方出版社,2010
年,第244-270页。)在他那里,罗尔斯的政治自由主义,不能简单地视为"政治
的",而应是"道德的",必须把理性对话和平等尊重作为其道德的基础。他希望
人们坚持这样一个事实:"政治自由主义可以被理解为一种正确的道德观念,而
不只是共识的对象。"可以说,相比于实践理性的认知内涵,拉莫尔更强调了它
的道德义务之内涵,并把它在道德上的证成坚持到底,之后用于衡量罗尔斯的
公共理性和政治自由主义的公共证成。他显然受到了哈贝马斯的部分影响,但
对道德的认知内涵重视不够。易言之,他对哈贝马斯的"道德的视角",是认识
不足的。在哈贝马斯那里,道德显然不仅是普遍基础,而且还是一种普遍有效
性的共通视角,是实践理性除了实际策略的和伦理的意义层面之外,第三个至
上的认知权威之层面。

径,在实践推理的过程中发生分叉了呢? 在上一章中,我主要从"基础"和"视角"这一对不同的范畴来论断这种"分叉",而这里我想表明:他们的分叉进路,实际上在他们对康德的"实践理性"的不同界定或"综合判断"中,早就发生了。

在《通过理性的运用所作的调和:评罗尔斯的政治自由主义》(1995)一文的开篇,哈贝马斯认为,罗尔斯也是基于康德的"道德自主"之概念,把它进一步用于了解释"政治自主"。而这之所以可能,关键还是在于实践理性的法则,能够在主体间性的"道德的视角"及其公共或政治的运用中,被"作为自由而平等人的公民们根据可为共同的人类理性(common human reason)所接受"。① 在这一提纲挈领的前言下,我们大体上可以明晓,哈贝马斯并不认为他与罗尔斯在实践过程中的根本分歧有多么大。问题不过在于,我们到底要接受哪一种实践理性的法则(规范的政治原则和理想)? 显然,这里又出现了一个关键词:"接受"。如果按照罗尔斯对可接受性等于可证成性的笼统之界定,那么,哈贝马斯和罗尔斯之争的基本议题,就可以被我们进一步表述为:公共证成,在实践理性的分别运用中是如何可能的呢? 按照哈贝马斯,当罗尔斯把"理性的公共运用"仅仅视为一种"政治性价值"的"公共理性"时,这样的"政治性观念",很难与"整全

① *Habermas and Rawls: Disputing the political*, p. 25. 另外,可参见 Jürgen Habermas, *The Inclusion of the Other*, p. 49. 以下引文或注释,只参见后书。

性学说"达成真正的"重叠共识",即无法为后者所实际接受,尽管后者可以通往具有可接受性的公共证成。支持这种判断的理由是:在证成性与接受性之间,其实仍然存在着一个事实与规范的二元论鸿沟。在哈贝马斯看来,罗尔斯没有明确地区分"证成问题"和"接受问题"。这是在说:实践理性的法则和对法则的合理接受是不同的,正如一个独立自主的观点——比如这个命题句子:"罗尔斯是对的"——与(他人)对这个观点的接受(或证成),是不同的。如果不对它们做出区分,那么,其代价要么是牺牲个人的认知,要么是将就公共的行动。而无论是哪一种,都可能逐渐背离了康德的实践理性中最为核心的自主性(也译作自律性)或"自由"之普遍原则。

按照我们之前提供的"基础"与"视角"之别来说,如果罗尔斯的"公共理性"只是为了证成一种合理接受的共同基础,那么,它应该允许走出"原初状态"的人们保持多样性的视角。而这不是出于参与者的"我们的"视角①,因此很难再一致接受某种"共同"(同无他者)的基础。进而言之,证成的可接受性并不能等于实际接受。而这,其实就表明了在个人的道德自主和公共的政治自主之间,绝不是"上学下达"的基础建构或重构之关系(可对比一下马克思关于上层建筑和经济基础的纵向关系)。这种关系,仍然预设了一种在"政治性观念"和"整全性学说"之间所作出的二元论区分之"分离命题"。不过,如

---

① Jürgen Habermas, *The Inclusion of the Other*, pp. 57–58.

果只是仅仅停留在其中,肯定是"不够的"。① 因为,下一步的工作仍然是二元之间的"合取命题"。罗尔斯或许意识到了这一点,但是,由于他试图将证成推己及人,且把可接受性与实际接受,理论自洽地内化在一次性给定的完美证成之中,其不吝许诺的公共性的共同基础和"终极性"(final test)的可合理接受的原则,因此是虚脱不实的;② 其背负的认知代价或"判断负担",因而是巨大的,难以回应合理多元论事实之挑战,也难以实践。在哈贝马斯看来,毕竟,一种"基础性的规范概念"——这里专指罗尔斯的政治正义观念——要想重构经验传统(比如美国的自由民主传统和公共文化)的直觉基础,"无论如何都必须再次接受检验,看它是否能够指望在一个多元社会中为人们所接受。"③

哈贝马斯接着认为,这种实践的而不是理论的可接受性问题,理所当然地要交付公共讨论或理想对话,来检验其是否具有可行性,而不是仅仅停留在可能性之中。而这,就是他所重新伸张的康德所讲的"理性的公共运用"之过程,即通过共同的人类理性来实现政治自主或政治成熟的规范性目的。显然,这不同于罗尔斯所讲的不分彼

---

① Ibid. ,p.57.

② John Rawls,*Collected Papers*,p.307.在这里,罗尔斯认为,一种可证成的正义原则,就在于能被自由而平等的公民都能合理接受的东西。它保证了政治实践如何安排,公民如何在政治生活中相互尊重。他认为,"我们不能为这世界找到比这更好的基本宪章。"意思就是,它是终极的,别无可代的。

③ Jürgen Habermas,*The Inclusion of the Other*,pp.60-61.

此或回避分歧的政治共识。后者的可接受性，又被他在某种意义上等同于功能性的社会稳定性，但是，这样的话，政治共识就很难在政治的普遍形式条件上实现了。因为合理多元论事实太纷繁多样、变化莫测了，而围绕着一种规范的政治观念（正义）的共识，如何可能"团结"起它们，进而在它们之间达成一致性或中立性呢？在哈贝马斯进一步看来，罗尔斯"把'政治的'这一描述与一个限定条件关联在一起，即正义理论不应当背负认识论上的论断，它为人所期待的实践效果不应当被弄得依赖于断言在理性上的接受性。那我们就有理由问，为什么罗尔斯不认为他的理论可以容真理于其中，同时究竟是在何种意义上，他在此用'合乎理性的'（reasonable）这一谓词取代真确的（true）这一谓词呢？"①。至此，我们终于抵达了哈贝马斯与罗尔斯之争的内核所在之处。而要想回答这一质疑，就需要我们回到并阐明最为关键性的一点：到底是哪种理性，如何实践呢？合起来讲即是，到底我们需要怎样的实践理性，才能"转俗成真"、之后"回真向俗"呢？

在《作为公平的正义：政治的而不是形而上学的》（1985）一文中，罗尔斯把一种公共证成的正义的政治观，归于了自由而平等之公民的"有效性主张的自生之源"（self‐originating sources of valid

---

① Ibid. , p. 63.

claims)。<sup>①</sup>它不再建立在形而上学或真理这样的整全性学说的基础
之上,而为了实现政治共识的"共同基础"之建构的实践性目标,只能
认知节制地自立或中立于它们。罗尔斯甚至认为,康德的自律
(autonomy)和密尔的个性(individuality)也是一种整全性的道德理
想,它不再适合正义这样的政治性观念。<sup>②</sup>在他那里,整全性和政治
性,形而上学的认识论和后形而上学的实践,在他的二元论的预设中
是对立的,必须被分离开来;唯此方能反对那种仍然与"单一理性的
善"还扯不清、道不明的"目的论的政治观念",之后在作为公平协议
的正义这种更加稳定的"重叠共识"中,实现社会的合作、统一和稳
定。<sup>③</sup>在这里,他实际上把他的政治正义学说或政治自由主义,交给
了政治的一致性或"公共的同一性"(public identity),<sup>④</sup>而认为整全
性学说无法具备这种同一性,它有的政治观念在现代性社会中无法
是公共的,难以被我们的直觉性理念所共享,即很难经得起具备可接
受性的"反思平衡",之后进一步被用于公共证成。只是我们不明白,
这种同一性如果不是出于康德的自律和密尔的个性之"道德理想",
它还能在哪里生成呢?

　　不难发现,罗尔斯是把政治的而非道德的同一性,交给了自由民

①　John Rawls, *Collected Papers*, p. 407.
②　Ibid. , p. 410.
③　Ibid. , pp. 412-414.
④　Ibid. , pp. 405-406.

主宪政制度,把它作为"一个基本的法律问题"①,抑或,一个政治建构主义的根本建制问题——"宪法根本"问题和基本的政治正义问题②——来打包处理了。用他的话来,这是必须"诉诸那些可以提供一种公共证成基础的政治价值"来解决的根本的政治问题。③ 而它就算是一种乌托邦,也是"现实主义的乌托邦",必须在公共的或共同的政治实践而非认识论或形而上学的基础之上,"探寻可行的政治可能性的界限"。④ 到了《政治自由主义》(1996)一书中,这对他而言已然成为一个"公共理性"的问题,可以放到"公共理性"的论坛上,通过诉诸"公共善"或"基本善"来进一步证成了。由此我们可以理解,为什么罗尔斯和哈贝马斯在"协商民主"上达成共识。前者也意识到,公共证成必须从作为一种证成的道德实验中的"原初状态",走向实际政治社会中的"重叠共识"。不过,从康德的实践理性来讲,罗尔斯提出并重申的"公共理性",显然弱化或拉低了社会认知的基本底线,为了现实的实践目的,自我餍足于拉兹所讲的"肤浅的根基",而一厢情愿地停留在了道德真理或形而上学的"哲学的表层"。但就算如此,诉诸"一致方式"的可接受性的公共证成,一定是可能的,进而

① Ibid. ,p. 406.
② John Rawls,*Political Liberalism*,pp. 228–230.
③ Ibid. ,pp. 412–414.
④ John Rawls,*Justice as Fairness:A Restatement*,p. 4.

是可行的吗?①

在我看来,关于"可能的"和"可行的"这一对谓词,当如黑格尔认为的那样要辩证统一起来看待。但是,它们二者的结构关联,显然不是罗尔斯的"公共理性"和"公共证成"可以完成的。之所以如此,是因为罗尔斯可能把它们之间的二元论鸿沟想得简单了,抑或,在实践目的上,他不认为它是一个多么严重分歧的实质性问题。而他那基于"反思平衡"的实践推理之融贯论的进路,真如哈贝马斯所讲,过于在乎实质正义而非程序正义了。尽管它的最初理论设计,是严格按照程序主义的中立性原则来进行的。这里有一个问题,是认知的负担或代价由谁来承担。罗尔斯从原初状态走向重叠共识,其理论担当过于巨大了。他似乎有一种大无畏的理想精神,试图以一己之力一次性地提供一种"关切大纲"的证成方案。这样的话,其他那些在政治社会中的有血有肉的人,就不用再承担认知代价或判断负担,不用再限于认知主义的深渊之中,可以回避深刻的认知分歧,而只要那些合理的分歧不阻碍他们公共实践就够了。在这个意义上讲,哈贝马斯的观点,当然是比罗尔斯的更适度或节制。而后者的"认知节制",其实对自己而言,恰恰不是节制的。罗尔斯先提供了证成完美

---

① 关于可能性与可行性的这一种主体(不)节制问题,哈贝马斯对罗尔斯始终未变的批评意见,体现于哈贝马斯第二次回应罗尔斯之文:《"合乎理性的"VS"真确的",或世界观的道德》(1995)。尤其体现于该文的第六节"哲学家和公民"。可参见 Jürgen Habermas, The Inclusion of the Other, pp. 94-98.

理想之可能性,之后使其在公共层面被接受和实践,这种看似很连贯的二阶段的公共证成,由于无法真正打通理论与实践的二元鸿沟,几乎也是不可行的。

要想回答上述公共证成如何既可能又可行的基本议题,显然必须回到一对最初被罗尔斯重新定义和"始终区分使用"的基本范畴——"合乎理性的"（the reasonable）和"理性的"（the rational）上来。① 非如此不可,非如此则无法进入哈贝马斯与罗尔斯之争的"幽暗花园"之最深处。按照哈贝马斯,罗尔斯的政治正义观或政治自由主义所针对的整全性学说,可以被视为亦囊括了人生观和价值观的

---

① 关于这一对基本范畴的明确区分,罗尔斯在《政治自由主义》的第二讲第一节中,用了整整一节的规模来论述之。可参见 John Rawls, *Political Liberalism*, pp. 48–54. 另可参见 John Rawls, *Justice as Fairness: A Restatement*, pp. 6–7. 而关于 reasonable 和 rational 的翻译,考虑到 reason 在康德那里具有的至上的权威性和法则性,我把 reasonable 译为"合乎理性的"或"合理的"。关键就是这个"合乎"。它要求我们按照理性的权威或无条件的理由去行动。而 rational 之所以被我译作"理性的",是因为这个"理性的"往往是第一人称语言的。它一般也是经验的,有条件的假言命令,而无法上升为道德的绝对命令。可以说,罗尔斯在用到它时,已经有了韦伯所讲的"工具理性"意谓。不过,罗尔斯也是在康德的实践理性上来区分这一对范畴。在他那里,前者有普遍适用的原则性要求,后者往往是出于目的与利益的特殊或优先之趋向;但他主张二者之间是独立分属的而又相互补充的,不能由一方推出另外一方;而且,前者具有公共性,而后者却不是公共的。总之,罗尔斯区分和定义这一对范畴,是想为他建构政治性(价值)的"公共理性"服务。在他那里,他把康德的实践理性推向了政治的公共证成,并强调了理性的相互性理念。这种理念当然建立对康德实践理性的不同层面的区分和界定上,但罗尔斯不讲实践理性的绝对命令。他不想陈义过高,只想让实践理性在政治领域问题中道成肉身,进而达成政治正义的社会契约,被公众一致接受。正是这一点,让他有别于哈贝马斯界定的实践理性。后者在《论实践理性的实用意义、伦理意义和道德意义》(1991)一文中虽然也区分了康德的实践理性,但他明显还是比较严格地同康德保持一致,并为之注入了一种主体间的普遍视角,把它交给了以"交往行动"为奠基的对话伦理学。于此,可参见 Jürgen Habermas, *Justification and Application: Remarks on Discourse Ethics*, pp. 1–17.

"世界观"（worldviews）。在罗尔斯那里，世界观被赋予了"真确的"（true）之谓词，被当作"真理"（truth）而被打入认知内涵的"冷宫"，即认为它们的主张很难再具有规范的约束性或普遍有效性，因此可以回避对它们的深度认知和判断负担。但哈贝马斯怀疑，如此一来，罗尔斯试图在公共领域中证成一种规范的政治性观念，把"合乎理性的"的谓词赋予后者，难道就能一劳永逸地中立于无可逃避的世界观了吗？可以说，在"政治的"与"整全的""合乎理性的"与"真确的"上的认知意义的谓词之争，是"公共证成如何可能"这个基本议题，必须要去妥善处理的。

在《"合乎理性的"VS"真确的"，或世界观的道德》（*"Reasonable" versus "True", or the Morality of Worldviews*, 1995）一文中，哈贝马斯亮出了关于这两组谓词的底牌。他之前认为，罗尔斯把康德的实践理性，一分为二地界定为"合乎理性的"和"理性的"这一对谓词，并试图用前者来取代或优先于"真确的"这一个谓词；但在后形而上学的思想条件下，罗尔斯的政治正义观的一个仍待证成的问题是：对于"生活世界"中的人们而言，像世界观这样的整全性学说，难道只是一些描述性命题，它又能分解出真理性命题吗？① 在这里，哈贝马斯要把包括政治的公共生活在内的"生活世界"，与由"公共证成"所给定

---

① Jürgen Habermas, *The Inclusion of the Other*, pp. 66–67.

的"社会本体论"的观念世界区分开来。① 而前者的生活本真性,无法等于后者的命题真确性。这意思归根到底是说,罗尔斯的"二元论区分"诉诸一种"证成"的政治观的中立性或自立性,支撑他这样做的"合乎理性的"的共同基础与公共理由,看来还是把证成的普遍有效性主张或规范性命题,太不当"真"了。事实上,如果一种政治性观念仅仅是"合乎理性的",而一种整全性学说过于承诺自己的"真确性"或被假定为"真确性"的,那么,它们二者之间无论如何是达不成"重叠共识"的,因为也就无法在第二阶段的实践运用中实现公共证成。这就是哈贝马斯之前没有彻底亮出的底牌。

哈贝马斯对罗尔斯的回应——即《答哈贝马斯》一文——显然不太满意。究其根本,我认为是因为罗尔斯没有搞清楚实践理性的"谓词"到底应当是什么,又如何赢得理性的认知权威的"许可"。这就回到了上述康德的"许可法则"。哈贝马斯严格按照了康德的道德律令,认为罗尔斯为了证成政治的中立性(free-standing)、自主性和优先性,可能使得"合乎理性的"这一谓词丧失了基本的认知意谓;抑或,因为对政治证成的这种凸显或偏重,而把"实践的合理性"(practically reasonable)和"道德的正确性"(morally right),多多少少混为一谈了。②

这在提醒我们,如果作为一名康德主义者,我们似乎不能放弃

① Ibid.,p.68.
② Ibid.,p.77.

"道德证成(评价)国家"的基本进路。易言之,要实现一种政治的公共证成,我们仍然需要一种健全的"道德意识",作为其基础亦作为其视角而同等待之。不能为了政治的公共实践的共同基础,就抛弃了具有规范性认知内涵的"道德的视角"。否则,人们会很自然地质疑一种"证成的政治观",因为道德意识上的"浅薄基础",而容易堕入意义和价值的现代性后果或危机之中,进而漠视或远离了现代性社会中,那种厚重的、善与恶仍然在多歧互渗的"生活世界"。这是本书之前第三章的问题意识,也就是哈贝马斯的基本关切所在。在他那里,一种政治建构主义的中立性原则——比如罗尔斯的正义原则——无法成为一致性"令人信服的等价物"(convincing substitute)①,从而也就无法赢得多元的世界观的"重叠共识"。通过审视了从霍布斯到康德的实践理性,哈贝马斯认识到,"真确的"(true)这个谓词,才是"纷争的年代"不得不去重视的关键词。对于这个形而上学的传统谓词,容不得我们在今天等闲视之,更不能像罗尔斯采取的回避法那样甘于一种认知节制的状态。哈贝马斯显然知道,从霍布斯开始,在政治领域及其问题场域之中,出于正当的国家利益或公共利益,一般需要诉诸"集体理性"或"公共理由"。但是,这种理由的道德性征不能被一笔抹去了。而罗尔斯在《政治自由主义》中完成的政治转向,把"政治的"和"形而上学的"或"真理"分离

---

① Ibid.,p.79.

并对立起来,将后者以"整全的"这一谓词界定之,这无论如何都是一种主动示弱的认知退却。

当罗尔斯试图用"合乎理性的"取代"真确的",后者的强烈诉求,则无法得到真正满足。因此,其可接受性的证成标准要大打折扣。在哈贝马斯看来,整全性学说优先于政治性观念,是一种既成的合理多元论事实。就算它们不再具有"真确性",其规范性也不再是普遍主义的,但不能因此认为它们会为"合乎理性的"的东西心甘情愿地让路,或高呼万岁了。如果整全性学说或世界观,仍然试图占有着自以为是"道德的"阵地,并以此来衡量或左右"政治的"合法性,那么,就必须呼唤一种规范的政治观念的"证成的水平"(或"学习的水平"),进而在政治和道德之间,在正当与善之间,通过一种不偏不倚的程序框架或形式条件,实现真正的和解。这是康德的实践理性的重中之重。而罗尔斯把"合乎理性的"赋予了政治,它被嵌入并强化了政治性内涵,尽管这符合康德的建构主义,但显然,它的政治自主性原则,因为忽略了世界观的道德的"真确性"之诉求,其试图通过"原初状态"构建的正当性基础,难以赢得"重叠共识"。

在上述康德的实践理性中,我们可以发现,它的理性意志的自主(自律)要求,本质上是一种以道德为目的的"限定条件"。一如芭芭拉·赫尔曼(Barbara Hermann)所见,其被一种完整的道德人格所给定,被假定为一种无条件性的依附。① 这种不是任性的依附,是对理性的道德权威的唯一认可,它决定了普遍主义的形式和原则,才是客观区分并同等对待什么是"你的"和"我的"关键所在。按照赫尔曼而不是伯纳德·威廉斯,我们不能混淆了自律观念和人们的行为(或行动)能力。② 在这个强调自律的规范意义上,罗尔斯把一种自由和平等的道德人格作为限定条件来证成正义,后来又把它作为政治的公共证成之可能性和可行性的基本预设,对此,哈贝马斯按理说是不会有异议的。但是,他之所以质疑罗尔斯,是因为罗尔斯把康德的自律观念运用到政治中来,过于高估了合理公民,在实际经验的前理解基础上的欲求动机及其行动能力,抑或,那种知行合一的可接受性能力。这或许也是后来的阿马蒂亚·森(Amartya Sen)和玛莎·纳斯鲍姆(Martha C. Nussbaum),之所以强调"能力进路"的一个根本缘

---

① [美]芭芭拉·赫尔曼:《道德判断的实践》,陈虎平译,北京:东方出版社,2006年,第60-65;303-311页。

② 同上书,第308页。

由。① 我们知道,并不是所有人的人格同一性,都是既可能又可行的,而且愿意成为"政治的"。他们还会认为,其完整性只能在自然而不是自由中才能找到,并赋予自然以正当性。但是,在自然和自由之间,只有后者可以承诺哈贝马斯所归旨的普遍有效性主张:真诚性、正确性和真实(确)性。归根结底,哈贝马斯与罗尔斯之争,是一种"康德式的"认知分歧,它聚焦在政治的二阶谓词之上。一言以蔽之:一种规范的"政治性观念",如果它最后是普遍有效的,那么,在事实与规范、证成与应用之间,它到底应当是合乎理性的,还是真确的?② 这种根本分歧,落实在他们对康德的实践理性的不同理论判定,以及创造性诠释与发挥运用之上。而这一切,需要我们重审"合乎理性

---

① 关于正义的"能力进路",具体可主要参见森的《正义的理念》一书,尤其是该书"正义的实质"这第三部分内容。其大意在于,强调正义不是绝对和抽象的,而应该进入实实在在的公共生活的世界,它包括并不那么幸福、丰裕和平衡发展的经济生活、公共选择的福利社会和人权的全球世界。而玛莎纳姆也是在森的发现之上,才有了同样强调"能力进路"但略显不同的《正义的前沿》一书。这种不同在于,其强调了残障、国界和道德情感对正义的重要性。对于这里,限于篇幅和主题,不做进一步的辨析与考量。而且,这种工作在汉语政治哲学界,已经有人做到了较为不错的一点。可参见谭安奎:《公共理性与民主理想》,北京:生活·读书·新知 三联书店,2016 年。

② 关于这一对谓词之争,要补充说明一点:真理在康德的实践理性中是先验的。但在哈贝马斯和罗尔斯那里,出于一种政治实践的"共识论证",他们的理性概念,无论是"公共理性"还是"交往理性",都是力图去先验化的。而关于哈贝马斯对"真的"或"有效的"一个深刻而又有扩展的创见性的检讨,可参见[德]阿尔布莱希特·韦尔默:《伦理学与对话》,罗亚玲、应奇译,上海:上海译文出版社,2013 年,第54-87 页。

的"这样一个"真之谓述",需要按照赫尔曼的如是主张来继续检验之:"康德式的自律行为者概念,既没有把合理性提升成为有关人格的唯一在实际上重要的事,也没有迫使我们否认行为能力会受到压迫环境的迫害。"①

# 第三节　回转自主

不难发现,哈贝马斯与罗尔斯之争的基本议题,最后聚焦在对政治自主性之理想的异议上面。这可被我们表述为:一种独立自主的,或自立而又中立的政治观念,是如何可能的呢? 一如查尔斯·拉莫尔(Charles Larmore)所见,这也是哈贝马斯的"激进民主"与罗尔斯的政治自由主义分道扬镳的地方。② 不过,不难发现,如果康德的道德"自主"(自律)理想,是哈贝马斯与罗尔斯的政治观都不得不去追溯的"共同点"或"共为基源的立场",难道他们二者之间的分歧,仅仅被视作共和与自由、个人权利与民主自治之争吗? 就算我们最后可以证成,哈贝马斯试图重构出一种"康德式共和主义",而罗尔斯理想建构出了一种"康德式自由主义",这种化简主义的结论,都不能掩盖更为复杂的、不仅是政治性的程序主义的认识论问题,亦为实践推

---

① ［美］芭芭拉·赫尔曼:《道德判断的实践》,第305页。
② ［美］查尔斯·拉莫尔:《现代性的教训》,第288页。

理问题。

在哈贝马斯看来,当罗尔斯把"合乎理性的"这一谓词赋予了"政治的"概念,这不是不可以的,但这种"政治建构主义"及其中立性原则,必须诉诸实践理性那种决定性的认知权威和结构程序。① 不如此,人们那种主观实际而多元分歧的世界观,就无法找到一种可被普遍接受的客观的立场或有效的视角,进而与那种"合乎理性的"、自身要求被优先考量的政治观相一致,即形成"重叠共识"。这说到底是一种公共实践的共同基础与一种普遍有效性的视角之间的"合取"问题。对于这个知行合一的实践理性问题的回答,哲学家的"家长制作风"显然是一种危险,它必须被嵌入到"协商民主"的公平程序的自主性的判断与裁决之过程,进而诉诸起初未必是"合理公民"之公民的理想对话。简言之,对于罗尔斯的政治自主性理想及其中立性原则而言,他一以贯之的"公共证成",如果其"合理性"(reasonableness)可以成"真",那么,起决定作用或具有决定权的(have the final word),就不该仅仅是哲学家、而应当是能自我认知并表达出公共的政治意志之形成的公民,应当是后者那种能突破自我理解的既有语境,并达到政治自主的"合乎理性的"世界观。② 可以说,在"合乎理性的"(reasonable)和"真确的"(true)这二者之间的张

---

① Jürgen Habermas, *The Inclusion of the Other*, pp. 93–97.
② Ibid., p. 95.

力,不是不可解决的。按照哈贝马斯,它可以被转换为"内在超越"的问题来完成。他给出的理由是:"因为在关于我们在世界上遭遇的正确解释对话争论中,相互漂移的生活世界的语境,必须从内部才能跨越。"①但对于世界观(可转译为"整全性学说")而言,我们知道,当它面对我们应当做什么这个实践理性的基本问题时,它一般是用"第一人称语言"说话,并在"语言内行为"之中自认为"真"。因此,问题就回到了怎样判定这种"真"可以是"合乎理性的",抑或,就算它在事实上优先于后者,它要如何才能去符合后者的规范性要求,响应后者给出的"公共理由"或"相应命令",按照后者设定的正当或正义原则去展开公共证成呢?

按照哈贝马斯,"实践理性是一种对相应命令进行证成的能力"②。这种能力,在"实用的""伦理-政治的"和"道德的"意义上各不相同。如果我们可以把这三种意义统称为世界观的话,那么,"道德的"世界观,在"应然"的证成上无疑代表着一种最高的命令,尽管

---

① [德]尤尔根·哈贝马斯:《在自然主义与宗教之间》,郁喆隽译,上海:上海人民出版社,2013年,第23页。与之前的"真理共识论"不同,他在这里将"真理"与"合理接受性"区分开来,并认为在对康德的实践理性进行去先验化后,"真确的"与"合乎理性的"或"正当的"之间,还是存在一个漏洞。这个漏洞,应该交给生活世界中的对话实践所具有的"交往理性"来填补。而罗尔斯漠视或回避了这个漏洞,把生活世界的真(理)之语境,用"合乎理性的"的政治正义将这种"不被允许的善"轻易打发了。

② Jürgen Habermas, *Justification and Application*, p. 9. 另可参见[德]尤尔根·哈贝马斯:《对话伦理学与真理的问题》,第78页。

它也是由行动主体的自由意志所自我设定的。尽管如此,但哈贝马斯没有止步于康德的实践理性核心的道德法则,更希望罗尔斯不要"回避"康德那里的"理性"与"真理"(或"合乎理性的"与"真确的")的关系问题,可以在直截了当的康德式策略(Kantian strategy)上再走得更远一点。① 在哈贝马斯看来,不能为了证成政治的中立性原则,就把道德及其视角弃之于世界观(整全性学说)的"暗箱"。尽管罗尔斯声称他的政治自由主义在自立的(freestanding)同时,也仍然是

---

① Jürgen Habermas, *The Inclusion of the Other*, p. 99.

一种"道德的观念"①,但显然,它在道德的"认识论基础"上或对它的认知内涵的重视上,是不够的。之所以如此,就是因为,罗尔斯同时

---

① 之前已论,罗尔斯从《正义论》的"道德证成"走向了《政治自由主义》的"政治证成"。他还认为他的政治自由主义,除了是"政治问题"外,也还是"哲学问题"。也就是说,它很难像他在《作为公平的正义:政治的而非形而上学的》(1985)一文中所承诺的那样,只是停留在"哲学的表层"。他如是说道:"我之所以把它们看作是哲学问题,是因为一种政治的正义观念乃是一种规范性的或道德的观念,而且政治的领域和其他的政治观念也是如此。《政治自由主义》从这种政治的观念出发,讨论了立宪民主政体的主要道德观念和哲学观念……"( John Rawls, *Political Liberalism*, p. xxxix. )由此,当他试图回避哲学的形而上学或道德的世界观的真理性时,其实,他有点纠结不清、忐忑不安或放心不下。尽管,他更信任他的政治正义观念,是最合乎理性的,或者说具有普遍合理可接受性的;能够优先或优胜于任何一种整全性学说,并可赢得它们在其之上的"重叠共识"。易言之,在他那里,政治的观念和整全的学说之间的二元区分,就在于谁更拥有合理性( reasonableness ),而不是真理( truth )。但如此一来,他的政治自由主义在道德的真理性或正确性上,就很难有说服力了;大概也很难去处理,在康德实践理性的道德核心中,该有的质料与形式、自律与他律、自然与自由、理性与经验、先天与后天等基本关系。其间,不难明白一点:正是先天(或译为先验)的"绝对命令"的真理性,让理性战胜了经验,并在规范和事实之间建立了必然的结构关联。而罗尔斯,虽然承认他的政治建构主义基于康德,通过诉诸"公共证成"来建构正义这种规范的政治观念,并认为其"原则和理想","是建立在与社会和个人的观念以及与实践理性观念本身相联系的实践理性原则之基础上的"。但显然的是,他对正义的政治性的一面强调,让他弱化了其道德的真理性一面。于此,他如是说道:"政治自由主义,不把它的政治的正义观念当作真确的,而是相反把它当作合乎理性的观念来谈。"( John Rawls, *Political Liberalism*, p. xx. )由此,我们就可以明白,哈贝马斯对罗尔斯的上述批评,不是无的放矢了。由此,我们也可以说:罗尔斯那种康德式的政治建构主义,相比于哈贝马斯的"对话伦理学"与"程序(形式)主义的政治观",实际上离开康德以道德观念及其原则为核心的实践理性,已经有点太远了。

弱化了"合乎理性"和"真确的"这一对关联密切的谓词,在政治证成中该有的认知地位或层次,并为了政治社会的稳定性实践目的,而仅仅停留在一种一厢情愿的认知节制之中。我们看到,在《答哈贝马斯》(1995)一文第二部分的最后,罗尔斯对哈贝马斯的这个质疑,给出的简略回答仍然是自明的,即,他仍然不认为政治自由主义必须进一步识别理性与真理,真理问题(the questions of truth)与(道德实践的)"哲学的人格"(philosophical conception of the person)之间的关系,仍然认为一种自立或中立的政治观念,可以将这些理念——即"合乎理性的"(reasonable)、真确的(true)和理性的(rational)——非常清晰明了地区分开来,并通过其"自身内部的观念和原则来加以描述和表达的"①。不过,我们不难发现,罗尔斯依然坚持把"真理性"

---

① Ibid. ,p. 395.

留给了整全性学说①,而以此来避免陷入更深的认知分歧和"判断负担",以"公共理性"来承诺政治的中立性或自主性。但如果是这样的话,就算他的证成能力,可以提供了一种"相应命令",这种并不是无条件的"绝对命令",到底有多少人真正倾听并心甘情愿遵循之去实地功行呢? 它那种限定性或约束性的规范效力,对他们而言到底有多大呢? 尤其是,当这些人从一种道德人格的完美假定的"原初状态"走出来,因其"有血有肉"而并不那么"理性自律",更无法一起来证成政治自主。

由此,我们就正式进入了哈贝马斯与罗尔斯之争中的另外一组

---

① 在康德那里,我们不难明白一点:正是先天(先验)的"绝对命令"之真理性,让理性战胜了经验,并在规范和事实之间建立了必然的结构关联。而罗尔斯,虽然承认他的政治建构主义基于康德,通过诉诸"公共证成"来建构正义这种规范的政治观念,并认为其"原则和理想","是建立在与社会和个人的观念以及与实践理性观念本身相联系的实践理性原则之基础上的"。但显然他对正义的政治性的一面强调,让他弱化了其道德的真理性一面。于此,他如是说道:"政治自由主义,不把它的政治的正义观念当作真确的,而是相反把它当作合乎理性的观念来谈。"(John Rawls, *Political Liberalism*, p. xx. ) 由此,哈贝马斯对罗尔斯的上述批评,便不是无的放矢。由此,我们也可以说:罗尔斯那种康德式的政治建构主义或证成的政治观,相比于哈贝马斯的"对话伦理学"与"程序(形式)主义的政治观",实际上离开康德以道德观念及其自由原则为核心的实践理性,似乎更远了。

核心范畴——"个人自主"（personal autonomy①）和"政治自主"（political autonomy），在哈贝马斯那里是"私人自主"和"公共自主"（private and public autonomy）——的考量上来。这种考量也可视为

---

①　简单说明一点：由于罗尔斯反对哲学的同一性的个人（individual）观念，而强调政治的或公共的同一性（public identity）的个人（person）观念，因此，在这里我们用了"personal autonomy"，而没有用"individual autonomy"。前者有"私有财产制社会中体现的"个人自主之意。这也没有违背，罗尔斯赋予"个人的"观念，在宪法根本及公民的基本自由或权利优先之意义上的政治资格或身份。不过，在罗尔斯设定的"原初状态"中，那里参与"契约论证"的个人，会一致同意社会可以建立在正义两原则之上，这显然是一种哲学之建构。按照康德，如果这不是纯粹理性的哲学，也至少是一种实践理性的哲学。在其间，拥有形成正义感和改进善观念这两种"道德能力"的、自由而平等的"合理公民"（the reasonable citizen or persons），其实预设了一种康德式的完美道德人格或人之观念，仍具有一种人们——比如内格尔、迈克尔·桑德尔（Michael Sandel）和保罗·霍夫曼（Paul Hoffman）等——所批评或质疑过的，已经预设的个人主义的道德形而上学之整全性意谓。尽管其在拥有宪政民主传统的公共政治文化的直觉基础上，可以若隐若现地存在，并得以被罗尔斯抽象出来，并赋予了政治的个人以"理性自主"（Rational Autonomy）和"充分自主"（Full Autonomy）的概念。关于"政治的个人观念"与"公民的能力"，可参见 John Rawls, *Political Liberalism*, pp.29–35,72–81. 而关于自由而平等的道德人格观念，可参见他的《道德理论中的康德式建构主义》（1980）一文。在那里，他表明了这种道德人格及其自主性，是"康德式的观点所设定的"（John Rawls, *Collected Papers*, p.338. ）。虽然后来他在"政治转向"（1985）之后，改口说此文的标题应是"政治哲学中的康德式建构主义"，但是，这种道德人格及其两种道德能力，却是他在坚持未变的。

一种检验,它当然是"康德式的"。① 但是,"康德式的"检验,不等于
"康德的"检验。在这一点上,我们可暂时但并未偏离议题地引入内
格尔的一个正见。在《平等与偏倚性》一书以"康德的检验"为题的
第五章中,内格尔从康德的绝对命令出发,认为一种"可普遍化的条
件"可以采用不同的"形式"。也就是说,他试图走出康德"绝对命
令"的无条件性的先天设定,将之应用到诸如"政治的"这样的公共
实践活动或普遍行动领域之中。按照他从托马斯·斯坎伦的"道德
契约主义"那里借用的"没有人可以合乎理性地拒绝的原则",这种
道德上的可取之处,是"真正的政治正当性的一个条件"。于此,他如
是陈述道:

"与其让道德在对力量的平衡方面像政治一样敏感,我们应当想
望政治在一致的可接受性这一目标上更像道德。"②

"虽然政治理论的问题本质上是道德问题,但它们的解决方案却
必须是政治的。政治正当性依系于一种伦理条件:无人具有合乎情
理的根据反对这一制度。但这一条件要求政治理论对之做出解释。
我们必须把我们的注意力转向人们在其中行动并由之塑造的那些环
境,同时必须把我们的问题从'无论环境如何,我们究竟该如何生活'

---

① 罗尔斯对"康德式的"定义是:"表达的是类似而不是相同,也就是在一
些根本重要的方面效仿康德的学说,因此,这个形容词是合适的。"(John Rawls,
*Collected Papers*, p. 389.)

② [美]托马斯·内格尔:《平等与偏倚性》,谭安奎译,北京:商务印书馆,
2016 年,第 50 页。

转变成'在任何环境下,我们有可能如我们所应当的那样去生活'?"①

　　在这之前,内格尔认为,政治的正当性(而不是稳定性)就在于对全体一致性的寻求,即它必须在一种"共同的证成框架",抑或,在某种无偏倚性的理性范围或形式之内,具有普遍合理的可接受性。② 在这一点上,他伸张的那种"内在的"③客观理由的、要求"证成的共同根据"的"非个人主义"的立场——如他在"道德冲突和政治合法性(正当性)"(*Moral Conflict and Political Legitmacy*,1987)、《利他主义的可能》(*The Possibility of Altruism*,1979)、《无源之见》(*The View From Nowhere*,1989,又译为"本然的观点")和《理性的权威》(*The Last Word*,1997)等著述中一贯想传达的——和罗尔斯的公共证成及

---

①　同上书,第58页。
②　同上书,第36—38页。
③　在这一点上,内格尔和伯纳德·威廉斯的"内在理由"或"内在的观点"是相似的,也和罗尔斯政治自由主义背后的内在主义知识论是一致的。因为在他看来,一种理性的权威,是内在主义而非主观主义的,我们不能从"外部的观点"来理解思想或理性。我们当然可以外部的环境中找到经验依据或条件来证成理性的权威,但这种外部环境,很多时候不具有普遍可接受性的内在理由。这其实是在坚持一种"本然的"客观的观点,在一种高层次的客观的框架内,来证成我们的信念、判断和行动。关于这一点,他在晚年的一次讲座——"我们为什么不能从外部来理解思想"——可以证明。具体可参见[美]托马斯·内格尔:《理性的权威》,蔡仲、郑玮译,上海:上海译文出版社,2013年,第15—39页。如果多言一点,这与印度佛教中的唯识学所讲的"唯识无境"——即"万法唯识所现,识外无真实之境"——有点相似性。

其政治中立性原则,是异曲同工的。不过,他强调了政治的一致性结果,"必须满足某种形式的康德式的可普遍化(universalizability)"。①在后者的意义上,他其实与罗尔斯和哈贝马斯一样,是"康德式的";他们基于实践理性的那种可普遍化的"形式",不得不同样地去接受"康德的检验"。在讲到政治建构主义时,罗尔斯把实践理性的客观性之观念,视为在根本上是"康德式的"。他认为:"说一种政治信念是客观的(objective),也就是说有合乎理性的、为人们相互承认的(reasonable and mutually recognizable)政治观念所具体规定的理由,足以使所有合理公民(reasonable persons)相信该政治信念是合乎理性的。"②而对于一种确信的解释而言,如果它能被他者一起"证成"是正确的或有效的,这也是因为,在其源头的更深刻处,遵循了相关的实践理性的原则和标准。正如罗尔斯所见,这一"康德式的"观点,恰好是内格尔在《无源之见》一书中所阐发的。③

不过,从上述所引内格尔的话可知,当罗尔斯从康德式的道德建构主义走向康德式的政治建构主义时,由于他过于在乎在政治性和整全性、合理性和真确性之间的二元区分,显然,他已经溢出了"康德的检验"。当罗尔斯把康德的道德建构主义,视为一种整全性的学说而难以承担"公共证成"的政治实践任务时,即当他认为,康德的道德

---

① 同上书,第44页。

② John Rawls,*Political Liberalism*,p. 119.

③ Ibid. ,p. 120.

自主之理想难以证成正义观念之"政治价值"的自主性、自立性或中立性时,这其实偏离了"道德证成国家"的基础性进路。① 而在这一点上,上述内格尔对政治正当性的道德基础及其形式条件的强调,无疑是更接近哈贝马斯的。如果我们不得不承认,证成的内在标准或规范原则,就是普遍合理的可接受性,那么,它如果没有"道德的可取之处",一味为了政治社会稳定的实践目的和作用而偏重于"政治的可取之处",这种在政治和道德之间的区隔,无疑是不利于证成政治的正当性的。这种依然是"我们应当做什么"的问题,不仅仅是"政治的"问题,也必须是"道德的"问题。但合起来说,是处理个人的"道德自主"和"政治自主"的关系问题。由此来看哈贝马斯和罗尔斯之争中的深处分歧,如果我们不回转到康德实践理性中的自主概念,又究竟能将之置于何处呢?!

罗尔斯承认,自己的政治建构主义是从康德的道德建构主义开出,并坚持了实践理性原则及其携带的"道德的意识"。他也相信,康德把哲学用于了对理性信仰——致力于理论理性与实践理性的结构关联和统一基础——的正式辩护(apologia);但他更愿意相信,自己的政治正义观念,只是在"给定的合乎理性地赞同的条件"(given reasonably favorable)之下,仅仅被用于对一种正义的立宪民主政体之

---

① Ibid. ,pp. 99–101.

可能性的辩护(defense)。<sup>①</sup> 究其根本,这是因为,罗尔斯坚持一种规范的政治正义观念必须诉诸"公共证成"的理念及其在地的共同实践,而康德的那种"超验理想主义的"(transcendental idealism)自主,在他看来无法具备这一理念预设的"组织性的"和共享共用的公共文化的理念,对构成政治的基础起不到任何作用。他还认为,康德的自主作为一种"构成性自主"(constitutive autonomy),与他的政治自由主义主张的一种自立的政治观点和政治价值秩序,在根本上是两立的,因此必须被摒弃(reject)。<sup>②</sup> 我们知道,康德的自主的确是强调实践理性的自生之源和自我确证,而一种独立的价值秩序(比如政治的)无法做到这一点,必须要在实践理性的基础或框架内才能构成它自身。这显然是罗尔斯不愿意接受的。他后期所做的主要工作,就是要从实践理性中分离出政治的自主性或自立性,并让其在宪政根本和政治正义问题的场域中,实现对自身的合理性和合法性证成。而这,在合理多元论事实既定的巨大挑战下,究竟是如何可能的呢?

事实上,无论是罗尔斯和哈贝马斯,还是内格尔,他们对康德的道德自主都有其不满与试图改进之处。从上述内格尔之言可以看出,他大概是不会反对政治自主的。因为政治的问题当然只能交给"政治的办法"。无论这些办法,是否需要其他的诸如道德的办法来补充,甚至需要依赖后者所提供的基本条件或周边条件,政治的东西

---

① Ibid. , p. 101.
② Ibid. , p. 100.

永远都是"政治的",政治的"江山"或许易改,但其自主的"本性"却难移。可以说,政治自主,处理的就是在政治正当性上我们应当做什么的问题,这就须追问政治的"自主理由"何在或何是。在内格尔那里,这种理由出自伦理的视角,是不能等于康德的"道义论理由"(deontological reasons)的。而后者如果不是"迷信",至多"只是通往充分的客观性之途的一个阶段"。① 进一步说,政治自主的理由和其它任何理由一样,其属性都必须力图是客观的,或者说中立的。而这,大概就是他的政治证成的中立性原则。从"内在的视角"(internal viewpoints)和"外在的视角"(external viewpoints)这一基本区分来讲,如果自主是一种内在的或主观的愿望、动机、信念、判断和选择而采用的应当之视角,而要想避免它被"外部的视角"或"外部的环境"所吞噬的办法,只能将之尽量地客观化,但仍无法接近真理。② 概而言之,内格尔仍然觉得康德的"道德自主"理想太高不可攀,对于"个人自主"而言,近乎是一种不可能。如果用之来审视个人的伦理之善与政治正当性原则之间的冲突,他宁愿去选择这样一种平实但客观的"政治的办法":"政治思想和行为的一个重要的而且也许是最重要的任务,就在于对世界进行安排,以便让每一个人都能在不做恶行、不伤害他人并且不从他们的不幸中不公正地获得利益的情况下过一

---

① [美]托马斯·内格尔:《本然的观点》(view from nowhere),贾可春译,北京:中国人民大学出版社,2010 年,第 207-209 页。

② 同上书,第 129-130 页。

种善的生活。"①或许,这就是他一直想要的中立性和一致性的政治结果。② 而这种结果要想得到公共证成,必然不能是专制主义的,而应当是免于强制的自由主义的,否则就是违反了康德的"人是目的本身"这一严格标准。③

不过,就政治自主性而言,哈贝马斯在我看来更符合康德的道德自主,所要求的"形式条件"和"认知内涵"。我们之前已经说过,哈贝马斯与罗尔斯之争的关键,最后落在了何种政治自主性之争上。尽管他们二人,也包括内格尔在内,都愿意承认自己的政治观是"康德式的"。但是,正如哈姆雷特只有一个而他的误读者有万千一样,他们在政治自主性的解释与判定之不同,很容易被不同地呈现出来。简单说来,哈贝马斯出于"人民主权"和"人权"这一对互为基源、互补共成的"共和主义的直觉理念"(the republican intuition),先天地区分或界定了个人自主和公共自主(private and public autonomy),把康德道德自主及其自由意志推出自我主体的"意识范式"之樊笼,之后

---

① 同上书,第237页。

② 在现代性的合理多元论事实或价值多元主义中,寻求政治正当的一致性后果,内格尔的这一基本的政治诉求,不仅见于他那篇"道德冲突和政治合法性"的铭文,而且更显而易见于他为纪念伯林逝世一周年所写的《多元主义与一致性》(1998)这一短文中。这里,可参见[美]马克·里拉 罗纳德·德沃金 罗伯特·西尔维斯 编:《以赛亚·伯林的遗产》,第93—98页。而罗尔斯的政治自由主义,其试图为"公共证成"提供统一而共同的基础,也是在努力追求政治一致性,尽量地减少合理分歧和政治冲突。这一点是显而易见的。

③ [美]托马斯·内格尔:"道德冲突与政治合法性",第47页。

走进了主体间性的"政治意志"形成的"协商民主"的过程。① 在他看来,罗尔斯的政治自主,与这个"先天的区分"是矛盾的,更与康德的"理性的公共运用"之启蒙或自主的理念及其实践行动,是不相符合的。支持他这样认为的理由是:如果"政治自主表现为确保判断不偏不倚的框架条件"②,那么,这种间架形式的条件,必须回到康德的道德自主,也就是个人的理性能力可成熟到能够自发地"受到道德认识的引导",他的自由意志及其动机能够响应"最好的理由"。③ 在《通过理性的公共运用所作的调和:评罗尔斯的政治自由主义》(1995)一文中,哈贝马斯还认为,康德(以及之前的卢梭)政治自主和道德自主,是具有同一根源的,在某种意义上,它们其实都源于共和主义这种"古代人的自由",一直以来对交往和参与的政治意志或政治权利的认同。当罗尔斯让个人的基本自由和权利优先于善时,却又将他的政治自主性建立在个人的道德自主——即两种道德能力(正义感与善观念)和道德人格(自由和平等)——之上时,他这种政治的"规范性来源",是否就陷入一种片面肯定或否定的自相矛盾之中呢? 试想,如果自由意志的法则是成为"目的王国的公民",政治的"实践的同一性"(practical identity)不从这里而出,还可从哪里而来呢?

按照康德的义务论而不是权利论,"所有这些同一性都带来了理

---

① Jürgen Habermas, *The Inclusion of the Other*, p. 71.
② Ibid., p. 69.
③ [德]哈贝马斯:《对话伦理学与真理问题》,第79–80页。

由和义务。你的理由表达了你的同一性,你的本性;而你的义务来自同一性所禁止的东西"。而且,"自我观念对我们来说最重要,无条件的义务正是由它产生。违背这些观念就是丧失了你的完整性,也就是丧失了你的同一性"。① 由此来说,罗尔斯从"原初状态"肇始、之后在"重叠共识"完成的政治自主,这种"公共证成"或者说"政治认同"的同一性证成过程,在理由和义务的形式条件上,显然是不够"完整的"。或许,罗尔斯的政治自主,恰好反对的就是这种完整性(整全性),而把政治的自立基础和观点,借助"公共的同一性"得以分离并凸显出来。但是,一旦让他接受康德的检验,我们就可以发现,他的政治自主,并不是"充分自主"(Full autonomy)的。在《答哈贝马斯》(1995)一文中,罗尔斯否认,他的政治自由主义使得政治自主和个人自主陷入无法消解的竞争之中。他坚持这二种形式,在公平正义中是内在的结构关联在一起的,并认为它们可以被"整合"(put together)在一种融贯的理念之中。② 这种纯粹或理想型的理念,就是政治性而非伦理性的"充分自主",它与人为性的"理性自主"(Rational autonomy)相对而立。③ 尽管如此,不难发现,它们都是在"自由"的意义上来讲的。但只要讲"自由",我们大概就无法回避一个政治现状的问题:是什么外在的环境、条件或理由,让个体的自我

---

① [美]克里斯汀·科尔斯戈德:《规范性来源》,第 116 页。

② John Rawls, *Political Liberalism*, pp. 416–417.

③ Ibid. , pp. 72–81.

在"内在主义的批判"上，都无法做到自主、自觉或自决了呢？而究竟又是什么，剥夺了我们的"公共的同一性"的认同之需呢？概而言之，是什么使得我们"无地自由"或"无缘自由"了呢？

从罗尔斯第一次使用的"理性自律"来看，他依赖的仍然是"个人的理智能力和道德能力"①。这个理念被用于纯粹程序性正义的"原初状态"，之后再通过自由而平等的"合理公民"的公共证成，从而与"充分自律"一起承诺了政治的自主性。而按照罗尔斯对"合乎理性的"（reasonable）与"理性的"（rational）这一对范畴的区分，我们知道，他最后把"公共理性"视为了一种自立的政治价值和实质的公平正义。也就是说，在他那里，是"公共理性"担负了"充分自律"这样的政治自主之任务，它把个人的道德动机的基础，无论在规范属性还是在知识论上，都差不多完全地给篡改或挪移了。对此，罗尔斯如是说道："公平正义强调这一对照：它肯认适用于所有人的政治自主，但却把伦理自主（ethical autonomy）的价值，留给公民们各自按照他们自己的整全性学说去决定。"②

所以，我们可以下结论说：罗尔斯的政治自主，仍然是一种试图免除了整全性学说的立场的回避态度。这种认知节制，也是"公共理性"愿意接受"判断负担"的合理结果。不过，为了实现对政治正义

① 　Ibid. , p. 72.
② 　Ibid. , pp. 77–78.

这种"独立的价值秩序"的"公共证成",罗尔斯把康德实践理性的道德认知内涵几乎抽空了。我们只是在他的"原初状态"的虚拟承诺中,发现了一种自主的道德人格的残余物。在罗尔斯那里,"合乎理性的"这一谓语,不再是一个"认识论的理念",而是一种"包含着公共理性的民主公民的政治理想"①。他又认为,"与理性(the rational)相对照,合理性(the reasonable)谈及的是公共的他人世界"②。在罗尔斯的如是意义上,深刻认识到哲学从康德的"先验本体论"到语用学理论的"实用主义转型"的哈贝马斯,按理说不该对之提出反对意见。因为他同样重视实践感,力图把康德主体的"意识哲学"的实践理性,推向交往行动的公共领域,并进化成"交往理性"(Communication rationality)这样的"理解范式"或"交往范式"。但我们不要忘了,哈贝马斯是想诉诸一种"新的学习水平"或"证成的水平",他这样做,依旧是就认识论在"形式合理性"或"程序合理性"上的"范式转移",而有的放矢的。③ 只是,他如此做法和政治自主又有什么关系呢?

显然,这须回到康德的自主性内涵上才能明断。哈贝马斯认为,罗尔斯理解的实践理性除了有着规范有效性的义务论之维度外,还

---

① Ibid. , pp. 61–62.

② Ibid. , p. 62.

③ [德]尤尔根·哈贝马斯:《现代性的哲学话语》,第 346–347 页。另可参见,《后形而上学的思想》,第 34–35,41–42,165–167 页。

有公共的实践推理的实用之维度。① 这也就是哈贝马斯所重申的"理性的公共运用"之进路。在这一基本路径上,哈贝马斯和罗尔斯之间并没有什么分歧,但在它的具体体现——政治自主——上,他们却产生了不同的"分叉小径":一个走向了实质主义的政治自由主义,另一个走向了程序主义的"协商民主"。② 归根结底,他们二者之间

---

① Habermas and Rawls: Disputing the Political, p. 38.

② 这种概括无疑过于化约。但罗尔斯在《答哈贝马斯》中认为,哈贝马斯比较重视"公共理性"的程序方面,而他本人则强调了其实质方面,并将自己的正义视为实质正义。他认为,他的公平正义及其中立性原则是实质性的,在程序上并不中立,它表达的"远不是程序性价值"。理由是:"鉴于所有人类政治程序的不完善性,不可能存在任何相对于政治正义的纯程序,也没有任何程序能够决定其实质性的内容。因而,我们永远都依赖于我们的实质性正义判断。"(John Rawls, Political Liberalism, pp. 192, 429.)而关于程序正义和实质正义的问题,哈贝马斯的"对话伦理学",就算无法提供罗尔斯所说的纯粹和完美的程序正义,但这不代表其无法提供实质正义,或对之有效。于此,可参见 Cristina Lafont, Procedural justice? implications of the Rawls - Habermas debate for discourse ethics, Philosophy and Social Criticism, Vol 29 no 2, pp. 163–181. 而麦卡锡,早在哈贝马斯与罗尔斯的正式交锋之前,就在《康德式的建构主义与重构主义》(1994)一文中指出,"程序正义和实质正义之间的差异只是一个程序的问题"。他并没有全部站在哈贝马斯那边,而是指出了哈贝马斯的政治自主,是想将理性公共地运用到政治的"合法性"领域,而这的确与罗尔斯将政治自主主要集中在"正义"领域,是不同的。而且,他注意到了"证成"这个概念的可接受性理由,应该体现在宪政民主的既成制度结构,而未必体现在"协商民主"的程序中。他认为,这就是在基础问题(fundamental questions)上如何对待合理多元论事实的建构和重构之别,它们需要有一个论证的底线(the line of argument)。这无疑是精彩的。具体可参见 Thomas McCarthy, Kant Constructivism and Reconstructivism: Rawls and Habermas in Dialogue, Ethics, 1994, pp. 44–63.

的真正分歧,是一种在如托马斯·麦卡锡所言的"基础问题"(fundamental questions)上出于不同认知视角的论辩,其可以被视为实践哲学史上的"公共理性"与"交往理性"之争。当它们各自被用于自己的政治观,并共同应对时代的合理多元论事实挑战时,在康德实践理性的"基础"(奠基)上,他们呈现了不同的独立自主之"视角"。进一步言,哈贝马斯还看到了不同的实践理性的基础,而罗尔斯陷入了政治自主的自证之明中,回避了这种深刻的合理分歧。尽管他的政治观,想得到整全性学说(世界观)的接受,与之达成"重叠共识",但这只是公共的结论而不是给定的前提。如果倒果为因,这种公共证成哪怕设想了实际接受的实践阶段,也是无法服务于政治自主的。之所以如此,在倾向于哈贝马斯进路的我看来,是因为罗尔斯没有摆正"基础与视角"之间的"对话关系",而不仅仅是"证成关系"。对话关系作为实践理性的基本关系,它向交往行动者揭橥了一种必需的"共通之道"。对于意在形成一种规范政治观的政治自主来说,如果我们无法改变既有的不一而足的世界观之基础,我们只能去追问,一种普遍有效的"共同视角",到底如何能从一种可以"包容他者"的"我们"的共同实践中,既合理又真诚、真实和正确地产生呢?易言之,如何做到不偏不倚的"公平",即一视同仁地、同等尊重和对待所有人的相关利益,而不仅是罗尔斯所讲的合理公民的"基本善"呢?①

## 第四节 共通之道

不同于罗尔斯对政治自由的正义观的公共证成,哈贝马斯认为,"正义"和"团结"应当天然地结合在一起;而要想实现这种社会批判的正义观,就必须嵌入一种不偏不倚的"道德的视角"。② 如之前第四章所述,这种"道德的视角",是哈贝马斯一直念兹在兹的,他主要是用它来分判与补正罗尔斯的"公共证成"之未逮问题。在这里,如果要回到康德的检验,一个必须我们来回答的问题是:这种"道德的视角",与康德的实践理性是怎样的关系呢? 前者可以更好地作用于"政治自主"这种"共通的"而不必是"共同的"道路吗?

在《论实践理性的实用意义、伦理意义和道德意义》③(1991)一文中,哈贝马斯如是批评康德的道德自主:"可是,康德把自主的意志与全能的意志混为一谈,为了把自主意志看成是主导意志,康德不得不把它放到理智领域当中。但在我们所认识到的世界里,只有当好的理由所提供的动力能够抵抗其他动机的力量时,自主意志才会获

---

① *Habermas and Rawls:Disputing the Political*, pp. 101–107.

② Jürgen Habermas, *The Inclusion of the Other*, pp. 29–31.

③ employments,可翻译为"意义",也可译为"益用"。

得现实意义。"①

哈贝马斯对康德一个著名诟病就是:后者的主体哲学是"独白的"。尽管《在事实与规范之间》(1992)一书中,他由于韦尔默在《伦理学与对话》中对他的"对话伦理学"的检讨,而略微改变了自己如是断然的观点②;但是,他仍然把体现在程序主义的"协商民主"中的政治自主性,赋予了那些可以自由交往和合理对话的公民。他们不可能是"全能的",也无法变成康德想要的那么道德自主的人。他们的个人自主之意志,如果能具有政治的现实意义,就不得不响应政治正当的理由,化私人动机为公共权利。

哈贝马斯还认为:"自律(自主)不是一个分配的概念,而且无法个体地实现。……我要强调以下一点:康德用自律概念,自己已经引出一个只有在交互主体的框架下才能完全展开的概念。就自律的概念与实践理性的概念紧密相连——二者都是个人概念的构成要素——而言,我想,只有在禁止发展主体性概念——不依附任何内在于交互主题性的主体性——的范围内,康德的实践哲学的实质才能被保存下来。"③

对于上述这个康德的实践哲学的"实质问题",只能诉诸"主体

---

① Jürgen Habermas, *Justification and Application: Remarks on Discourse Ethics*, p. 10

② 这尤其明显地体现在,他为该书第四版所写的"后记"之中。具体可参见[德]哈贝马斯:《在事实与规范之间》,第693–696页。

③ [德]尤尔根·哈贝马斯:《对话伦理学与真理的问题》,第10–11页。

间性"的框架结构,在一些政治根本的主题或议题上才能被解决。既
然由于模糊的生活和现实功用之需,我们注定无法成为一个自主的
"道德的"人,那么,我们可以设想自己是一个"政治的"人,像马克
斯·韦伯讲的那样"以政治为业",抑或把政治当作自己生活世界中
一种无可逃避的"副业"。如果是这样,政治的公共性才能真正为每
一个人打开,进而一起参与交互性主题,在其上推进或实现政治
自主。

　　因此,哈贝马斯试图"重构"康德的道德学说,把它那共和主义的
政治主体间性的面向给发扬出来。这就不同于,罗尔斯那种康德式
的政治自由主义。相比于罗尔斯那种不怎么辩证的政治建构主义,
哈贝马斯的政治重构主义,更注重个人自主和公共自主之间的辩证
统一和结构关联。对于哈贝马斯而言,"实践理性和道德性是一体
的",而理性的公共运用过程,在政治的公共领域中,意味着"理性和
意志的统一"①,只有这种一体性和统一性才能保证政治的自主,保
证一种政治意志按照合法的程序而真正形成。合而言之,就是保证
一种规范的政治观念,可以被合理公民从他们既有的世界观中合法
地分离出来,并赋予其认知的权威地位。由此,我们要问:仅仅是哈
贝马斯,就足够我们对政治自主进行必要的公共证成了吗? 如果我

---

① Jürgen Habermas, *Justification and Application：Remarks on Discourse Ethics*,
p. 10.

们的世界观,使得我们对于政治合法性问题处在一种爱莫能助或置之不理的地步,那么,又是什么可以帮我们伸张正义,把"我的还给我的",把"你的还给你的"呢? 一般而言,这种政治的正义观念确实是需要认知节制的,如果一种被合理证成的正义的建制已经有了,我们这些普罗大众可以作为法权上拥有基本自由和权利的公民,没必要对之再深究下去,即再去诉诸认知的权威来审视之,甚至想着推倒重来一次。不过,这恰恰正是哈贝马斯诟病罗尔斯的原因。在我看来,后者或许存在着在良知和理性上的傲慢之嫌疑。因为他试图大无畏地为"生民"立命或立法,用给定的"公共理性",把公民对理性的公共运用过程一次性地垄断了。在这个证成而不是应用的过程中,实际上不见"我的"和"你的"理性自律,而只见罗尔斯"他的"充分自律。

如果按照康德的实践理性的"法权公设","我的"和"你的",其群己之间的正当权界,在"外在的意义"上,要按照一种自由的法则或自主性原则,厘清它们的"实体性""因果性"和"关联性"。① 这里的主要意思之一是:我们如何才能决定,在"我"之外的"你的"(或他的)任性状态呢? 如果我的"任性对象"同样是"你的",如何是好呢? 在《道德形而上学》一书中,我们看到,康德最后诉诸了一种作为"法

---

① [德]康德:《道德形而上学》(注释本),第42页。

权状态"的"公民状态",而不是"自然状态"。① 换句话说,对于内在的自律(自主)之外的外在的他律而言,即区分一种外在的"我的"和"你的"的获得方式,必须遵循实践理性的普遍原则、形式条件和法权根据。很显然,对于康德的法哲学和政治哲学而言,他原有的道德自主性之原则,显然必须从我走向他,从内走向外,把"内在超越"和"外在限制"联结起来了。如果说存在着一种政治的共通之道,我想,其也只能是康德式的。不如此,则无法实现处于"公民状态"之中的政治自主,即无法实现在事实与规范之间、在实体性、因果性和关联性之间,建立一种人人——包括哈贝马斯和罗尔斯在内——皆可行的共通之道。

　　至此为止,尽管我们有点偏向于哈贝马斯的道德的认知立场,而对罗尔斯的"政治证成"的进路有所怀疑,但是,我们的一个主要意图,是想在哈贝马斯与罗尔斯之争的框架中,实现一种方法论自觉的综观理解,进而呈现一种政治关切的基本之道。无论是罗尔斯还是哈贝马斯,他们于此都做出了必须受到后来者尊重或体认的工作,把实践哲学推向了某种现在仍然无法逾越的高处。正是出于这种认知的权威立场,我试图综合他们在政治关切上的共通之道,并提出这样一般的实践推理:我们能否将他们合二为一,中道而观呢? 其可能性与可行性在哪里呢? 毋庸置疑,按照一般的背景和对象的辩证统一

① 同上书,第49—50页。

关系,回到康德的背景性检验,这种在奠基上的"因缘和合",就显然进入了我们的理论解释和界定之框架,进而给作为努力对象的共通之道,指明了未来的方向。

按照康德的"关切大纲"或"理想类型",作为实践理性的思想与行动之主体的我们,应当是自主的。这种自主性体现为可以"绝对命令"的自我立法,也把可普遍化的道德原则或义务规范,加诸主体的自由意志之上。不过,对于主体的自由意志而言,它除了具有科尔斯戈德(Christine M. Korsgaard)所讲的"反思的认可"(reflective endorsement)之外,还包括诸如阿伦特所讲的"责任与判断"。① 而在内格尔看来,自由(Freedom)主要考虑了自由意志的两个问题:自主和责任(responsibility)。② 概而言之,对于康德的自主概念而言,它是存在着在《实践理性批判》中所意识到"二律背反"的。③ 这体现为它的主体性自我,是一个具有反思性的、可扩展的自我。对此,上述二者以及奥尼尔、韦尔默(Albrecht Wellmer)等人,都做出了重新回到康德、并符合康德的题中之义的精彩阐述。例如,在《主体间性与理性》一文的开篇,韦尔默就从康德的《判断力批判》中对"共通感"的重视

①　这里,可参见克里斯汀·科尔斯戈德:《规范性的来源》,第57-58页;以及[美]汉娜·阿伦特:《责任与判断》,第107-115页。

②　[美]托马斯·内格尔:《本然的观点》,第129-157页。

③　[德]康德:《实践理性批判》,第106-112页。

上——这与阿伦特也是雷同的——发现了主体间性和对话。<sup>①</sup> 显而易见，韦尔默归纳了康德所谓的"一般人类知性"的三条准则：自主性、主体间有效性和一致性（反思的同一性）。对于第一条准则，它表达的是"自我思维"而非自我立法，这种"我思故我在"，还没有突破主体的意识范式。但第二条"反思判断"的准则，由于被康德称为是一种"扩展的思维方式"（enlarged way of thinking）或"扩展的精神"（enlarged mind），因而可以具有主体间的有效性。韦尔默的这些简单归纳式的论断，当然是从康德关于"共通感"的创见中而出的。这其实也是他在《伦理学与对话》一书中，可以质疑哈贝马斯对康德实践哲学的"独白性"论断的对话底气之所在。<sup>②</sup>

回到我们的主题上来，康德对"共通感"的定义是这样的，出于方便法门，兹从上述的韦尔默之文中转录如下："（共通感）必须被理解为一种共同的感觉的理念，也就是一种判断力的理念。这种评判能力在自己的反思中（先天地）考虑到每个别人在思维中的表象方式，也就是用人类的集体理性衡量自己的判断，并由此避免那些从主观和私人的条件中产生的、对判断有着不利影响的幻觉，这些主观和私人的条件有可能会被轻易看作是客观的。做到这一点所依凭的是，我们不能用现实的、而只能用可能的他人的判断来衡量自己的判断，

①　[德]阿尔布莱希特·韦尔默:《后形而上学现代性》，应奇、罗亚玲译，上海：上海译文出版社，2007年，第96页。
②　[德]阿尔布莱希特·韦尔默:《伦理学与对话》，第39-54页。

置身于每个别人的立场来衡量自己的判断,把自己的判断看成是摆脱了那些偶然影响我们自己的评判的局限性的纯粹抽象的结论。"①

由此可见,在康德那里的那个先验自我,其"共通感"已经预设了一种判断的客观立场,一种"反思性认可"(reflective endorsement),一种典范性、代表性和主体间性的有效性认知之前提,即具有了可与他人关联和交流起来的"可复数性"的"人类的集体理性"的形式条件。就算康德把它视为知性的一个准则,但它并不是绝对的自我中心主义的,也是反对经验主义的怀疑论以及某种先验论幻觉和自以为可孑然独立于世的"道德实在论"的。在某种意义上,"共通感"可以说是休谟(Hume)曾伸张过的"自反性的规范"(normality as reflexivity)。但显然的是,在康德那里,个人的"知性"和共通的"道德感"是不同的,知性不能通过自反性检验,而道德感却可以。② 也就是说,知性不等于知性准则。前者应当按照后者去完成自己的反思和判断,将它的道德动机或伦理信念提升至道德感的规范性权威来加以看待,从道德感那里来反思自我的主观倾向性意愿或偏好要求。按照科尔斯戈德,康德的这种"反思性认可"方式,仍然确认了道德的全部意义,在"目的王国的公民"之状态中,符合自由意志的"道德法则"而不是先天的"绝对命令"。而按照韦尔默,就算康德那里

---

① 原文可参见 Immanuel Kant, *The Critique of Judgement*, trans. by J. C. Meredith, Oxford: Clarendon Press, 1952, p. 151.

② [美]克里斯汀·科尔斯戈德:《规范性的来源》,第72页。

存在着一个第一人称的"孤独的言说者"，这个第一人称性仍然要遵循"反思判断的准则"，预设了可对话或交流之可能的他者。① 最后，若按照阿伦特，这一切或许不过出于康德的"共通感"。当它的主体，被提升到人类的反思和判断的共同层次，或康德这里所讲的"集体理性"形式条件时，其已经有了某种可复数性的客观限制，某种典范性、代表性的一般示例的规则的对照或检验。② 这显然是在反对，我们熟知的伦理的黄金法则"己所不欲，勿施于人"这样的自我中心主义。用康德的话说即："自我中心只能为复数性所抗衡，而复数性是这样一种心境，在其中，自我并不在心中被围绕起来，仿佛它是整个世界，而是把自己看作世界的一个公民。"（《人类学》，第2节）③

其实，康德的这种从"道德的人"到"世界的公民"的转向，即可被表述为由个人"虽不能至"的道德自主，走向了可以"心向往之"的政治自主。但凡是一个人，他（她）总有点自反性的规范要求和道德感的复数能力，就会知道，这个可以独立于我们的世界，并不是以人的自我为中心的，而那个你总也放不下的"内在的"自我，也没有特殊或主观到什么地方去。④ 按照我们之前从内格尔等人得到的启发，对于这个"无中心的"世界而言，在其中，没有任何一种自立的实体或本

---

① ［德］阿尔布莱希特·韦尔默：《后形而上学现代性》，第99页。
② ［美］汉娜·阿伦特：《责任与判断》，第112页。
③ 康德的这句话，依然转载并同于上书。
④ ［美］托马斯·内格尔：《本然的观点》，第101页。

体——无论是人、自然、国家和社会——可以具有不可一世的至上特权之地位。至少,在一种自反性的客观认知立场上,大多数人想要的理由或理想,永远不够做到这样盲目自大,或自外于其他的理由和理想的。它们永远难以将其他的可能性和可行性一一排除掉,抑或,永远不能理所当然地,将之打入相对主义和语境主义的黑暗深渊,进而彼此之间老死不相往来,难以共通互见。在这种必需的共通之道的意义上,我们回过头来审视哈贝马斯与罗尔斯之争,即可明白,让他们作为"世界公民"一同接受康德的检验,是多么重要或必须。

出于一种"了解之同情"和"温情之敬意",尽管我们对罗尔斯倒退回避的"认知节制"和自立性的"关切大纲"略表遗憾,但我们仍然愿意把罗尔斯的公共证成,视为一种可被我们允许、期待和接受的共通之道。无论罗尔斯是否"以美为鉴",他的政治自由主义,正如哈贝马斯而非罗蒂所认同的那样,绝不是一种历史的语境主义或相对主义。他们都反对,各种怀疑论的特殊视角主义以及道德实在论的那种试图回到本体和基源的"基础主义";他们都认为,在合理多元论事实大量涌现的今天,我们必须在一种宪政民主的法治国家之建制和公共的政治文化——而不是文化政治——中来诉诸具有合理可接受性的"共识论证"。只有这样,政治的合法性及其合法化危机问题,才能得到我们的清醒审视和有效对治;政治自主性的理想,才不至于成为一种仅仅止步于"理论的"而非"现实的"乌托邦。①

我们发现,这个现代性的政治正当性问题,在罗尔斯那里,是一个正义的问题,它需要交给在"反思平衡"与"公共理性"之基础上的公共证成。而它的规范性,是可以朝向任何一个法权国家中的公民的,以期他们都可以就一种"证成的政治观"达成"重叠共识"。但在哈贝马斯那里,他的确如罗尔斯在《答哈贝马斯》(1995)一文的最后,过于高看一种程序主义或"对话"的政治观了。在合法律性(legality)、合法性(legitimacy,又译为"正当性")和正义之间,罗尔斯认为,"正义"的理念比"合法性"要强,更不用说比"合法律性"要强了。② 后者,很可能是一种既没有合法性又没有正义可言的"恶法"。对于这种有着制度化程序可讲的"合法律性"之法,罗尔斯难得地引用了一句经典的格言来嘲讽之:"进去的是垃圾,出来的还是垃圾。"③我们也由此可见,政治的一个关键问题,或许就在于是"何种程序,谁之实质"了。这说到底,是一种规范有效性的普遍约束力,如何得到严格体现或在哪里得以具体体现的问题。而这,就颇为需要我们再来审视一下,到底是"谁之基础,何种视角"的认识论或方法论

---

① 我们之前已提及,罗尔斯在《作为公平的正义:一种重申》中强调,政治哲学的主要作用之一,就在于提供一种"现实主义的乌托邦",为这个永远难以完美的社会,"探索出一种可行的政治可能性的界限"。由此说来,政治自主性,其实已融可能性和可行性为一身了。

② John Rawls, *Political Liberalism*, pp. 427–433.

③ Ibid., p. 431.

之问题。

按照上述从康德的实践理性中发见的共通之道,我们首先认为,这个政治的基本问题应该是认知主义取向的。就算对它的回答预设了一个暂定的固定或者说立场,但这个立场,也应该是认知主义的,或至少是合乎理性的,在认知权威的复数性或公共化的意义上,更是可接受的。不如此,我们就无法在政治上取得真正的进步。而政治的进步,正如奥尼尔如是所说:"(其)最终要求的交流是公开化的和公之于众的。只有当我们能够按照普遍可理解的方式进行交流之时,才能去寻找某种不受限制的听众。正是这一点促使康德坚持理性的公共运用必须始终是自由的,并且把它对于宽容的辩护和他对于实践理性的基础的解释连接在了一起。"① 在这个自由与宽容的意义上,我们可以说,哈贝马斯的"交往理性"未必就比罗尔斯的"公共理性",缺少政治的说服力;其实,它甚至更符合康德的"启蒙"概念在政治上的用意。而哈贝马斯的"普遍有效性主张",也未必只有程序的形式而没有实质的内容,它至少在"政治语用学"而不是"政治语义学"——比如,罗尔斯建构出来的,而且自认是政治创新的"公共理性"② ——之上,能够为这个社会的秩序整合而不仅是稳定,贡献出一种可普遍化的、可综观理解和看见联系的"对话原则"(范式)。

---

① [英]奥诺拉·奥尼尔:《理性的建构:康德实践哲学探究》,林晖、吴树博译,上海:复旦大学出版社,2013年,第44页。

② John Rawls, *Political Liberalism*, pp. 253–254.

不难明白,但凡是一种理性批判的政治问题,如果没必要通过意识形态权威的强制或暴力压制的权力事实来解决,那么,它最后大概只能诉诸公民的自由而平等的对话形式,把这种实践理性充分地运用到政治生活的公共领域之中。按照奥尼尔,这是基于康德的启蒙,把理性进行"公共化"的必需过程,它在政治自主或政治成熟的规范意义上,要比预设了权威的"公共性"更为根本。① 在这个意义上,罗尔斯那里始终作为核心限制特征的"公共性",显然不如哈贝马斯遵循康德所讲的"公共化"的理性运用过程,更具有合理的可接受性。

不难明白,在政治的合理可接受性之争上,哈贝马斯的"对话"形式,或许比罗尔斯的"证成"形式,要稍具优势。究其根本,我认为,前者更符合康德的共通之道;在人类一般的知性能力上,更能把"共通感"或一种上下、前后、左右的判断力,贯入世道人心。哈贝马斯认为:"说一个规范是平等地有利于所有人的这种主张,其意义是指合理的可接受性——一切可能的相关者都将能够出于好的理由同意这个规范。但这一点只有在合理对话的语用条件下才能澄清,而在合理对话中,在有关信息基础上发挥作用的仅仅是更好论据的强制力量。……人民主权和人权之间的内在联系,存在于一种运用政治自主的方式之中,而这种方式并不是普遍法规的形式所已经确保了的,

---

① [英]奥诺拉·奥尼尔:《理性的建构:康德实践哲学探究》,第41—44页。

而只有通过对话性意见形成和意志形成过程的交往形式才能得到确保。"①由此可知,如果"证成"与"对话"都强调一种对更好的理由或论据的合理可接受性,那么,"对话"显然是要涵摄且向内作用于"证成"的,可以把后者应有的逻辑自洽的规范性推向公共化或普遍化,进而消弭其与事实性之间的二元紧张。再而言之,政治的公共证成需要依赖于对话的"交往权力",后者可进一步赋予"证成的权利"(the right to justification)以"批判的踪迹"和更好的主(议)题性理由,无论就自由主义的"宽容原则"还是就其"民主程序"而言。

可想而知,政治的根本议题领域和政治的生活世界,作为现代人的命运集散地,对我们而言注定是无可逃避的,不得不迎面而上。就算我们难以"以政治为业",但作为世界公民,我们的政治关切,仍然需要实践哲学的某些"大纲"或"模式"提供一种"共通之道",引领我们走向一个自由的而又关联在一起的未来世界。在这一章中,我们把这种实践哲学的担纲者赋予了康德,并将哈贝马斯与罗尔斯作为他的精神后裔,回溯来接受他的检验。毋庸置疑,政治自主不仅仅是他们的共通之道,也是我们的。问题不过在于,我们是否具有那种将政治主题化或进入政治命题结构的概念能力。这种能力的加持,需要在一个社会认知的公共空间或公共领域中完成,而不必非得在专属于罗尔斯的"政治领域"或政治的"范围"里完成。② 否则,我们理

① [德]哈贝马斯:《在事实与规范之间》,第126–127页。
② John Rawls, *Political Liberalism*, p. 383.

性的公共运用程度,会因为没有用武之地而变得逼仄和肤浅,而无法深度参与到政治建制之中,一同来推动政治文明或政治文化的进步。这是哈贝马斯所同意的。不过,当我们从共通之道的诉求来看,哈贝马斯试图在合法性的理想对话或交往行动中,重新点燃"激进民主"的余烬①,就算这是可能的,但在当下的现实语境中是否也不可行呢?如果从可行性上去考量,罗尔斯的"公共理性"是否更好地能满足我们的政治关切之基本诉求,成为一条现成可走的共通之道呢?

按照奥尼尔,哈贝马斯和罗尔斯其实都共享了一种"公共理性"——在康德的"共通感"那里是"集体理性"——的内容和特征。但是,一旦考虑到公民应有的实践推理能力,他们于此说出的东西,仍然太少了。无论是前者的"对话"还是后者的"约定",如果我们继续回到康德的检验,就会发现,康德所试图抵达的"公共理性",表达了一种本质的规范要求,而不是为了仅仅"参与"——这一点对于哈贝马斯和罗尔斯而言,都是难以否认的。而且,他们二人共同伸张的政治自主,其实都违背了康德自主概念的本意;他们对后者的建构和重构,这种响应理由的命题结构,是一种不受约束的语言行为,它将造成对一种"公共可获得性"(publicly available)的过分苛求。这是康德本人不会接受的思想底线。在他那里,自由之可接受与不可接受的运用,在理性上是明显被区分开来的。这尤为体现于他在《回答

---

① *Habermas and Rawls:Disputing the Political*,p.42.

这个问题:什么是启蒙?》(1784)不久之后所写的一篇文章:《一种定位于自身的思想意谓什么?》(*What Does It Mean to Orient Oneself in Thinking*?)[①]

在这里,我们无意亦无力对此展开一番像"星探"那般的追踪报道,而只想做出如是判断:如果回转到康德的自主,我们就会明白"人人自觉,不住分别",这才是在我们自身的理性限度的力所能及之内,一种最好的启蒙或一种最大的成熟。而罗尔斯的"公共理性",剥离了康德的理性形式,因而其封闭性附加的或限定太死的政治内容,很难被非政治或"实践非理性"之人自由地接受,那种给定的公共性的前提条件和周边条件之诉求,因此是不可获得的。由于其预设的一致性后果是以政治的道德性之牺牲为其代价的,故也有陷入良知的傲慢之嫌疑。哈贝马斯呢? 他的"交往理性"尽管遵循了康德的理性形式,但过于高估了个人的理性成熟程度。当他试图把公共化进程推加到了一种新的"互相补充"的学习水平时,他小看了罗尔斯所说的合理分歧和"判断负担"。这种认知上的集体不节制,很可能造成更大的理性傲慢、放任自由或多数人的统治,因此,其合理接受性也是很难获得的。如果是这样,公共性和公共化的"共通之道",在这个胡塞尔所说的"唯一的世界"之中,到底如何被说出,又如何被看

---

① Onora O'Neill, *Constructing Authorities*, London: Cambridge University Press, 2015, p. 145.

见呢?

　　由此看来,我们很难把一种政治的乐观主义,过于信誓旦旦或理所当然地自立起来。但是,悲观之后不会全部是绝望。而共通之道的希望之门,在康德的实践理性意义上,仍然是存在的,无论它究竟立在未来世界的何时何处,又有着怎样的名与实,一与多,大同还是小异。而且,它可以因为"世界的世界化"(海德格尔语),或者说万法若若、是其所是,而面向任何一个在自然中向往自由的人,开放其无限的可能。如果我们需要为此做点什么的话,那么,这种仍然无法漠视实践理性的可行性之工作,可以从维特根斯坦对"说出"和"显现"的区分那里获得——说出能够说出的,看见能够看见的。除此之外呢? 我们须小心福柯曾明确提醒过的标志性话语:不能让知识成为一种专断权力及其帮凶。如果我们无法做正确的事,那就尽量地少犯错误;如果我们无法尽到对别人真实的责任,那就尽量对自己保持真实;如果我们无法做到彻底的真诚,那就竭力让自己避免堕入近人严复所言的"始于作伪、终于无耻"的境地。

　　总之,在马克斯·韦伯所揭示的"学术"与"政治"这两种志业之间,一种共通之道是可能存在的。我相信,对于从"官师合一"到"政学分途"一路走到当下的中国读书人而言,这种以自主为路标的共通之道,一般不会有人会拒绝之,抑或,不想接受之。而我在最后想表达的,不过是重复以下两个并不是由我所造的"句子":

　　(1)"可能之事皆不可得,除非你执着地寻觅这个世界上的不可能之事。"

(2)"一个人得确信,即使这个世界在他看来愚陋不堪,根本不值得他为之献身,他仍能无怨无悔;尽管面对这样的局面,他仍然能够说:'等着瞧吧!'——只有这样一个人,才能说他听到了政治'使命的召唤'。"①

显而易见,它们仍然是由马克斯·韦伯在《以政治为业》(1919)一文所揭示的世界-政治之命题结构或主题化内容,且其在某种意义上已然将"激情""责任"和"眼界"融会贯通于一身一体,一人一世界。这样以言行事的句子,其意谓或许也是在一种认知节制之后,强调将"眼下的要求"实地功行。不过,在我看来,它们更适合就哈贝马斯和罗尔斯之争——尤其聚焦在"政治的"这一谓词上,它何以正确(right),又如何是好(good)——给出一种不再纠结于公共证成如何可能的结案陈词。因为,无论公共证成是否可以铺就一条共通之道,"一个人"的自主始终是真正的"重要之事"。

---

① [德]马克斯·韦伯:《韦伯政治著作选》,[英]彼得·拉斯曼、罗纳德斯·佩尔斯编,阎克文译,北京:东方出版社,2009 年,第 296 页。

# 第六章 结 语

## 第一节 结论问题

与任何有限的生命体必有一死相比,任何研究的结论都是不确定的或暂时给定的。就算它可以作为一个新的起点开启"结论后之研究"(欧阳竟无语),但这个既是终点也是起点的结论——尤其是

"政治性"的结论——,如果无法是"现成的",到底该如何去"做出"呢?① 在一般的后果主义或效用主义者的眼中,"结论"这种难以用语言一次性给定和结束的东西,可能不如"结果"那样让人亦步亦趋,因为前者可能造成了一种限制我们理解能力的"效果的历史"(伽达默尔语)。但是,对于一个以语言为"存在之家"(海德格尔语)或"生活形式"(维特根斯坦语)的人而言,一个有所承载和担当的结论仍然是必需的,哪怕它总有一天会和作结之人一样悄无声息地坠入暗夜。

如果考虑到"纸上苍生可温否"的问题,着急地去下一个止步于纸上建筑的结论,可能也无济于事。在我看来,论证过程往往比结论重要。原因很简单,结论是被它们所构成的,无论证,不结论。而一种真正的结论,必然是内在生成的,仿佛水到渠成,瓜熟蒂落。不过,

---

① 关于"做出"的说法,可参见童世骏的一篇铭文:"政治文化与现代社会的集体认同"。这篇文章之前发表在《二十一世纪》,1999 年 4 月号。后来,被收到了《论规则》一书。他在该文中强调,现代的集体认同,是通过政治文化是"做出的",不是"现成的"。他区分两种政治文化:一种是"以政治的方式形成的文化",另一种是"与政治物相关的文化",显然,前者更符合现代性政治的集体认同的基本进路之要求。而国内的新左派和施特劳斯派、包括儒家政治等,他们显然是在"文化政治"而不是"政治的文化"的意义上,来寻找政治合法性及其集体认同的。"文化政治"这样的提法,不过是一种"哲学王"或"圣王"在政治牌位上的不实幻想,抑或,一种文化乡愁对政治领域的一去不回的价值诉求或呼唤,他们试图让文化在政治中"道成肉身",而不是相反。但是,他们注定会失望,因为在政治文化的现代视界中,文化只是一种前政治的基础,它如今只能屈居在政治之下,成为"与政治物相关"的东西。

由于结论往往被一种称作"学者"的独特生物所给出,它很可能与这个纷争的时代形成激烈而全方位的"对峙"。① 就像那个西西弗斯(Sisyphus)一样,他只能通过无限反复的过程来反抗那个"政治的父亲"宙斯(Zeus)所下达的最终结论。如果结论只是"语言的向外而不是向内的表现行为"——这个说法,来自"言语行为理论"(speech act theory)创发者的奥斯汀——,它是否具有终极的效果,或许就是无所谓的。对于西西弗斯来说,有举起石头这个重复性的动作已经足够了。可问题的实质,真的是这样吗? 我们的万千言辞,如果仅仅是一些石块,它们又如何能够经受住千年的雷霆万钧、风雨加身呢? 如果石块会开口说话,它估计会向人类道及自己的徒劳无力,并要求来一次彻底的结束:"粉身碎骨都不怕,要留清白在人间。"这种热望虽然可笑,但其情可悯。如果人生只有情难死,这种不死之共情,说到底是出于对这个世界的政治关切。

可是,政治关切该如何是"好"呢? 我们在最后可以想到的,不是莽撞地走向街头的政治对抗,也不是仅仅限于博雅塔的"默会之知"。这二者在今天超级稳定的政治秩序格局之大背景下,不过是向政治之"大海"(奥克肖特语)扔出去的一些小石子,它们甚至可能连一朵浪花都很难激荡起来。如果把"言语行为"继续比喻成石块,它应该

---

① ［法］皮埃尔·布尔迪厄:《科学之科学与反观性》,陈圣生等译,桂林:广西师范大学出版社,2006年,第141页。

不能仅仅是"向外攻击"的,还是"向内批判"的,更应当是努力地在内外的因缘条件的聚合和共识之下,让之在其自树一格的身上努力开出思想和意义之花。在这个为己之学的意义上,王阳明的"岩中花树"之隐喻就有了某种可被创造性转化的意谓。只要它是公共的,没有被我们那么"事不关己、高高挂起"地安放在一己之心的"神圣城堡"之中。我想,还是应当将为己之学与为人之学联系起来看待,平等而观,不住分别;否则,学术堪为天下之公器的一般意义,就无法真正落到实处,更不可能为这个世界提供一种不仅是"政治的"还是"认识论的"的行动指南。而这种公器,又岂能允许一本书的结论去中饱私囊,纳为己有?

## 第二节　平等而观

在被维特根斯坦所强调的"隐喻"的语法意义上,我认为,哈贝马斯与罗尔斯之争,可以视作"愿为星与汉,光影共徘徊"。我相信,有着一种自由心力和平等视角的人们,会为这起实践哲学史中惺惺相惜的思想事件深深地打动,之后在自己的哪怕是"石头"的心上,悄然长出一种既有价值又有方法的"种子"。按照佛教唯识学,这颗可以生出"现行"之后又变成"种子"的"种子",虽然是第一人称语言的,但是,它完全有可能进入罗尔斯所倡导的公共证成,又进入哈贝马斯所主张的"对话形式"。也就是说,哈贝马斯与罗尔斯之争,让我们不仅意识到,我们在个人"公民的能力"①的内在基础上的一种"证成的水平",而且让我们进一步知道,一种互补的"学习的水平"是多么必要。这里的意思是,作为具有主体意识的我们,就算很难做到道德的自主和政治的自主,但个人自主仍然可以打开"消极自由"的一扇"门"②,通达一个更加开放和联系的世界,重新为一个更好的世界正名。这不是一种思想史上的"减法运算",而恰恰是实践哲学史上的"加法运算",它诉诸哈贝马斯所讲的在一种对话的视角结构中所能有的"更好的论证的力量",而不是实践感十足的布尔迪厄所鄙视的那种"意外出现的救星"。③ 后者尽管对哈贝马斯保留意见,但是,他和前者一样也是同意"对话形式"的;何况,这种"对话形式"的一个普遍语用学的思想源头,均来自维特根斯坦。

对此,布尔迪厄有一段话,值得在这里抄录之:"为了将维特根斯坦与逻辑主义的决裂进行到底,我可以试一试怎样简要地介绍在维特根斯坦的启发下所采取的一种解决理性的历史性问题和逻辑的局限性与社会局限性之间的关系问题的方法。为此,我想要达到的目的就是:在我所谓的那些场域中重新认识那些进行着各种不同的'语

---

① "公民的能力及其表现",是《政治自由主义》的第二讲内容。尤其是,其讲"合理自律"和"充分自律"的部分。这里,可参见 John Rawls, *Political Liberalism*, pp. 47–88.

② 关于"门"的隐喻,是以赛亚·伯林在为他的"两种自由概念"辩护时所做出的。这里,可参见他为《自由论》所写的前言部分。

③ [法]皮埃尔·布尔迪厄:《科学之科学与反观性》,第 139 页。

言游戏'的'生活形式'得到经验上的现实化;还有,希望看到在那些场域中有一个场域就像科学场那样,可以促进或奋力实现有关的一些交流活动,在此类交流活动中逻辑局限性将以社会局限性的形式表现出来。这样做的原因是,那些交流活动是通过体制化的程序和步骤取得游戏的入围权的,它们必须接受各种限制性条件。因为在那些交流活动中,生产者只能以顾客作为他们竞争中最重要的对手和批评者,而且,归根结底,那些交流活动都受到活动者的性向的影响,这些性向原本就是他们所在的活动场域和'训练场所'的有关体制的一种产物。"①

从上面不难看出,维特根斯坦是一个语言枢纽人物,那些看重交流活动和对话原则的人,谁也回避不了。罗尔斯呢? 如果考虑到他本科时的启蒙恩师——《回忆维特根斯坦》的作者马尔康姆(Norman Malcolm)——以及那篇堪称他"作为公平的正义"之理论基座的重要文章——《两种规则概念》(1955),我们就不难明白,他和维特根斯坦之间存在着非常重要的内在关联。在这里,我可以下一个不太离谱的断言:罗尔斯一生的思想志业,无非是想为这个政治的多元世界,建构出一种正义的语法结构或命题形式,并让人们都可以按照一种"公平的游戏"规则,完成自己的政治义务。后者尤其体现在《法律义务与公平游戏义务》(1964)和《作为相互性的正义》(1971)中,

① 同上书,第138–139页。

而前者的体现,始于他的《两种规则概念》(1955),终于他对正义两个原则的建构之中。如此这般,除了我们明显看到的康德的道德建构主义对他的深远影响外,我们还可从中发现,维特根斯坦的"语言游戏"带给他的在场启迪。如果说维特根斯坦的《哲学研究》有着"对话形式"的相互性品格,强调一种意义之可能在于一种"共同理解"①,那么,我们就不难明白,罗尔斯那种"依赖对象""依赖原则"和"依赖观念"的正义语法,至少其底色有很大一部分是维特根斯坦式的。在《两种规则概念》(1955)一文中,他提及了维特根斯坦的《哲学研究》对他规则观的形塑和影响可以为证:"人们可能会遇见与各种概念相连的边缘性的例子,特别是和一种实践、制度、比赛、规则这类情形有关的概念。维特根斯坦已经表明了这些观念是怎样流变的。我所做的只是出于本文有限的目的而强调和深化两种观念之间的区别。"②

而我们之所以在上述引用布尔迪厄这个中介人物,除了为哈贝马斯与罗尔斯之争开启维特根斯坦的综观理解之视角外,还想从前者那里,表达我们对那些在政治关切上还能保持头脑清明的"以学术为业"者的一点敬意。只有这样特殊的学者,才能把作为天下之公器的学术或思想,变现成政治透明原则的镜子,用以为政治生活和政治

---

① 参见斯迈利 编:《哲学对话》,张志平译,桂林:漓江出版社,2013 年。
② John Rawls, *Collected Papers*, p. 40.

实践正容。只是,当我们以学术之知来关怀政治之事时,不能忘了罗尔斯的实践感十分鲜明的提醒:政治中的理性是给定的"公共理性",但它不是一种认识论的理念①;而一种作为公平的正义终究是政治性的,不是形而上学的。罗尔斯之所以强调政治正义需要嵌入公共证成的基础,就是因为只有这样,才能在人间通达政治的本性。这值得我们进一步"了解之同情"。虽然哈贝马斯认为,罗尔斯轻视了社会认知结构的一面,但后者的那颗悯然而又清净之公心,值得我们投出"温情之敬意"。可以说,从"原初状态"这个实践推理起点伊始的公共证成,是一项就算无关伟大但足以问心无愧的政治事业。在《正义论》一书的最后,罗尔斯坦诚道:"心灵的纯洁,假如人能得到的话,也许就是从这种(原初状态)的观点看清这一切,并且做得优美和自律。"(Purity of heart, if one could attain it, would be to see clearly and to act with grace and self-command from this point of view.)②显然,这种无立场分析的纯粹之心力,是十分难能可贵的。

试问,如果一种逻辑、心灵和社会的起点是合乎理性的,就算这种合理性本质的限定性条件存在问题,那么,我们有什么"公共理由"来怀疑和否定其"优美和自律"的结论呢? 我们看到,在哈贝马斯与罗尔斯之争中,前者事实上并没有提供出一种替代性方案,也没有否

---

①   John Rawls, *Political Liberalism*, p. 62.

②   John Rawls, *A Theory of Justice*, p. 587.

认公共证成的可能性。他只是想这种可能性的漏洞,修补个再圆满彻底一点。在哈贝马斯看来,公共证成旨在形成一种在政治中立性原则基础上的合理可接受性的共识——无论是"重叠共识"还是"受束共识"——这对于政治社会的重构,至少是没错的。易言之,它在政治上是正确的(或"正当的")。如此的话,我们还要对"公共证成如何可能"这个议题,再多说些什么呢? 事实上,我们这个议题的提出,不是想说它不可能,而是想为它的可能性进一步提供马克斯·韦伯所讲的方法论自觉。与之相关互补的三个词汇——激情、责任和眼界——就是政治关切乃至"以政治为业"所必需的。最后的"眼界"这个词,大致可解释为诸如此类的"视角":一种共通互补的主体间性的视角、道德的视角、理性的第三者的视角,抑或,一种证成被补进对话的视角。我们相信,在这样普遍有效的认知视角之下,这个社会和国度总有一天会生成一种公共承认的"更好的理由"和一种"更好的论证力量",让我们的实践推理真正落地生根在政治生活之中。

如果还要为这个不像"结论"的"结语"做一点补充的话,我们有必要在此重温一下密尔的醒世真言:"目前人类进步的状况还处于低水平,把人们跟那些不同于他们自己的人——其思维和行动的模式跟他们不一样——联系起来看待,这种做法不管给予它多高的评价都不为过……这种交流从来就是(在现时代尤其如此)人类进步的基石之一。"①在"公共证成如何可能"这个政治的也应当是道德的进步问题上,无论是罗尔斯还是哈贝马斯,他们大概都会同意和接受密尔所讲的"联系起来看待"。

可以说,把我们和他者共在的"基础"联系起来看待,至今都没有过时,都还值得可以朝向未来而不是走回头路的人们将公共证成和理想对话进行到底,直到我们可以在"现代性的地平线"之上,抵达政治成熟和政治自主。而要做到这一点的"形式条件"或"先决性能力",取决于康德在《对这个问题的回答:什么是启蒙?》(1784)一文中所声张的"启蒙":"启蒙就是人类脱离自我招致的不成熟。不成熟就是不经别人的引导就不能运用自己的理智。如果不成熟的原因不在于缺乏理智,而在于不经别人引导就缺乏运用自己的理智的决心和勇气,那么这种不成熟就是自我招致的。Sapereaude(敢于知道)! 要有勇气运用你自己的理智。这就是启蒙的座右铭。"②在哈贝马斯和我这里,公共证成如何可能,在很大程度上可以等于康德所说的"理性的公共运用"如何可能。这种认知可能性的"视角问题"——而不仅仅关注政治的"基础问题"——恰恰由于其视域可以

---

① 转引自以赛亚·伯林:《扭曲的人性之材》,岳秀坤译,南京:译林出版社,2009 年,第 92 页。

② [美]詹姆斯·施密特 编:《启蒙运动与现代性》,徐向东、卢华萍译,上海:上海人民出版社,2005 年,第 61 页。

面朝任何一个人任何一个地方开放,因此通达它就可以拥有无限未来。只要这个"唯一的世界"(胡塞尔语)是有未来可言的,我们每一个人都能在认知意义上成为"世界公民"。

后来,在《文化的平等对待与后现代自由主义的界限》一文中,哈贝马斯又援引了一个叫门克的人,对罗尔斯做出了如下定论:"罗尔斯必须避免这种伦理自由主义。这种自由主义要以同等资格的名义,理所当然地来限制那些矛盾教条拥护者的同等权利。门克和罗尔斯采取了一致的表述,但对问题的解决不同。按照他的观点,那种建立在世界观中立的正义观念基础之上,尝试着去保障所有公民同等的伦理自由,出于理论原因是必定要失败的。门克并不想将我们从这种尝试中带走——即寻找建立在同等对待所有人基础上的正义。我们不能自以为能够自己确立正义。"①由此,我们不难下一个判断是:哈贝马斯与罗尔斯之争,最终仍然是一个"基础问题",是政治正义的中立性基础如何可能的问题。当罗尔斯借助公共证成和公共理性来回答这个问题,哈贝马斯的出场,在"联系起来看待"的意义上,为之补上了一种来自"道德的视角"的深刻洞见。这种借助对话形式的洞见,其本义是想将"政治观"和"世界观"平等而观,并在"世界观"的偏于实质性的语义学之外,把一种规范的"政治观"的普遍

---

① [德]尤尔根·哈贝马斯:《在自然主义与宗教之间》,郁喆隽译,上海:上海人民出版社,2013 年,第 237 页。

语用学意义给发掘了出来。①

而这，应当借助于一种认知视角的转换工作，且这种工作必须是联系起来看待政治观和世界观。它的平等而观之过程，更不能仅仅停留在观察者的哲学家的头脑之中，更应该交给参与者的公民所在的交往行动之场所来"自我决定"。于此，哈贝马斯说道："仅在这一场所中，那些应当成为同等运用的一般规范的确定过程，才能作为'自我决定'的民主意见和意志形成的形态而实现。相关各方同时从其自身的自我和世界理解的视角出发，又在彼此视角接纳的条件下，参与区分善和公平。在此之后，并不是因为其由一般性所担保的平等，他们才不再和那些作为陌生的、歪曲其个体生活的暴力的一般规范相对立——这些规范按照所期待的划界和限定的话语考虑，而获得了一般的赞成。"②

由此可知，在政治和生活之间，在事实与规范之间，哈贝马斯和罗尔斯之争无疑可以表明一点：在面对何谓我们的政治基础及其如何可能的问题时，我们不得不去诉诸一种真正公平的、可平等而观的视角。这种视角，它须是在观察者和参与者的视角之外的、堪为理性的"第三者"的普遍有效的认知视角。

---

① 同上书，第 239 页。
② 同上书，第 242-243 页。

# 第三节　不足之处

行文至此,我们大致给出了一种可再思性的结论。作为本书的结论,它那略显含混的话语,无疑是不足的。这种不足之处,实际上不是源于结论本身,而是源于达成结论的论证过程。本书试图通过哈贝马斯与罗尔斯之争,来审视一种规范的政治观念在价值多元的时代如何可能的问题。在这个重要性不遑多让于世界观的政治观问题上,罗尔斯和哈贝马斯分别表达了不同的方法论自觉,并贡献了深沉的政治关切大纲。但是,对于这二人如此博大精深的实践哲学,我们的迂回和进入只能是窥其一斑;甚至说来,这种窥其一斑,也是很难能体贴到位和准确把握。当我把哈贝马斯与罗尔斯之争,置入一种"基础与视角之争"的解释框架里来审视,我其实自知一点:由于个人的专业训练和知识储备不足,其在分析论证方面是无法深入又清晰有力的,也可能有违一种主流学术的规范性进路。不过,知耻而后勇。在暂时作结之后,我可以在未来继续来细化与夯实进一步论证的过程,抑或,把结论进一步交给证伪之学,交给一个公平的"第三者"来检验之。再之后,就是通过一种更好的论证理由和证成力量,来检视其是否真的可能。可以说,在结论的不足与余地之间,需要阐述的东西还有太多。但在一个证成的终点所必需之意义上,我们总是要进入一种语言的留白或停顿之时刻。只是,我们不知道,这个时刻是否还保留本书最初的意图——我们只是想做一点抛砖引玉的政治方法论（或认识论）之工作，以便我们能从中不仅明白政治关切如何是好，而且还可以在方法论自觉上确认如何是对。这种互补互证（正）之工作，我希望可以真如哈贝马斯所说，当它在向未来领域和世界视角进一步拓展时，仍然是"包容他者"的。而这种包容（Einbeziehung），"并不是把他者囊括到自身之中，也不是把他者拒绝到自身之外"，它对所有人是开放的，包括"那些陌生的人或想保持陌生的人"。①

---

① ［德］尤尔根·哈贝马斯：《包容他者》，曹卫东译，上海：上海人民出版社，2002年，第2页。

# 参考文献

[1]阿尔布莱希特·韦尔默.后形而上学现代性[M].应奇,罗亚玲,译.上海:上海译文出版社,2007.

[2]阿尔布莱希特·韦尔默.伦理学与对话[M].罗亚玲,应奇,译.上海:上海译文出版社,2007.

[3]伯纳德·威廉斯.道德运气[M].徐向东,译.上海:上海译文出版社,2007.

[4]伯纳德·威廉斯.真理与真诚[M].徐向东,译.上海:上海译文出版社,2013.

[5]伯纳德·威廉斯.伦理学与哲学的限度[M].陈嘉映,译.北京:商务印书馆,2017.

[6]芭芭拉·赫尔曼.道德判断的实践[M].陈虎平,译.北京:东方出版社,2006.

[7]布鲁斯·阿克曼.我们人民:奠基[M].汪庆华,译.北京:中国政法大学出版社,2013.

［8］慈继伟. 正义的两面［M］. 北京:生活·读书·新知 三联书店,2014.

［9］陈肖生. 辩护的政治［M］. 北京:生活·读书·新知 三联书店,2018.

［10］德里克·帕菲特. 论重要之事［M］. 阮航,葛四友,译. 北京:时代华文书局,2015.

［11］汉娜·阿伦特. 责任与判断［M］. 陈联营,译. 上海:上海人民出版社,2011.

［12］汉娜·阿伦特. 共和的危机［M］. 郑辟瑞,译. 上海:上海人民出版社,2013.

［13］汉娜·阿伦特. 过去与未来之间［M］. 王寅丽,张立立,译. 南京:译林出版社,2011.

［14］汉斯·斯鲁格. 维特根斯坦［M］. 张学广,译. 北京:北京出版社,2015.

［15］伽达默尔. 真理与方法［M］. 洪汉鼎,译. 上海:上海译文出版社,1999.

［16］吉尔伯特·赖尔. 心的概念［M］. 徐大建,译. 北京:商务印书馆,1992.

［17］康德. 实践理性批判［M］. 李秋零,译注. 北京:中国人民大学出版社,2011.

［18］康德. 道德形而上学［M］. 李秋零,译注. 北京:中国人民大学出

版社,2013.

[19]康德.道德形而上学的奠基[M].李秋零,译注.北京:中国人民大学出版社,2013.

[20]克里斯汀·科尔斯戈德.规范性的来源[M].杨顺利,译.上海:上海译文出版社,2010.

[21]路德维希·维特根斯坦.文化与价值[M].涂纪亮,译.北京:北京大学出版社,2012.

[22]拉莫尔.现代性的教训[M].刘擎,应奇,译.北京:东方出版社,2010.

[23]罗伯特·阿列克西.法概念与法效力[M].王鹏翔,译.北京:商务印书馆,2017.

[24]罗伯特·阿列克西.法:作为理性的制度化[M].雷磊,编译.北京:中国法制出版社,2012.

[25]刘刚.真理的话语理论基础[M].北京:人民出版社,2015.

[26]刘擎.悬而未决的时刻[M].北京:新星出版社,2006.

[27]马修·德夫林等.哈贝马斯、现代性与法[M].高鸿钧,译.北京:清华大学出版社,2008.

[28]马克·里拉,罗纳德·德沃金,罗伯特·西尔维.以赛亚·伯林的遗产[M].刘擎,殷莹,译.北京:新星出版社,2006.

[29]马克斯·韦伯.韦伯政治著作选[M],阎克文,译.北京:东方出版社,2009.

[30] 奥诺拉·奥尼尔. 理性的建构[M]. 林晖, 吴树博, 译. 上海: 复旦大学出版社, 2013.

[31] 奥诺拉·奥尼尔. 迈向正义与美德[M]. 应奇等, 译. 北京: 东方出版社, 2006.

[32] 欧克肖特. 政治中的理性主义[M]. 张汝伦, 译. 上海: 上海译文出版社, 2003.

[33] 皮埃尔·布尔迪厄. 科学之科学与反观性[M]. 陈圣生等, 译. 桂林: 广西师范大学出版社, 2006.

[34] 钱永祥. 动情的理性[M]. 台北: 联经出版公司, 2014.

[35] 乔治·阿甘本. 剩余的时间[M]. 钱立卿, 译. 长春: 吉林出版集团, 2011.

[36] R. M. 齐硕姆. 知识论[M]. 邹惟远等, 译. 北京: 生活·读书·新知 三联书店, 1988.

[37] 石元康. 罗尔斯[M]. 桂林: 广西师范大学出版社, 2004.

[38] 斯蒂芬·图尔敏. 论证的使用[M]. 谢小庆, 王丽, 译. 北京: 北京语言大学出版社, 2016.

[39] 斯迈利. 哲学对话[M]. 张志平, 译. 桂林: 漓江出版社, 2013.

[40] 托马斯·内格尔. 平等与偏倚性[M]. 谭安奎, 译. 北京: 商务印书馆, 2016.

[41] 托马斯·内格尔. 本然的观点[M]. 贾可春, 译. 北京: 中国人民大学出版社, 2010.

[42]托马斯·内格尔.理性的权威[M].蔡仲,郑玮,译.上海:上海译
文出版社,2013.

[43]托马斯·麦卡锡.哈贝马斯的批判理论[M].王江涛,译.上海:
华东师范大学出版社,2010.

[44]谭安奎.公共理性[M].杭州:浙江大学出版社,2011.

[45]谭安奎.公共理性与民主理想[M].北京:生活·读书·新知 三
联书店,2015.

[46]童世骏.批判与实践 [M].北京:生活·读书·新知 三联书
店,2007.

[47]童世骏.论规则[M].上海:上海人民出版社,2015.

[48]徐向东.自由主义社会契约与政治辩护[M].北京:北京大学出
版社,2005.

[49]徐向东.实践理性[M].杭州:浙江大学出版社,2011.

[50]希尔贝克等.跨越边界的哲学[M].童世骏,郁振华等,译.杭州:
浙江大学出版社,2016.

[51]薛华.哈贝马斯的商谈伦理学 [M].沈阳:辽宁教育出版
社,1988.

[52]许纪霖,刘擎.政治正当性的古今中西对话[M].桂林:漓江出版
社,2013.

[53]应奇.第三种自由[M].北京:东方出版社,2006.

[54]应奇.自由主义中立性及其批评者[M].南京:江苏人民出版

社,2007.

[55]应奇.从自由主义到后自由主义[M].北京:生活·读书·新知
　　三联书店,2003.

[56]约瑟夫·拉兹.自由的道德[M].孙晓春,曹海军,译.长春:吉林
　　人民出版社,2006.

[57]约瑟夫·拉兹.公共领域中的伦理学[M].葛四友,译.南京:江
　　苏人民出版社,2013.

[58]以赛亚·伯林.扭曲的人性之材[M].岳秀坤,译.南京:译林出
　　版社,2009.

[59]约翰·罗尔斯.政治自由主义(增订版)[M].万俊人,译.南
　　京:译林出版社,2011.

[60]约翰·罗尔斯.政治哲学史讲义[M].杨通进等,译.北京:中国
　　社会科学出版社,2011.

[61]约翰·罗尔斯.作为公平的正义:正义新论[M].姚大志,译.上
　　海:上海三联书店,2003.

[62]约翰·罗尔斯.正义论[M].何怀宏,何包钢,廖申白,译.北京:
　　中国社会科学出版社,2009.

[63]约翰·罗尔斯等.政治自由主义:批评与辩护[M].万俊人等,
　　译.广州:广东人民出版社,2003.

[64]约翰·罗尔斯.论文全集[M].陈肖生,译.长春:吉林出版集
　　团,2013.

[65]尤尔根·哈贝马斯.交往与社会进化[M].张博树,译.重庆:重庆出版社,1989.

[66]尤尔根·哈贝马斯.认识与兴趣[M].郭官义,李黎,译.上海:学林出版社,1999.

[67]尤尔根·哈贝马斯.公共领域的转型[M].曹卫东,译.上海:学林出版社,1999.

[68]尤尔根·哈贝马斯.合法性危机[M].刘北成,曹卫东,译.上海:上海人民出版社,2000.

[69]尤尔根·哈贝马斯.后形而上学思想[M].曹卫东,付德根,译.南京:译林出版社,2001.

[70]尤尔根·哈贝马斯.包容他者[M].刘北成,曹卫东,译.上海:上海人民出版社,2002.

[71]尤尔根·哈贝马斯.现代性的哲学话语[M].曹卫东,译.南京:译林出版社,2005.

[72]尤尔根·哈贝马斯.对话伦理学与真理问题[M].沈清楷,译.北京:中国人民大学出版社,2005.

[73]尤尔根·哈贝马斯.重建历史唯物主义[M].郭官义,译.北京:社科文献出版社,2013.

[74]尤尔根·哈贝马斯.在自然主义与宗教之间[M].郁喆隽,译.上海:上海人民出版社,2013.

[75]尤尔根·哈贝马斯.在事实与规范之间[M].童世骏,译.北京:

生活·读书·新知 三联书店,2015.

[76]詹姆斯·施密特.启蒙运动与现代性[M].徐向东,卢华萍,译.
上海:上海人民出版社,2005.

[77]詹姆斯·戈登·芬利森.哈贝马斯:一个简短的导论[M].邵志
军,译.南京:译林出版社,2015.

[78]周保松.自由平等人的政治[M].北京:生活·读书·新知 三联
书店,2017.

[79]周濂.现代政治的正当性基础[M].北京:生活·读书·新知 三
联书店,2008.

[80] Allan Gibbard. *Meaning and Normativity* [ M ]. London: Oxford
University Press,2012.

[80] *Autonomy and Solidarity*: *Interviews with Jürgen Habermas*, Peter
Dews,ed. London:Verso,1986.

[81] *Constructivism in Practical Philosophy*,Edited by James Lenman and
Yonatan Shemmer. London:Oxford University Press,2012.

[82] Craig L. Carr. *Liberalism and Pluralism*, Palgrave Macmillan
Press,2010.

[83] Cristina Lafont. "*Procedural justice? implications of the Rawls -
Habermas debate for discourse ethics*", Philosophy and Social
Criticism,Vol. 29,No. 2,2011.

[84] Charles Larmore. "*The Moral Basis of Political Liberalism*," The

Journal of Philosophy, Vol. 96, No. 12, 1999.

[ 85 ] David M. Estlund. *Democratic Authority: A Philosophical Framework*, New Jersey: Princeton University Press, 2008.

[86] Evan Charney. "*Political Liberalism, Deliberative Democracy, and the Publi-c Sphere*", The American Political Science Review, Vol. 92, No. 1, 1998.

[ 87 ] Gerald Gaus. *The Order of Public Reason*, London: Cambridge University Press, 2011.

[ 88 ] Gerald Gaus. *Justificatory Liberalism*, Oxford: Oxford University Press, 1996.

[ 89 ] Gerald C. MacCallum. "*Negative and Positive Freedom*", Philosophical Review, Vol. 76, 1967.

[90] Howard Williams, "*Kant, Rawls, Habermas and the Metaphysics of Justice*", Kantian Review, Vol. 3, 1999.

[ 91 ] *Habermas and Rawls: Disputing the Political*, Edited by James Gordon Finlayson and Fabian Freyenhagen. Routledge, 2011.

[ 92 ] Ian Shapiro. *The Moral Foundations of Politics*, Yale University Press, 2003.

[ 93 ] Jürgen Habermas. *Communication and the Evolution of Society*, Trans. Thomas McCarthy. Boston: Beacon Press, 1979.

[ 94 ] Jürgen Habermas. *The Lure of Technocracy*, Cambridge: Polity

press,2015.

[95] Jürgen Habermas. *The theory of Communication Action*, *volume* 1, Translated by Thomas McCarthy. Boston: Beacon press,1984.

[96] Jürgen Habermas. *The theory of Communication Action*, *volume* 2, Translated by Thomas McCarthy. Boston: Beacon press,1984.

[97] Jürgen Habermas. *Truth and justification*, Edited and Translated by Barbara Fultner. Cambridge: The MIT Press,2003.

[98] Jürgen Habermas. *Moral Consciousness and Communicative Action*. Translated by Christian Lenhardt and Shierry Weber Nicholsen, introduction by Thomas McCarthy, Cambridge: Polity press,1990.

[99] Jürgen Habermas, *The Philosophical Discourse of Modernity*, Translated by Frederick Lawrence, Cambridge: Polity press,1987.

[100] Jürgen Habermas, *Justification and Application*, Translated by Ciaran P. Cronin, Cambridge: The MIT Press,2001.

[101] Jürgen Habermas, *The Inclusion of the Other*, edited by Ciaran Cronin and Pablo De Greiff, Cambridge: Polity press,1998.

[102] Jürgen Habermas, *Between Facts and Norms*, Translated by William Rehg, Cambridge: The MIT Press,1996.

[103] Jürgen Habermas, *Knowledge and Human Interests*, Translated by Jeremy J. Shapiro, Boston: Beacon press,1972.

[104] John Rawls, *Collected Papers*, Edited by Samuel Freeman,

Cambridge, Massachusetts: Harvard University Press, 1999.

Cambridge, Massachusetts: Harvard University Press, 1999.

[105] John Rawls, *Justice as Fairness: A Restatement*, Edited by Erin Kelly, Cambridge, Massachusetts: Harvard University Press, 2001.

[106] John Rawls, *Political Liberalism*, New York: Columbia University Press, 2005.

[107] John Rawls, *Lectures on the History of Political Philosophy*, Edited by Samuel Freeman, Cambridge, Massachusetts: Harvard Universit Press, 2008.

[108] John Rawls, *A Theory of Justice*, Cambridge, Massachusetts: Harvard university press, 2005.

[109] *Justice, Democracy and the Right to Justification: Rainer Forst in Dialogue*, Bloomsbury Academic Press, 2014.

[110] Joshua Cohen, "*Truth and Public Reason*", Philosophy & Public Affairs, Vol. 37, No. 1, 2009.

[111] James Scott Johnston, "*Schools as Ethical or Schools as Political? Habermas Between Dewey and Rawls*", Published online: 15 October 2011 Springer Science+Business Media B. V. 2011.

[112] James Bohman, *Public Reason and Cultural Pluralism: Political Liberalism and the Problem of Moral Conflict*, Political Theory, Vol. 23, No. 2, 1995.

[113] *Linguistic Justice for Europe and for the World*, Series Editors: Will

Kymlicka, David Miller, and Alan Ryan, London: Oxford Uiversity Press, 2011.

[114] Norman Daniels, *Justice and Justification: Reflective Equilibrism in Theory and Practice*, London: Cambridge University Press, 1996.

[115] Onora O'Neill, *Constructing Authorities*, London: Cambridge University Press, 2015.

[116] Rainer Forst, *Contexts of Justice: Political Philosophy Beyond Liberalism and Communitarianism*, New York: California University Press, 2002.

[117] Rainer Forst, *Justification and Critique: Towards a Critical Theory of Politics*, Cambridge: Polity Press, 2013.

[118] Rainer Forst, *The Right to Justification*, New York: Columbia University Press, 2011.

[119] Sonia Sikka, *On Translating Religious Reasons: Rawls, Habermas, and the Quest for a Neutral Public Sphere*, The Review of Politics 78, 2016.

[120] Thomas McCarthy, *Kant Constructivism and Reconstructivism: Rawls and Habermas in Dialogue*, Ethics, 1994.

# 后　记

敲出"后记"这两个字,我一时真不知道该如何书写它,尤其是当我不知道它的规范定义为何时。或许,它意味着某种结束或归拢的时刻。不过,需要追问的是:其时间性的向度,到底是向前(过去)追认和沉思的,还是向后(未来)预期和打探的呢?而且,如果仅仅是一种时间意识,它的内在结构是否只是由我一个人来证成的呢?若此,它就会停留在一种内省式的城堡中,或遗憾,或抱怨,或忏悔,或欣喜……但无论怎样,它并不神圣,并不值得同情,也无法满足于一种自我沉溺或自我合法化的想象。至多,它会把一种即将从不满之"事态"中变现出的未佳之"事实",呈现在一种并不以自我为中心、也远称不上"内在超越"的结构关联之中。

这个事实是:几经"路上纷扰波折再一弯"之后,我总算完成了这本似唯属于我一个人的政治哲学入门之书。尽管它粗糙无比和规范不足,但我现在终于可以为它辩护一句:它没有乞求时间之神的任何恩惠,它也没有在乎时间之神的有限索取。重要的还是,它绝不仅属于我自己臆造的童谣，抑或，只是我一己白日的梦呓。毋庸置疑，有难得的良师益友在场见证了它的生产过程，并各在力所能及之内为它助产。如果没有他们，难不保此书反而构建了我的葬身之处。由此，这让我明白了我写这篇后记的一个最根本的理由：在这本书从内心酝酿到现实完成的漫长时间里（2013—2022），我越来越学会了"感恩"，对这二字常在念念之中。而在这里写下的少数名字，他们于我而言是永恒的，它们已经被我大写在我要企及的某个精神之地的高远处。只要我活着一天，我就会带着它们的分身或化身不断上路，让它们尽最大可能像标识性的星辰和灯盏一样，去照亮后来在读书问学之途中彷徨无地的年轻人。

首先要感谢的，是恩师刘擎。刘师他能在网络洪流、陌生人海中，提携我出之于贵州安顺——尽管它有闻名遐迩的黄果树瀑布——这片无名和无明之地，对我不可不谓是生机再造之恩或知遇之恩。我深知，我远没有成为一个好学生，在学术规训上更称不上有一种质的提升，但刘师他对我始终不离不弃，耳提面命的抬爱、无形于声色的宽容和理解有加，令我想起来不由动容。尤其是他对我的用心是那样良苦，以至于他一次在睡梦中为我们的未竟之学业而惊醒，辗转反侧，坐卧不安。这种殷殷关切之意，想必已不是"恩师"这个词可以涵盖的了。我不知道再用什么样的词汇，才能表达刘师对我所加持的天假之缘和增上之缘；我更不知道，自己要到何时才能达到刘师的敏锐之（问题）意识、清明之境界或殊胜之向度，但我可以问心无愧地说:虽不能至,心向往之。事实上,我在他那里收受到了太多的教益,其中不少已经切切化进了我的记忆与慧命。比如,在我过去的读书札记中,有如下二记为证:

1. 下午参加刘师主持的关于博士论文写作的谈论班。刘师今天带给我启发的地方主要有以下几点:

(1)没有人会关注"肚脐眼"之间的区别。博士论文写作,要凸显真正的差异和张力,明确这个问题的关键在哪里,其为什么重要。

(2)博士论文写作的结构,不能像图书馆架子上的图书,只是静态的被分门别类地简单摆放,要有动态的复杂过程的呈现。好的论文总能引领读者,跟着自己的问题层层向前推进。材料的推进和问题的推进,后者更重要。

(3)阿伦特的"没有遗言的遗产"之说。博士论文写作,是为"遗产"重新谱写出"遗言",不然,"遗产"就无法被传承。

(4)关于我的博士论文选题,刘师建议做概念史的考察。比如自由主义政治哲学,在其发展过程中是如何处理感情或理性这个问题的。近来,玛莎·纳斯鲍姆有《政治激情:为什么爱对正义至关重要》(2013)一书问世,即把"感情"(Emotion)带入了哲学或政治哲学的思考范畴。当然,福柯他早就引入了"生命政治"和"自我关怀"这样的概念。

2. 继续参加刘师的博士论文写作讨论班,后又与他一起在外面抽烟和吃饭时闲聊了一下。收获如下:

（1）问题意识、论文结构、逻辑论证和支撑材料，务必要清晰有力，干净利索。不能像小心翼翼地端着一杯满满的水杯走路，过于拘谨，放不开手脚。要有舍弃，要把材料"捏在手中"，不能被材料牵着鼻子走，或被淹没、粘着在材料中不能自拔。

（2）博士论文不能像"临帖"，而要自成一种书法体。要有真正的区分、个性和张力，要有层次、动态和综合，更要有突破。必须回到问题的特定性所在，真正的区分和差别所在，在各方争辩的要紧处用力。用维特根斯坦的相关术语说，要搞清楚岔路口的"标志"何在，"提示物"在哪里，而不能仅仅描述一种图像。要力求提供一种图式，创造一种范式。

（3）一种东西，要区分什么是工具性的（经验性的，背景性的），什么是构成性的（主体性的，对象性的）。举例来说，社群主义和自由主义的区别就在于，前者将社群看成是构成性的，而后者将社群看成工具性的。虽然都可是功能，但有根本区别。

（4）要把握真正论证的问题的中心，材料、结构和论证过程都要围绕问题的中心而展开。把握实质的关节点、接榫处所在，不能游离于边缘和枝节上，老进入不了问题中心和论证轨道上来。也不能搞重复建设，像图书馆机械单一的上书工作。后者其实是对思想家的仰视，但需要从仰视走向俯视，需要将他们踩在自己脚下。他们是一条道路或另一条道路，但你要做的是提供"第三条道路"，而不是在他们的道路上匍匐前进或原地踏步走。

(5)同一个问题,同一个概念,仅仅提供不同的表述方式,换一种说法是不够的。看似特殊新颖,实则普通无力。要有对这个问题和概念的真正推进工作,让其真正具备"可生长性"的解释力,以及真正的内在规定性和外在延展性。

以上,只是我从刘师那里捡拾到的吉光片羽。还有很多东西,只可意会不可言传。而我这辈子无论怎样都难以回报刘师对我的再造或知遇之情,只能念兹在兹,争取把作为天下之公器的学术和思想进行到底。假如未来我侥幸能在学问上有所进境,其在很大程度是出于刘师他在我读博期间(2013—2018)对我的用心良苦和苦口婆心之大教。我相信:念念不忘,必有回响。我还相信:I am sailing, to be near you, to be free……

其次,我要感谢,在这本书的里和外,惠我良多的应奇师和钱永祥先生。我不会忘记,是你们在我"野蛮生长"的读书治学过程中,不吝将一种不以"流量"来计的光与热馈赠于我。无论这种馈赠的远近高低和大小多少,我每念于此之一二,心中总是温暖和敞亮。至少,从你们那里,我开始学会要和"正确"(正当)之人走在一起,也开始体认一点:在人和事、情与貌、理与感之间"如何是好",当让这一切尽在不言中。在这里,我还是想把如下拙句或赘言,献给你们,献给我心中为数不多的"燃灯者"。如下:

断桥雁邱信与奇,生机再造首应之。

观音灵隐洞天下,西子舟去钟情及。

谢意原本别成榭，燃灯高在胜传衣。

半山唱晚波韵远，长风绵思广大气。

最后，我要感恩的是我的家人：娇子老师和落落同学。你们，只有你们，才是我这篇后记真正的终结者，不必多言。不过，我还是希望，我们一家三口的未来之日，永远能落落大方，永远值得我们一起去身体力行如是佳句："寔有裨益，则不必蹟之外见；事有次第，则不必人之邊浮。消长安危所击，当念兹在兹，无所不用其力。"（吕祖谦语）或许，"永远"这个词是对时间之神的僭越和不敬，但我想，一叶入水，万象归真。只要我们把爱之名写在水上，永远就是真的。何况，刹那即可是永恒，而我们无须踏过两次河流……真的，我爱这世界，因为我爱你们；我爱这世界，因为你们爱我。这已经足够了。而我眼下的这本书，在某种切己的意义上，毋宁说是为我自己的爱，所作的一个别样的注脚，如此而已。试想，如果没有爱，没有关切，我又何必在乎：何种世界，谁之政治？何种理性，谁之实践？何种视角，谁之基础？是的，只有爱可以阻挡和胜过一切。而如果爱、如何爱的确为大，它毕竟是一个必须诉诸方法论（或认识论）才能解决的实践问题。是以为后记。

孙守飞于川北比量室，2022 年 11 月 11 日修订